Schriften des Vereins für Socialpolitik

Gesellschaft für Wirtschafts- und Sozialwissenschaften

Neue Folge Band 155

SCHRIFTEN DES VEREINS FÜR SOCIALPOLITIK
Gesellschaft für Wirtschafts- und Sozialwissenschaften
Neue Folge Band 155

Die internationale Schuldenkrise

Ursachen — Konsequenzen — Historische Erfahrungen

DUNCKER & HUMBLOT / BERLIN

Die internationale Schuldenkrise

Ursachen — Konsequenzen — Historische Erfahrungen

Von

Peter Bernholz, Karl Erich Born, Emil-Maria Claassen,
Dieter Duwendag, Otmar Emminger, Karl Häuser,
Jürg Niehans, Wolfgang Rieke, Vincenz Timmermann,
Henry C. Wallich

Herausgegeben von Armin Gutowski

DUNCKER & HUMBLOT / BERLIN

CIP-Kurztitelaufnahme der Deutschen Bibliothek

Die **internationale Schuldenkrise:** Ursachen — Konsequenzen — histor. Erfahrungen / von Peter Bernholz ... Hrsg. von Armin Gutowski. — Berlin: Duncker und Humblot, 1986.
(Schriften des Vereins für Socialpolitik, Gesellschaft für Wirtschafts- und Sozialwissenschaften; N. F., Bd. 155)
ISBN 3-428-05972-7

NE: Bernholz, Peter [Mitverf.]; Gutowski, Armin [Hrsg].; Gesellschaft für Wirtschafts- und Sozialwissenschaften: Schriften des Vereins ...

Gedruckt 1986 bei Berliner Buchdruckerei Union GmbH, Berlin 61
Printed in Germany

ISBN 3-428-05972-7

Vorwort

Als Mexiko im Jahre 1982 vorübergehend die Zahlungen auf seine enorme Auslandsverschuldung einstellen mußte, kam die Krise, die heute allgemein als internationale Schuldenkrise angesehen wird, offen zum Ausbruch; vorausgegangen war ein rasanter Anstieg der Auslandsverschuldung vor allem, aber nicht nur, einiger lateinamerikanischer Länder: bis zu diesem Jahre war die Auslandsverschuldung der Entwicklungsländer (ohne OPEC) auf über 600 Mrd. Dollar gestiegen. Im Laufe der folgenden Jahre mußte dann eine Reihe von Ländern Umschuldungsabkommen abschließen. Heute scheint sich die Krise entschärft zu haben, und das internationale Finanzsystem einschließlich der nationalen und internationalen Institutionen hat seine — für manchen erstaunliche — Flexibilität erneut unter Beweis gestellt. Die Probleme können freilich noch keineswegs als endgültig überwunden gelten.

Was waren die Ursache dieser Finanzkrise und wie sehen die Lösungsmöglichkeiten aus? Was können wir aus Krisen der Vergangenheit lernen? Welche Rolle spielen die Institutionen und wie könnten sie verbessert werden? Diese und andere Fragen behandelte der Ausschuß für Geldtheorie und Geldpolitik des Vereins für Socialpolitik auf seiner Tagung am 8./9. Februar 1985 in Frankfurt am Main.

Der erste, mehr historische Teil der Referate beginnt mit dem Beitrag von Prof. Dr. Karl Erich Born (Tübingen). Er bietet einen Rückblick auf einige der internationalen Finanzkrisen der Vergangenheit und untersucht, welche Erfahrungen aus diesen Krisen gewonnen werden können. Dabei wird sowohl auf die verschiedenen Krisenursachen als auch auf die Art und Weise sowie auf die Instrumente der Krisenbekämpfung eingegangen. In dem Beitrag von Prof. Dr. Karl Häuser (Frankfurt) werden Kriterien zur Analyse der internationalen Verschuldung, etwa die Rechtsposition der Beteiligten, die Währungsverfassung, die Art der Entstehung der Schuld und die Risikostreuung, herausgearbeitet und Keynes' weitsichtige Prognose der deutschen Schuldenkrise in den zwanziger Jahren behandelt. Eine spezielle Krise, die Argentiniens 1890 - 1900, bildet den Gegenstand des Referats von Prof. Dr. Peter Bernholz (Basel). Da dieser Beitrag in englischer Sprache schon an anderer Stelle erschienen ist, wurde in diesen Band nur eine Zusammenfassung aufgenommen.

In dem zweiten Block der Beiträge wird der derzeitige Stand der internationalen Finanzkrise behandelt, wobei allerdings auch Lösungsansätze diskutiert werden. Dr. Wolfgang Rieke (Frankfurt) behandelt unter dem Titel „Ansätze zur Lösung der Schuldenkrise“ die Prognosen des Internationalen Währungsfonds zur weiteren Entwicklung der

Verschuldung der Entwicklungsländer und die verschiedenen Vorschläge, wie die Zinslast verringert werden könnte. Henry C. Wallich (Washington D.C.) stellt in seinem Beitrag „The International Debt Situation in an American View: Borrowing Countries and Lending Banks“ insbesondere dar, wie sich die institutionellen und rechtlichen Regelungen, denen die Banken in den Vereinigten Staaten und in Europa unterliegen, voneinander unterscheiden, und zieht daraus Schlüsse für das jeweilige Verhalten der Banken in dem Fall, daß Schulden nicht oder nicht termingerecht bedient werden. Die Rolle der Banken für das Entstehen und den Ablauf der internationalen Schuldenkrise steht auch im Mittelpunkt des für die Ausschußsitzung vorbereiteten, dort aber nur verkürzt in der Diskussion vorgetragenen Beitrages von Dr. Otmar Emminger (Frankfurt).

Prof. Dr. Emil-Maria Claassen (Paris und Florenz) hat in dem dritten, stärker theoretisch ausgerichteten Block, über „Die Funktion des Kreditgebers der letzten Instanz bei nationalen und internationalen Finanzkrisen“ referiert. Er plädiert für die genaue Unterscheidung zwischen Illiquidität und Insolvenz von Staaten und diskutiert die Aufgaben, die die Zentral- und Geschäftsbanken bei der Lösung dieser Probleme erfüllen sollten. Auch hier wurde nur eine Zusammenfassung aufgenommen, da eine ausführliche Fassung schon in englischer Sprache erschienen ist. In seinem Beitrag über „Internationale Finanzintermediation und Auslandsverschuldung“ führt Prof. Dr. Vincenz Timmermann (Hamburg) den Anstieg der Auslandsverschuldung weniger auf externe Schocks wie die drastischen Ölpreiserhöhungen oder auf die Antiinflationspolitik, als vielmehr auf langfristige Wandlungen des Finanzsystems zurück. Eine internationale Finanzkrise ist nach seinem Urteil nicht zu befürchten. Verschärft werden kann die schwierige Schuldensituation von Entwicklungsländern freilich durch die Kapitalflucht. Prof. Dr. Dieter Duwendag (Speyer) hat in seinem Beitrag den Versuch unternommen, diese zu quantifizieren. Prof. Dr. Jürg Niehans (Bern) geht schließlich der Frage nach, unter welchen Bedingungen es für Schuldner rational ist, ihre Schulden nicht mehr zurückzuzahlen, obwohl sie im strengen Wortsinne nicht zahlungsunfähig sind; er zeigt, unter welchen Bedingungen die Forderungen aus internationalen Krediten undurchsetzbar werden.

Mit diesem Band legt der Ausschuß für Geldtheorie und Geldpolitik einen umfassenden Überblick sowohl über Ursachen, Verlauf und Konsequenzen der gegenwärtigen Schuldenkrise als auch über Erfahrungen aus derartigen Krisen in der Vergangenheit vor; mit der Vielfalt von unterschiedlichen Ansätzen dürfte dieses weiterhin aktuelle Problem in seinen wesentlichen Aspekten erfaßt worden sein.

Armin Gutowski

Inhalt

Erfahrungen aus internationalen Finanzkrisen der Vergangenheit

Von *Karl Erich Born*, Tübingen 9

Kriterien zur Analyse internationaler Verschuldung und Keynes' Prognose der deutschen Schuldenkrise

Von *Karl Häuser*, Frankfurt 31

Zur argentinischen Schuldenkrise 1890 - 1900

Von *Peter Bernholz*, Basel 45

Ansätze zur Lösung der Schuldenkrise

Von *Wolfgang Rieke*, Frankfurt 51

The International Debt Situation in an American View: Borrowing Countries and Lending Banks

Von *Henry C. Wallich*, Washington D.C. 69

Die internationale Schuldenkrise und die Banken

Von *Otmar Emminger*, Frankfurt 83

Die Funktion des Kreditgebers der letzten Instanz bei nationalen und internationalen Finanzkrisen

Von *Emil-Maria Claassen*, Paris und Florenz 99

Internationale Finanzintermediation und Auslandsverschuldung

Von *Vincenz Timmermann*, Hamburg 105

Kapitalflucht aus Entwicklungsländern: Schätzprobleme und Bestimmungsfaktoren

Von *Dieter Duwendag*, Speyer 115

Internationale Kredite mit undurchsetzbaren Forderungen

Von *Jürg Niehans*, Bern 151

Erfahrungen aus internationalen Finanzkrisen der Vergangenheit

Von *Karl Erich Born,* Tübingen

I. Problemstellung, Vorgehensweise, Quellenlage und Forschungsstand

Dieser Rückblick auf einige internationale Finanzkrisen der Vergangenheit wird von der Frage geleitet, inwieweit wir Erfahrungen aus diesen Krisen gewinnen können. Im einzelnen wird uns dabei zunächst die Frage nach den jeweiligen Krisenursachen interessieren: Lagen sie hauptsächlich im allgemeinen Konjunkturverlauf? Spielten politische Faktoren eine Rolle? Oder waren die Höhe der Schulden, der Zinsfuß oder andere Modalitäten maßgeblich an der Finanzkrise beteiligt. Sodann geht es um die Form und die Instrumente der Krisenbekämpfung. Kam es zu einem direkten Arrangement zwischen Gläubigerbanken und Schuldnerländern, oder intervenierten die Regierungen der Gläubigerländer? Wurden private internationale Schulden ebenso behandelt in einer Finanzkrise wie öffentliche Schulden? Wurde in den Krisen ein Moratorium oder Schuldennachlaß oder eine Senkung des Zinsfußes vereinbart? Welchen Erfolg hatten die Maßnahmen der Krisenbekämpfung? Und schließlich geht es um die wirtschaftlichen, finanziellen und eventuell politischen Folgen internationaler Finanzkrisen für Gläubiger und für Schuldner.

Ich werde dabei so vorgehen, daß ich nach einem kurzen Überblick über die Quellenlage und den Forschungsstand einige internationale Finanzkrisen mit ihren jeweiligen Zeitbedingungen skizziere. Und zwar beginne ich mit einem Hinweis auf die ersten internationalen Finanzkrisen, nämlich die spanischen Staatsbankrotte des 16./17. Jahrhunderts; dann folgen Krisen mit bewaffneter Intervention der Gläubigerländer. Am Beispiel Theodore Roosevelts, Bismarcks und Edward Greys wird darauf die grundsätzliche Einstellung der Regierungen vor 1914 zur Unterstützung der Forderungen ihrer Banken gegenüber dem Ausland erörtert. Darauf sollen die Finanzkrisen Ägyptens 1875/80, des Osmanischen Reiches 1875/81 und Serbiens 1885/95, die Baring-Krise 1890 und insbesondere die deutsche Schuldenkrise 1931 geschildert werden. Dieser letzteren Krise widme ich deshalb den relativ größten Raum, weil sie quantitativ wie qualitativ von besonderer Bedeutung ist und — last not least — weil ich mich hier ganz auf eigene Quellenstudien stützen kann. Zum Abschluß geht es dann um die Frage, welche über den Einzelfall hinausgehenden Erfahrungen wir aus diesen Krisen abstrahieren können.

Wie ist es überhaupt um unsere Kenntnis der internationalen Finanzkrisen der Vergangenheit bestellt? Soweit es sich um Anleihen oder sonstige Schulden von Regierungen, anderen öffentlichen Körperschaften oder öffentlichen Betrieben handelt oder soweit Regierungen von Gläubiger- oder Schuldnerländern in internationalen Schuldenkrisen intervenierten, enthalten die staatlichen und kommunalen Archive ein reiches Material, das bisher erst in Einzelfällen ausgewertet worden ist. Viele dieser Quellen findet man bereits in Aktenpublikationen zur Geschichte der internationalen Beziehungen und in der Edition „Akten der Reichskanzlei — Weimarer Republik" gedruckt.[1] Während die Benutzung staatlicher und kommunaler Archive im allgemeinen ohne Schwierigkeiten möglich ist, sind die für unseren Problemzusammenhang besonders wichtigen Archive privater Geschäftsbanken nur schwer zugänglich. In Deutschland sind überdies sehr viele private Archivbestände aus der Zeit vor 1945 vernichtet worden. Deshalb sind wir für die deutsche Bankenkrise 1931 fast ausschließlich auf die Akten der Reichskanzlei angewiesen, da selbst das Archiv der Deutschen Bank, das als einziges Großbankarchiv noch größere Aktenbestände aus den Jahren vor 1945 enthält, für die kritische Phase im Sommer 1931 kein aufschlußreiches Material mehr bietet.

Regelmäßige Bankenstatistiken gibt es in Großbritannien seit dem Ende des 19. Jahrhunderts; aber in den meisten Ländern sind spezielle Bankenstatistiken erst zwischen den beiden Weltkriegen begonnen worden. Darum kennen wir z. B. nicht die tatsächliche Höhe der deutschen Kapitalanlagen im Ausland vor 1914. Die Schätzungen schwanken uner-

[1] Akten der Reichskanzlei — Weimarer Republik, hrsg. von K. D. *Erdmann* und H. *Booms*, Boppard 1968 ff. Diese Edition ist noch nicht abgeschlossen. Von den Aktenpublikationen zur Geschichte der internationalen Beziehungen seien genannt für die Zeit bis 1914: Die Große Politik der europäischen Kabinette 1871 - 1914. Sammlung der Diplomatischen Akten des Auswärtigen Amtes, 40 Bde., Berlin 1922 - 1927; Documents diplomatiques français 1871 - 1914, 41 Bde. in 3 Serien, Paris 1929 - 1960; British Documents on the Origins of the War 1898 - 1914, 11 Bde., London 1926 - 1938; Papers Relating to the Foreign Relations of the United States. Diplomatic Papers 1890 - 1913, Washington 1891 - 1914; für die Zwischenkriegszeit: Akten zur deutschen auswärtigen Politik 1918 - 1945, Serie B (1925 - 1933), Göttingen 1966 ff. (noch nicht abgeschlossen), Serie C (1933 - 1936) bisher nur in englischer Übersetzung, 5 Bde., London 1957 - 1966; Documents on British Foreign Policy 1919 - 1939. Serie I, I A, II, III (insges. 37 Bd.), London 1947 - 1968; Documents diplomatiques français 1932 - 1939, 2 Serien (= 12 Bde.), Paris 1963 - 1974; Papers Relating to the Foreign Relations of the United States 1918 - 1831 und Foreign Relations of the United States. Diplomatic Papers 1932 ff., Washington 1919 ff. (jahrgangsweise).

freulich weit zwischen 23,5 Milliarden und 31 Milliarden Mark.[2] In der wirtschaftshistorischen Literatur sind die einzelnen internationalen Finanzkrisen gewöhnlich monographisch untersucht worden. Im zweiten Band seiner Untersuchung über „State Insolvency and Foreign Bondholders“ hat Wynne 1951 einige lateinamerikanische Staatsschuldenkrisen als Fallstudien behandelt.[3] Herbert Feis hat 1930 im Auftrage des amerikanischen Council on Foreign Relations sein klassisches Werk über den Kapitalexport der europäischen Mächte vor 1914 „Europe, the World's Banker, 1860 - 1914“ veröffentlicht. Darin wurden die Finanzkrisen Portugals, Serbiens, des Osmanischen Reiches und seines damaligen Vasallenstaates Ägypten und die Reaktionen der Auslandsgläubiger analysiert. Die Erfahrungen eines oft insolventen Schuldnerlandes im 19. Jahrhundert, nämlich Ägyptens, hat Landes in seinem Buch „Bankers and Pashas“ dargelegt. Andererseits haben die schlechten Gläubiger-Erfahrungen, welche die Amerikaner in der Depression der 30er Jahre machen mußten, eine Untersuchung über Amerikas Erfahrungen als Gläubiger-Nation, insbesondere über die Zahlungseinstellungen und die Sanierung ausländischer Schuldner veranlaßt. Diese Untersuchung ist 1937 von Madden, Nadler und Sauvain veröffentlicht worden.[4] Ich selbst habe in meinem Buch „Geld und Banken im 19. und 20. Jahrhundert“ (Stuttgart 1977) einige internationale Finanzkrisen des 19. und 20. Jahrhunderts skizziert.[5]

Schließlich möchte ich noch auf den Erfahrungsbericht eines alten Bankers hinweisen, der die Insolvenz eines fremden Staates auf der Seite der betroffenen Gläubiger erlebt hatte: Alfred Lansburgh schilderte im Juni-Heft 1931 der Zeitschrift „Die Bank“ in seinen „Briefen eines Bankdirektors an seinen Sohn“ die serbische Schuldenkrise 1885 bis 1895, die er als Angestellter in der Emissionsabteilung der Berliner Handels-Gesellschaft miterlebt hatte, und leitete daraus allgemeine Regeln ab. — Ich werde darauf bei der Skizzierung dieser Krise noch zu sprechen kommen. — Die besondere Pointe zu dem Lansburghschen Artikel lieferten die deutschen Großbanken: 4 Wochen nach seiner Veröffentlichung wurden sie insolvent. Lassen wir es unerörtert, welche Lehren sie aus dem Artikel gezogen haben.

---

[2] Vgl. K. E. *Born:* Wirtschafts- und Sozialgeschichte des deutschen Kaiserreichs (1867/71 - 1914). Stuttgart 1985, S. 77.

[3] W. H. *Wynne:* State Insolvency and Foreign Bondholders. II: Selected Case Histories of Government Bond Defaults and Debt Readjustments, New Haven 1951.

[4] John Th. *Madden,* M. *Nadler,* H. Ch. *Sauvain:* America's Experience as a Creditor Nation. New York 1937; H. *Feis:* Europe, the World's Banker, 1870 - 1914, New Haven 1930, New York [2]1965; D. S. *Landes:* Bankers and Pashas. International Finance and Imperialism in Egypt, London 1958.

[5] Vgl. auch K. E. *Born:* Die deutschen Bankenkrise 1931, München 1967.

II. Internationale Finanzkrisen der Vergangenheit

Die Geschichte der internationalen Finanzkrisen beginnt mit den spanischen Staatsbankrotten des 16. und 17. Jahrhunderts. Zwar hatte der König von Spanien aus seinen europäischen und amerikanischen Besitzungen (Spanien, Neapel, Mailand, Burgund, Niederlande, Mittelamerika, nordwestliches Südamerika, La Plata-Gebiet) höhere Einnahmen als jeder andere europäische Fürst; aber diese Einkünfte reichten nicht aus, um die großen, kostspieligen politisch-militärischen Unternehmungen zu finanzieren: den Kampf gegen Frankreich um Oberitalien und Burgund, den Kampf gegen die Osmanen und ihre Vasallen um die Seeherrschaft im Mittelmeer und seit 1568 den Kampf gegen die aufständischen Niederländer. Karl V. hatte damit begonnen, seine Unternehmen durch Aufnahme von Anleihen zu finanzieren. Da seine Ausgaben ständig die Einnahmen überstiegen, mußte er immer neue Anleihen aufnehmen, und da mit steigender Kreditaufnahme die Kreditwürdigkeit sank, mußten die späteren Anleihen mit höheren Zinsen bezahlt werden. Gegen Ende seiner Regierung (1556) kamen Zinssätze von 40 % und mehr vor. 1554 waren schon fast alle Einnahmen, die in den folgenden 6 Jahren zu erwarten waren, im Vorgriff, durch Ausgabe von Schuldscheinen, ausgegeben. Darüber hinaus bestand noch ein Defizit von mehr als 4 Millionen Dukaten — der Betrag entsprach den Einnahmen eines Jahres —.[6]

Dies fatale finanzielle Erbe, das Karl V. seinem Sohn Philipp II. hinterließ, zwang diesen 1557, einseitig die Rückzahlungsfristen der meisten Darlehen zu verlängern und die Zinssätze herabzusetzen. Auch Philipp II. konnte die spanischen Finanzen nicht sanieren. Er mußte während seiner Regierung noch zweimal, 1575 und 1596, den Staatsbankrott erklären. In den nächsten 50 Jahren folgten noch drei Staatsbankrotte (1607, 1627 und 1647). Zu den Leidtragenden der spanischen Staatsbankrotte gehörten ihre deutschen Großgläubiger, die Fugger und die Welser. Von den Aktiva der Fugger waren 1577 reichlich 75 % Guthaben in Spanien.[7] Während die Fugger mit der Liquidation ihres Bank- und Handelsgeschäftes davonkamen und sich auf ihren Grundbesitz und ihre Landesherrschaft zurückziehen konnten, ging das Unternehmen der Welser nach den schweren Verlusten in Spanien 1614 in Konkurs.

---

[6] Vgl. *H. Rabe:* Die iberischen Staaten im 16. und 17. Jahrhundert. In: Handbuch der europäischen Geschichte, hrsg. von Th. *Schieder*, Bd. 3, Stuttgart 1971, S. 632.

[7] Vgl. H. *Haussherr:* Wirtschaftsgeschichte der Neuzeit, Köln u. Graz [3]1960, S. 74.

Gehen wir nun aber zu den internationalen Finanzkrisen des industriellen Zeitalters und der modernen Weltmarktwirtschaft über. Hier möchte ich zunächst an einige Fälle erinnern, in denen private Gläubiger ihre Forderungen gegen zahlungsunfähige oder zahlungsunwillige ausländische Staaten durch bewaffnete Intervention ihrer Regierungen einzutreiben suchten. Ich erwähne diese Fälle nicht, weil daraus etwa finanz- und kreditwirtschaftliche Erfahrungen zu gewinnen wären, sondern weil die damaligen Schuldnerländer die gewaltsamen Schuldeintreibungen nicht vergessen haben und weil diese Erinnerung die Empfindlichkeit gegenüber den großen Industrieländern wenigstens z. T. erklärt.

Die erste bewaffnete Intervention gegen einen säumigen Schuldnerstaat fand 1861 in Mexiko statt. Hier hatte Präsident Benito Juarez nach dem Bürgerkrieg gegen die klerikale Partei 1861 die Zinszahlung und Amortisation für die mexikanischen Auslandsschulden auf 2 Jahre ausgesetzt. Daraufhin landete auf französische Initiative ein französisch-englisch-spanisches Expeditionskorps an der karibischen Küste Mexikos, um das Land zur Erfüllung seiner Zahlungsverpflichtungen zu zwingen. Während die Engländer und Spanier, nachdem ihre Forderungen von der klerikalen Partei anerkannt worden waren, bald wieder abzogen, blieben die Franzosen, drangen in das Landesinnere vor und ließen 1863 von einer mexikanischen Notabelnversammlung einen Bruder des österreichischen Kaisers Franz Joseph, Erzherzog Maximilian, zum Kaiser von Mexiko wählen. Die Vereinigten Staaten, die sich zu dieser Zeit im Bürgerkrieg befanden, konnten gegenüber der europäischen Invasion die Monroe-Doktrin nicht geltend machen. Doch sobald die Nordstaaten die Südstaatler besiegt und die Einheit der Vereinigten Staaten wiederhergestellt hatten, konnten sie das zweite napoleonische Kaiserreich zum Rückzug aus dem mexikanischen Abenteuer und zur Preisgabe des Marionettenkaisers Maximilian drängen (1866).

40 Jahre nach der Invasion Mexikos gab ein Bürgerkrieg in Venezuela den Anstoß zu einem Flottenunternehmen dreier europäischer Mächte, um Schulden einzutreiben. In den 90er Jahren war auf dem deutschen Kapitalmakt eine venezolanische Eisenbahnanleihe untergebracht worden. Deutsche Firmen hatten Lieferungen und Arbeiten für den Eisenbahnbau ausgeführt. Der Bürgerkrieg in Venezuela 1898 bis 1900 unterbrach den Schuldendienst und die Zahlung für Lieferungen und Arbeiten. Außerdem verursachte der Bürgerkrieg Schäden an britischem, deutschem und italienischem Eigentum. Als die neue venezolanische Regierung unter Präsident Cipriano Castro die britischen und deutschen Forderungen nach Schadenersatz, Nachzahlung der ausgefallenen Zinsen und sofortiger Wiederaufnahme des Schuldendienstes

ablehnte, verhängten Großbritannien und Deutschland am 3. Dezember 1902 eine Blockade über die Häfen Venezuelas, die von einem deutsch-britischen Kreuzergeschwader, dem sich noch ein italienisches Kriegsschiff anschloß, ausgeführt wurde. Während der Blockade wurden drei venezolanische Kanonenboote versenkt und ein Küstenfort zerstört. Präsident Castro rief mit Erfolg die Lateinamerikaner zu Protesten gegen die europäische Hochfinanz und ihre Gewaltmethoden auf. Auch in den Vereinigten Staaten wurde unter Berufung auf die Monroe-Doktrin scharfe Kritik am Vorgehen der Briten und Deutschen laut. Um einer amerikanischen diplomatischen Intervention zuvorzukommen, forderten die britische und die deutsche Regierung den amerikanischen Präsidenten Theodore Roosevelt zur Leitung eines Schiedsverfahrens auf. Im Februar 1903 kam es zur Einigung. Die deutsche Regierung erklärte sich damit einverstanden, daß die deutsche Bar-Forderung auf sofortige Zahlung von 66 000 £ auf 5 500 £ reduziert und für den übrigen Betrag Bürgschaften gegeben wurden.[8] Danach wurde die See-Blockade aufgehoben. Der Haager Schiedsgerichtshof bestätigte im Jahr darauf die Forderungen der Blockademächte; Forderungen anderer blieben offen.

Seit der Venezuela-Blockade behielten es sich die Vereinigten Staaten vor, Gläubigerinteressen gegenüber den Regierungen lateinamerikanischer Staaten notfalls durch militärische Intervention zu vertreten. Zu diesem Zweck gab Präsident Roosevelt im Dezember 1904 eine Interpretation der Monroe-Doktrin, das sog. „Roosevelt Corollary", wonach die Monroe-Doktrin die Vereinigten Staaten zwingen könne, internationale Polizeigewalt auszuüben, falls ein Staat der westlichen Hemisphäre in flagranter Weise Unrecht tue oder unfähig sei, Unrecht zu verhindern.[9] Unter Berufung auf dieses Roosevelt-Korollar ließen die Vereinigten Staaten 1905 und 1916 in der Dominikanischen Republik und 1912 in Nicaragua Truppen landen, um ein geordnetes Finanzwesen und einen regelmäßigen Zinsendienst zu erzwingen.

Dagegen waren die Regierungen der europäischen Mächte, abgesehen von der Venezuela-Blockade, nicht geneigt, Forderungen ihrer Staatsangehörigen gegen ausländische Regierungen durch militärische Intervention zu unterstützen. Selbst die politische Intervention gegenüber säumigen Schuldnerländern hielten sie vor 1914 im allgemeinen nicht für ihre Aufgabe. Als die Deutsche Bank im August 1888 anfragte, ob

---

[8] Die deutschen Forderungen gegen Venezuela sind zusammengestellt in der Dokumentation „Reklamationen Deutschlands gegen Venezuela (Reichstag, Drucksachen 1900/03, Nr. 786). Die deutschen Akten zur Venezuela-Blockade sind abgedruckt in: Die Große Politik der Europäischen Kabinette, Bd. 17, Dok. Nr. 5031 - 5150.

[9] Vgl. U. *Sautter:* Geschichte der Vereinigten Staaten von Amerika, Stuttgart 1976. S. 325.

das Auswärtige Amt Bedenken gegen den Erwerb der Konzession für die anatolische Eisenbahn durch die Deutsche Bank habe, antwortete Bismarck selbst am 2. September 1888, daß keine politischen Bedenken dagegen beständen. Er schloß aber die Warnung an: „In der Tat gehen deutsche Unternehmer durch Kapitalanlagen in anatolischen Eisenbahnbauten ein Risiko ein, welches zunächst in den Schwierigkeiten der Rechtsverfolgung im Orient liegt, aber durch kriegerische und andere Verwicklungen noch gesteigert werden kann. Die darin für deutsches Kapital liegenden Gefahren werden ausschließlich den Unternehmern zur Last fallen und werden die letzteren nicht darauf rechnen können, daß das Deutsche Reich sie gegen die mit gewagten Unternehmungen im Auslande verbundenen Wechselfälle sicherstellen werde."[10]

Noch am 10. Juli 1914 bekräftigte der britische Außenminister Sir Edward Grey vor dem Unterhaus die grundsätzliche Abneigung seiner Regierung, sich in die internationalen Anleihegeschäfte britischer Finanziers involvieren zu lassen: „... Generally speaking, and especially in South America, these are things in which the Foreign Office does not interfere."[11]

Indes haben die Regierungen der europäischen Mächte entgegen dem Grundsatz der Nichteinmischung in internationale Finanzgeschäfte in einigen Fällen politischen Druck auf säumige Schuldnerstaaten ausgeübt, und zwar dort, wo sie eigene machtpolitische Interessen verfolgten und wo sie es sich leisten konnten, ohne ihre sonstigen auswärtigen Beziehungen zu belasten. Das gilt vor allem für Ägypten und das Osmanische Reich.

Bis 1875 war die ägyptische Staatsschuld auf über 90 Millionen £ angewachsen; das entsprach etwa dem zehnfachen Betrag der jährlichen Staatseinnahmen, die — umgerechnet — zwischen 9 und 10 Millionen Pfund ausmachten.[12] Die enorme Schuldenlast resultierte teils aus dem Aufwand für den Suez-Kanal; der Khedive, der Vizekönig, hatte 176 602 Aktien der Suez-Kanal-Gesellschaft auf Pump kaufen müssen, da sich nicht genügend Käufer gefunden hatten. Teils waren die Schulden aus einem ehrgeizigen, aber schlecht betriebenen Modernisierungsprogramm entstanden; und schließlich waren einfach neue Schulden aufgenommen worden, um ältere Schulden verzinsen und amortisieren zu können.

---

10 Bismarcks Schreiben vom 2. 9. 1888 an die Deutsche Bank ist abgedruckt in: F. *Seidenzahl:* 100 Jahre Deutsche Bank 1870 - 1970, Frankfurt a. M. 1970, S. 67.

11 Parliamentary Debates, House of Commons, 5th ser., L XIV, 1448 f., zit. von H. *Feis:* a.a.O., p. 85.

12 Näheres zur ägyptischen Finanzkrise bei D. S. *Landes:* Bankers and Pashas. London 1958 u. *W. J. Mommsen:* Imperalismus in Ägypten, München/Wien 1961.

Außer der Höhe der Schulden war der hohe Anteil kurzfristiger Schulden bedenklich: 21 Millionen £. Da Ägypten nominell noch dem Osmanischen Reich angehörte, bedurfte es für Anleihen der Genehmigung des Sultans; kurzfristige Schulden konnte der Khedive aus eigener Vollmacht aufnehmen. Wegen der politischen Bequemlichkeit war dann oft die finanziell bedenkliche kurzfristige Verschuldung gewählt worden.

Da die hohe kurzfristige Schuld die Gefahr eines Staatsbankrotts mit den entsprechenden Auswirkungen auch auf die konsolidierten Schulden in bedrohliche Nähe gerückt hatte, planten einige der französischen Gläubigerbanken die Konsolidierung der ägyptischen Staatsfinanzen durch Umwandlung der kurzfristigen Schulden in eine neue Anleihe mit langer Laufzeit. Diese Anleihe sollte durch ein Konsortium französischer Banken unter Führung des Crédit Foncier de France emittiert werden. Als Sicherheit sollte dem Konsortium das Suez-Kanal-Aktienpaket des Khediven verpfändet werden. Andere französische Banken wollten die günstige Gelegenheit nutzen und dem Khediven das Aktienpaket abkaufen; denn in der Weltwirtschaftskrise 1873/75 war der Kurs der Suez-Kanal-Aktien ebenso wie die anderen Aktienkurse gefallen. Doch war das wegen des britischen Interesses am Suez-Kanal ein heikles Geschäft, und so fragten sie bei der französischen Regierung an, ob politische Bedenken dagegen bestünden. Die französische Regierung, die wenige Monate zuvor in der „Krieg-in-Sicht-Krise“ die britische Hilfestellung gegen Deutschland in Anspruch genommen hatte, konnte sich eine Verstimmung Großbritanniens nicht leisten und ließ in London anfragen, ob die britische Regierung Bedenken gegen den Kauf der ägyptischen Suez-Kanal-Aktien durch eine französische Bankengruppe habe.

Jetzt landete der britische Premierminister Disraeli einen Überraschungs-Coup: Er ließ der französischen Regierung mitteilen, daß Großbritannien mit dem Erwerb der Aktien durch französische Banken keineswegs einverstanden sei. Gleichzeitig kaufte er mit Hilfe eines Kredits, den ihm der Chef der Londoner Rothschild-Bank, Lionel Rothschild, innerhalb weniger Stunden überwies, für knapp 4 Millionen £ das Aktienpaket des Khediven Isma'il.[13] Dieser hatte sich zum Verkauf anstelle der Anleihe entschlossen, da die Bedingungen des Crédit Foncier seine finanzpolitische Entscheidungsfreiheit stark eingeengt hätten. Für die britische Regierung war der Aktienkauf ein gutes Geschäft. Sie erwarb damit zwar nicht die Mehrheit der Suez-Kanal-Aktien — die blieb nach wie vor in den Händen französischer Banken —, aber das größte Aktienpaket. 4 Millionen £ zahlte sie für die Aktien, die den Khedive seinerzeit einschließlich der Zinsen der für den Erwerb auf-

---

[13] Vgl. R. *Blake:* Disraeli. Frankfurt a. M. 1980, S. 482 ff.

genommenen Kredite 11 Millionen £ gekostet hatten.[14] Bis zum Ende des 19. Jahrhunderts stieg der Kurs dieser Aktien auf das Achtfache des Kurses, zu dem Disraeli gekauft hatte. Außerdem brachten die Suez-Kanal-Aktien der britischen Regierung vom Ende der 70er Jahre bis 1914 jährlich im Durchschnitt 1 - 1¼ Millionen £ Dividende ein.

Die ägyptische Finanznot war mit dem Verkauf der Suez-Kanal-Aktien noch keineswegs behoben. Deshalb war Isma'il 1876 gezwungen, der Einrichtung einer Schuldenverwaltung unter internationaler Kontrolle zuzustimmen. Die alten ägyptischen Staatsanleihen wurden mit Ausnahme von drei Anleihen zu einer Staatsschuld von 91 Millionen £ zusammengefaßt, die mit 7 % zu verzinsen war. Das war eine geringere Verzinsung als bisher im Durchschnitt. Die Verwaltung der Staatsschuld wurde der neu einzurichtenden „Caisse de la Dette Publique" übertragen, deren vier Direktoren von der britischen, französischen, österreichischen und italienischen Regierung nominiert wurden. Der Caisse de la Dette Publique wurden die Zölle und mehrere indirekte Steuern, insgesamt zwei Drittel der gesamten Staatseinkünfte, verpfändet. Doch dieses System konnte nicht funktionieren und stürzte Ägypten nur in neue Schulden. Als Isma'il 1879 bei der Einlösung kurzfristiger Schulden in Verzug geriet und sich einem neuen Sanierungsplan widersetzte, wurde er auf Verlangen der britischen und der französischen Regierung vom Sultan abgesetzt und durch Taufik Pascha ersetzt. Obwohl Taufik gefügiger war als sein Vorgänger, mußten die Gläubiger sich 1880 dazu bereitfinden, den Zins der Staatsschuld auf 4 % herabzusetzen. Nach der neuen Schuldenregelung durfte Ägypten von seinen Staatseinnahmen 4,9 Millionen £, etwa die Hälfte der damaligen Einnahmen, für sich verbrauchen, der darüber hinausgehende Betrag floß an die Caisse de la Dette Publique. Ohne deren Zustimmung durfte keine neue Anleihe aufgelegt werden. Kurzfristige Kredite durfte Ägypten bis zu maximal 2 Millionen £ aufnehmen.

Die ägyptische Schuldenkrise, eine Folge der viel zu hohen Schuldenaufnahme, endete damit, daß Ägypten seine Finanzhoheit verlor und unter die finanzielle Kontrolle seiner Gläubiger geriet. Die politische Folge dieser Schuldenregelung war die nationale Reaktion in Ägypten, die 1881 zu zwei Erhebungen der ägyptischen Armee und 1892 zu europäerfeindlichen Ausschreitungen in Alexandria führten. Diese wiederum gaben den Anstoß zur militärischen Intervention Großbritanniens und zur jahrzehntelangen Besetzung Ägyptens durch britische Truppen.

Zur gleichen Zeit, da der Khedive von Ägypten die Finanzkontrolle durch die Gläubiger hinnehmen mußte, war sein Oberherr, der Sultan

[14] Vgl. W. J. *Mommsen:* a.a.O., S. 42.

in Konstantinopel, bankrott. Seit dem Krimkrieg war die Auslandsschuld des Osmanischen Reiches bis 1875 auf 4,62 Milliarden frs.angewachsen. Wegen der hohen Risikoprämie, die die Gläubiger im Übernahmekurs berechnet hatten, waren aber nur 60 % davon den Türken zugute gekommen. Die Bekämpfung der Aufstände in den damals noch türkischen Provinzen Bosnien, Herzegowina und Bulgarien 1875, dann der Krieg gegen Serbien und Montenegro 1876 und schließlich auch gegen Rußland (1877), die den christlichen Untertanen des Sultans mit der Absicht auf eigenen Landgewinn zu Hilfe kamen, brachten hohe zusätzliche Ausgaben. Die türkische Regierung konnte ihren Verpflichtungen gegenüber ihren ausländischen Gläubigern, meist französischen und englischen Bankhäusern, nicht mehr nachkommen. 1875 wurden die Zinsen nur noch teilweise bezahlt, 1876 wurde der Zinsendienst ganz eingestellt. Solange das Osmanische Reich sich im Krieg befand, mußten die Gläubiger wohl oder übel stillhalten.

Auf dem Berliner Kongreß im Sommer 1878, auf dem nach dem militärischen Zusammenbruch der Türken die orientalischen Fragen geregelt wurden, forderten die britische und französische Regierung die türkische Regierung auf, durch eine internationale Kommission die Forderungen der ausländischen Gläubiger prüfen und Vorschläge zu ihrer Befriedigung unter Berücksichtigung der finanziellen Situation des Osmanischen Reiches machen zu lassen. Die türkische Regierung wollte eine von Regierungsvertretern besetzte internationale Kommission nicht hinnehmen und nahm Verhandlungen mit den einzelnen Gläubigerbanken auf. Da die Türken hier kein Entgegenkommen zeigten, versperrten die Banken ihnen mit Unterstützung ihrer Regierungen den Zugang zu ausländischen Kapitalmärkten.[15] Unter dem Druck des Finanznotstandes mußte Sultan Abdul Hamid II. nachgeben und auf die Wünsche der Gläubigerbanken eingehen. Der Inhalt der Vereinbarung zwischen der türkischen Regierung und den Banken wurde den Regierungen der europäischen Mächte offiziell mitgeteilt und wurde als türkisches Gesetz verkündet.[16]

Für die Abwicklung des türkischen Schuldendienstes wurde eine internationale Kontrollbehörde eingerichtet, die „Administration de la Dette Publique Ottomane". Deren Direktorium wurde von den Gruppen

---

15 Vgl. H. *Feis:* a.a.O., p. 332.

16 Die Anleiheverträge des Osmanischen Reiches sind veröffentlicht: Recueil des Contrats d'Emprunts etc., conclus par le Gouvernement Impérial. Vol. I u. II, publiés par la Banque Impériale Ottomane, Paris 1905/13, vol. III, publié par l'Administration de la Dette Publique Ottomane. Istanbul 1918. — Über die Dette Ottomane vgl. D. C. *Blaisdell:* European Financial Control in the Ottoman Empire, New York 1929.

der französischen, deutschen, österreichischen, italienischen, englisch-niederländischen und türkischen Gläubigerbanken und von der Banque Impériale Ottomane, deren Kapital und Leitung in französischen Händen war, bestellt. Generaldirektor der Dette Ottomane war immer im Wechsel ein Engländer oder ein Franzose. Dieser Schuldenverwaltung wurden die Erträge des Salz- und des Tabak-Monopols und der Seiden- und der Briefmarkensteuer verpfändet. Vier Fünftel dieser Einnahmen waren für den Zinsendienst, ein Fünftel für die Amortisation bestimmt. Für die Kontrolle über den türkischen Schuldendienst und für die Sicherstellung der künftigen Zahlungen mußten die Gläubiger mit einer kräftigen Reduzierung ihrer Geldforderungen bezahlen. Bis zur Einrichtung der Dette Ottomane war die türkische Staatsschuld einschließlich rückständiger Zinsen auf 5,82 Milliarden frs. angewachsen. Dieser Betrag wurde auf eine Schuld von 3,4 Milliarden frs. reduziert, die mit 4 % zu verzinsen waren. Bis 1903 wurden von dieser Schuld 748 Millionen frs. amortisiert. Dann wurden in einer neuen Schuldenkonversion 389 Millionen frs. der Schuld nachgelassen, aber gleichzeitig der Zins auf 5 % erhöht. Hier erreichten die Gläubiger mit einem Verzicht auf insgesamt etwa die Hälfte ihrer Forderungen, daß die Türken wieder Zinsen und Amortisation zahlten. Das Osmanische Reich war nach dem Arrangement von 1881 wieder kreditwürdig.

Doch Hilfe der Regierungen für die Gläubigerbanken in internationalen Finanzkrisen war vor 1914 nicht die Regel. Gewöhnlich mußten die Banken sich selbst helfen. Und das konnte teuer werden oder einen langen Atem erfordern. Diese Erfahrung machte die Berliner Handels-Gesellschaft unter der Leitung des legendären Carl Fürstenberg. Sie war seit 1884 der Hauptfinanzier Serbiens und blieb es bis 1914, auch nachdem Serbien mit dem Putsch von 1903 nicht nur die regierende Dynastie, sondern auch die außenpolitische Orientierung gewechselt hatte, indem es aus dem Lager des Dreibundes in das des russisch-französischen Zweibundes überwechselte. Mit dieser Feststellung wird zugleich die von manchen Angehörigen Philosophischer und Theologischer Fakultäten gläubig angenommene marxistische These, daß Schuldnerländer in halbkoloniale Abhängigkeit von ihren Gläubigerländern geraten, falsifiziert. 1884 war unter Führung der Berliner Handels-Gesellschaft ein deutsches Bankenkonsortium für die serbischen Staatsanleihen gebildet worden. 1885 wurden die serbischen Staatsfinanzen durch den erfolglosen und verlustreichen Krieg gegen Bulgarien zerrüttet. Serbien zahlte jetzt nur noch zwei Drittel der fälligen Zinsen. Das fehlende Drittel schossen die Konsortialbanken zu, um den Kurs der serbischen Staatsanleihen zu halten und um ihren Kredit als Emissionshäuser beim Publikum nicht zu verlieren. Auf dies Verhalten der Banken hatte der serbische Finanzminister Petrović auch gerechnet, wie er

Carl Fürstenberg unverblümt sagte, denn es bleibe ihnen ja gar nichts anderes übrig.[17] Lansburgh folgerte daraus die „Lehre Nummer eins“: Nicht der Gläubiger, sondern der Schuldner ist im Kampfe um die Erfüllung der Schuldverpflichtungen der Stärkere.

Während die anderen Konsortialmitglieder nach dieser Erfahrung auf weitere Kreditgeschäfte mit dem unzuverlässigen Schuldnerstaat verzichteten, versuchte die Berliner Handels-Gesellschaft, in geduldigen Verhandlungen Serbien zur Sanierung seiner Staatsfinanzen und zur geregelten Verzinsung und Amortisation seiner Schulden zu bewegen. Durch eine neue Anleihe, die nun von der Berliner Handels-Gesellschaft allein übernommen und emittiert werden mußte, wurde Serbien dazu gebracht, daß es einige Jahre seine Schuldzinsen vollständig zahlte. Doch dann mußte die Bank wieder Zinsrückstände der Belgrader Regierung ausgleichen und durch Stützungskäufe den Kurs der serbischen Staatsanleihen verteidigen. Bis 1892/93 half das noch. Dann war die desolate Verfassung der serbischen Staatsfinanzen doch soweit bekannt geworden, daß weitere Zinsvorschüsse und Stützungskäufe zwecklos waren. Die Berliner Handels-Gesellschaft versuchte nun einen annehmbaren Kompromiß zu erreichen. Wieder bestätigte sich Lansburghs „Regel Nummer eins“. Der Kompromiß fiel nach zweijährigen Verhandlungen ganz deutlich zu Gunsten des Schuldners Serbien aus. Es erhielt eine neue Anleihe über 45 Millionen frs., und die Berliner Handels-Gesellschaft mußte sich damit einverstanden erklären, daß durch eine Zwangskonversion der Zinssatz der älteren Anleihen von 5 auf 4 % herabgesetzt wurde. Serbiens Gegenleistung bestand darin, daß es für die Verzinsung und Amortisation seiner Staatsschuld die Einnahmen der neu zu bildenden Verwaltung seiner Finanzmonopole verpfändete. Damit war fortan ein pünktlicher Schuldendienst gesichert. Die Berliner Handels-Gesellschaft fand jedoch für weitere serbische Anleihen keine Kooperationsbereitschaft mehr bei den deutschen Banken, sondern mußte seitdem hierfür Konsortien mit französischen Banken bilden.

Während sich die Berliner Handels-Gesellschaft mit dem säumigen Schuldnerstaat Serbien plagte, wurde eine der klassischen englischen Merchant Banks, Baring Brothers, die zur Zeit des Wiener Kongresses noch als sechste europäische Großmacht bezeichnet worden waren, durch leichtsinnige, spekulative Kreditgeschäfte in eine internationale Finanzkrise hineingezogen. Das Bankhaus Baring war unter der Geschäftsleitung von Edward Charles Baring, dem Ersten Lord Revelstoke, von seiner bisherigen sehr soliden, vorsichtigen Geschäftspolitik abgewichen

[17] A. *Lansburgh:* Briefe eines Bankdirektors an seinen Sohn, in: Die Bank, Juni 1931.

und hatte sich auf spekulative, riskante Geschäfte eingelassen.[18] Von dem Boom, der die argentinische Wirtschaft seit 1886 erfaßt hatte, und von den Tips seines amerikanischen Korrespondenten Sanford hatte Lord Revelstoke sich verleiten lassen, in großem Umfange argentinische Anleihen zur Emission zu übernehmen: bis 1889 insgesamt 19,2 Millionen £.[19] Sie konnten jedoch einen großen Teil ihrer argentinischen und uruguayischen Effekten nicht im Publikum unterbringen und behielten für 7,75 Millionen £ davon in ihrem Portefeuille.[20]

Als im Sommer 1890 der Boom am La Plata in einer heftigen Krise zu Ende ging und die Zinszahlungen aus Argentinien und Uruguay ausblieben, wurden Baring Bros. im Herbst des gleichen Jahres illiquide.[21] Sie hatten kurzfristige Verbindlichkeiten in Höhe von 16 Millionen £. Diesen standen zwar Aktiva in Höhe von 24,75 Millionen £ gegenüber; aber die ließen sich nicht schnell mobilisieren — auch die am La Plata eingefrorenen 7,75 Millionen gehörten ja zu diesen Aktiva —. Am 7. November 1890 mußte Lord Revelstoke dem Governor der Bank of England, William Lidderdale, mitteilen, daß Baring Bros. insolvent seien. Lidderdale hielt zwar die Krise der Barings für selbstverschuldet — in einem späteren Bericht charakterisierte er Lord Revelstokes Geschäftsführung als „haphazard" —; aber er erkannte, daß eine Zahlungseinstellung des berühmten Bankhauses Baring zu einer Panik unter der Bankenkundschaft, zu einem Run auf alle englischen Banken und zu erheblichen Goldabzügen aus Großbritannien führen würde. Um eine derartige gefährliche Ausweitung der Baring-Krise zu verhindern, organisierte er bis zum 14. November 1890 gemeinsam mit Bertram Currie, dem Hauptteilhaber des Bankhauses Glyn Mills & Co., eine Hilfsaktion für die Barings. Die großen Londoner Citybanks bildeten ein Garantiekonsortium für 10 Millionen £; schließlich wurde der Garantiefonds auf 17,5 Millionen £ gebracht. Das Publikum erfuhr von den Schwierigkeiten der Barings erst, als mitgeteilt werden konnte, daß der Garantiefonds für die Verbindlichkeiten der Barings bereits mit 10 Millionen £ gezeichnet sei: Dadurch wurde eine Panik vermieden. 1894 konnte der Garantiefonds wieder aufgelöst werden, weil die Barings bis dahin den größten Teil ihrer Verbindlichkeiten beglichen hatten.

Die Baring-Krise markiert eine Epochenwende in der britischen Bankengeschichte. Mit dieser Krise begann die Umwandlung der Pri-

---

18 Vgl. St. *Chapman:* The Rise of Merchant Banking, London 1984, p. 78.

19 P. H. *Emden:* Money Powers of Europe in the 19th and 20th Centuries, New York and London 1938, p. 283.

20 Ibidem, p. 281.

21 Der genaue Hergang der Baring-Krise läßt sich noch nicht ermitteln, da sowohl die Barrings als auch die Bank of England ihre Akten zu diesem Vorgang der Forschung noch nicht zugänglich gemacht haben.

vatbankiersfirmen in Kapitalgesellschaften. Die Barings wurden noch 1890 in eine Limited Company umgegründet; im gleichen Jahr wurde die Williams Deacon's Bank Aktiengesellschaft. 1891 vollzog das führende Diskonthaus Alexander & Co. den gleichen Schritt. 1892 wurde das Privatbankhaus Coutts & Co., bei dem ein großer Teil des Hochadels, auch Angehörige des Königshauses, Konten unterhielten, zur Kapitalgesellschaft; und 1896 schlossen sich 20 Privatbankiersfirmen zur Aktienbank Barclays Bank zusammen.

Neben derartigen höchst unerwünschten internationalen Finanzkrisen gab es aber auch Versuche, solche Krisen künstlich zu erzeugen, um politischen Druck auszuüben. Diesen Versuch unternahmen die Franzosen 1887, als sie ihre Gelder aus Italien abzogen, nachdem der Dreibund zwischen Deutschland, Österreich-Ungarn und Italien erneuert worden war. Im gleichen Jahr versuchte Bismarck, Rußland unter Druck zu setzen, indem er der Reichsbank verbot, russische Wertpapiere zu lombardieren; mit dem Lombardverbot waren russische Effekten in Deutschland diskriminiert, und der deutsche Kapitalmarkt blieb bis zur Aufhebung des Lombardverbots (1894) für Rußland versperrt. Während der zweiten Marokko-Krise, 1911, zogen die französischen Banken auf Empfehlung der französischen Regierung die Gelder, die sie kurzfristig an deutsche Banken ausgeliehen hatten (wegen der relativ hohen deutschen Geldmarktzinsen), ab. Alle diese Versuche, durch Erzeugung einer Finanzkrise den jeweiligen Schuldnerstaat unter Druck zu setzen, sind gescheitert. An die Stelle der französischen Banken traten in Italien deutsche Banken; als Geldgeber Rußlands wurden die deutschen Banken durch französische Banken ersetzt. Damals haben Deutsche und Franzosen gewissermaßen ihre Schuldner ausgetauscht. 1911 wurden die abgezogenen französischen Gelder in Deutschland durch kurzfristige Kredite amerikanischer Banken ersetzt, die damals erstmalig als Gläubiger gegenüber einem europäischen Industrieland erschienen.

Die bis in die jüngste Vergangenheit schwerste internationale Schuldenkrise war die deutsche Schuldenkrise im Jahre 1931. Im Jahr der Weltwirtschaftskrise 1929 erreichte die deutsche Auslandsschuld 18,5 bis 19,5 Milliarden RM; das entsprach etwa 21 % des deutschen Bruttosozialprodukts 1929. Nach einem Jahr Depression, Ende 1930, war die deutsche Auslandsschuld auf 25,3 - 25,8 Milliarden RM gestiegen. Da aber das Bruttosozialprodukt 1930 auf 82,4 Milliarden RM gesunken war, entsprach die Auslandsschuld nunmehr etwa 31 % des Sozialprodukts.[22] Die Schuldensituation wurde noch dadurch verschlimmert, daß

---

[22] Die Daten nach: Deutsches Geld- und Bankwesen in Zahlen 1876 - 1975, hrsg. von der *Deutschen Bundesbank*, Frankfurt a. M. 1976, S. 6 u. 331.

die Mehrzahl der Auslandsschulden, nämlich 14,3 - 14,8 Milliarden RM kurzfristig waren.

Wie konnte es zu dieser hohen Verschuldung, vor allem dieser exorbitant hohen kurzfristigen Verschuldung kommen? Hat es vor der Krise keine Bedenken wegen der Auslandsschulden gegeben? Welche Momente haben die Krise des Sommers 1931 ausgelöst? Wie ist die Krise „bewältigt" worden? Welche Folgen hatte sie für die Deutschen und für ihre Gläubiger? Was ist zu der Kritik zu bemerken, die damals und auch später am Verhalten der Reichsbank in der Krise geübt worden ist?

Die Weimarer Republik war seit 1924, seit der Währungsstabilisierung und seit der Reparationsregelung durch das Londoner Abkommen über den Dawes-Plan für ausländische Geldanleger ein attraktives Anlageland geworden. Infolge der starken Geld- und Kapitalnachfrage nach dem Währungsschnitt war Deutschland 1925 - 1930 das Hochzinsland schlechthin. Die deutschen Geldmarktzinsen waren in diesen Jahren immer mehr als doppelt so hoch wie diejenigen der führenden ausländischen Kreditmärkte, und die Kapitalmarktzinsen waren fast doppelt so hoch wie die ausländischen.[23] Einem Land mit einer so hochentwickelten und leistungsfähigen Industrie wie Deutschland brachten die ausländischen Banken großes Vertrauen entgegen. An der deutschen Kreditwürdigkeit gab es eigentlich nichts zu zweifeln. Außerdem wurden die Finanzpolitik des Reiches und die deutsche Zahlungsfähigkeit durch den Reparationsagenten Parker Gilbert kontrolliert, und der Generalrat der Reichsbank setzte sich zur Hälfte aus Ausländern zusammen, von denen einer noch die spezielle Aufgabe hatte, die Einhaltung der vorgeschriebenen Notendeckung durch die Reichsbank zu überwachen. Hauptgläubiger waren die Vereinigten Staaten. Etwa 39 % der deutschen Auslandskredite stammten von dort. Das zweitgrößte Gläubigerland waren die Niederlande mit 18 % Anteil an den Krediten. 15 % der Kredite kamen aus Großbritannien, 13 % aus der Schweiz und nur 5 % aus Frankreich. 11,8 Milliarden RM dieser Auslandskredite waren ohne Einschaltung deutscher Kreditinstitute unmittelbar an deutsche Unternehmen gegangen. Die Banken hatten 8,9 Milliarden RM erhalten, und den Gebietskörperschaften waren 4,9 Milliarden RM ausländischer Kredite zugeflossen.[24]

---

[23] Im Jahresdurchschnitt 1925 erreichten die deutschen Geldmarktzinsen 9,13 %, die der führenden Auslandskreditmärkte im Schnitt 3,74 %. Die Daten für 1928 waren 7,55 % (Deutschland) und 3,88 % (Ausland); für 1930 waren die Daten 5,49 % (Deutschland) und 2,61 % (Ausland). Vgl. hierzu: Untersuchung des Kreditwesens 1933. Teil I, Bd. 1, Berlin 1933, S. 515.

[24] Untersuchung des Bankwesens 1933. Teil I, Bd. 1, S. 512 und Teil II, S. 462 f. Deutsches Geld- und Bankwesen in Zahlen 1876 - 1975, S. 330, gibt für die Banken nur die kurzfristigen Auslandsverbindlichkeiten an.

Obwohl die genaue Höhe der deutschen Auslandsschulden erst nach der Bankenkrise durch den Laytonbericht (19. 8. 1931) und noch präziser durch die Bankenenquête 1933 festgestellt wurde, wußte man doch, daß die deutschen Auslandsschulden, insbesondere auch die kurzfristigen, außerordentlich hoch waren. Reichsbankpräsident Schacht warnte deshalb die deutschen Banken vor der Gefahr, die ihnen bei einem plötzlichen massenweisen Abzug der kurzfristigen Auslandsgelder drohte: Die Reichsbank werde dann nicht in der Lage sein, ihnen die Beträge in fremder Valuta zur Verfügung zu stellen.[25] Auch der Vorsitzende des Verwaltungsrats der I. G. Farben, Carl Duisberg und die Nationalökonomen Gustav Stolper, Herbert von Beckerath und Edgar Salin warnten vor den drohenden Aspekten der deutschen Auslandsverschuldung. Doch der Vorsitzende des Centralverbandes des Deutschen Bank- und Bankiersgewerbes, Georg Solmssen von der Deutschen Bank, wies diese Warnungen zurück und hielt die Lage für nicht so gefährlich.[26]

Die Lage war solange noch nicht gefährlich, als es keinen Anlaß zu Zweifeln an der wirtschaftlichen und politischen Stabilität der Weimarer Republik gab. Aber im September 1930 wurden die ausländischen Gläubiger durch die hohen Stimmengewinne der NSDAP bei der Reichstagswahl aufgeschreckt. Darauf wurden innerhalb von 6 Wochen 600 Millionen RM kurzfristiger Gelder aus Deutschland abgezogen.[27] Nach einigen Monaten relativer Ruhe setzte dann im Mai 1931 eine nicht mehr abreißende Kette alarmierender Meldungen ein.[28] Die am 11. Mai 1931 bekannt werdende Insolvenz der Österreichischen Creditanstalt gab das Signal zum erneuten Ansturm der ausländischen Gläubiger auf die deutschen Banken; denn man wußte, daß die Situation der deutschen Großbanken hinsichtlich Kapitalstruktur, Industrie-Engagement und liquiden Mitteln derjenigen der Creditanstalt sehr ähnlich war. Die weiteren Nachrichten aus Deutschland steigerten die Unruhe noch. Im Mai wurden die großen Verluste des Warenhauskonzerns Karstadt und des Versicherungskonzerns Nordstern bekannt. Am 5. Juni kamen die ersten, wenn auch dementierten Nachrichten über Schwierigkeiten einer deutschen Großbank, der Danatbank. Einen Tag später sorgte die Reichsregierung mit einem Aufruf, in dem sie auf die „aufs äußerste bedrohte wirtschaftliche und finanzielle Lage des Reiches“ und die daraus folgende Notwendigkeit einer Entlastung Deutschlands von untragbaren Reparationszahlungen hinwies, für weitere Unruhe. In den letzten Juni-Tagen brach der Textilkonzern Nordwolle unter skandalösen Begleitumständen zusammen.

---

[25] Vgl. H. *Schacht:* 76 Jahre meines Lebens. Bad Wörishofen 1953, S. 287.

[26] Vgl. K. E. *Born:* Bankenkrise, S. 23.

[27] Ibidem, S. 57.

[28] Ibidem, S. 66 f.

Schließlich gaben ausgerechnet die Rettungsversuche dem deutschen Kredit im Ausland den Rest und verursachten riesige Geldabzüge der ausländischen Gläubiger, denen sich dann auch die Inlandskundschaft anschloß, so daß am 13. Juli die Danat-Bank ihre Schalter nicht mehr öffnete, weil sie zahlungsunfähig war. Die anderen Banken wurden in der nun einsetzenden Panik vor der Zahlungseinstellung nur dadurch bewahrt, daß die Reichsregierung den 14. und den 15. Juli 1931 zu Bankfeiertagen erklärte und bis zum 4. August Barauszahlungen und Überweisungen nur in begrenztem Umfange zuließ.

Es waren, wie schon gesagt, die Rettungsversuche, welche die „Schluß-Offensive" der Auslandsgläubiger auf die deutschen Schuldner-Banken auslösten: Am 21. Juni schlug der amerikanische Präsident Hoover, ohne Deutschland namentlich zu nennen, aber doch mit deutlicher Anspielung auf die wirtschaftlichen Schwierigkeiten der Weimarer Republik, ein einjähriges Moratorium für alle internationalen politischen Schulden (Reparationen, interalliierte Schulden) vor. 2 Tage später zeigte der Reichsbankausweis, daß die Reichsbank mit einer Gold- und Devisen-Deckung von 40,4 % ihres Notenumlaufs dicht vor der gesetzlich und völkerrechtlich (durch das Haager Reparationsabkommen vom 20. 1. 1930) vorgeschriebenen Mindestdeckung von 40 % angelangt war. Wieder 2 Tage später, am 25. Juni 1931, wurde bekannt, daß die Reichsbank zur Aufstockung ihres Devisenpolsters von der Bank of England, der Banque de France, der Bank für internationalen Zahlungsausgleich und der Federal Reserve Bank of New York zwar einen Rediskontkredit, aber nur in Höhe von 100 Millionen Dollar erhalten hatte. Jetzt wußten die Auslandsgläubiger, daß ihren deutschen Schuldnern nicht mehr viel Gold und Devisen zur Rückzahlung von Devisenschulden zur Verfügung standen, wenn die Reichsbank ihre Deckungsvorschrift beachtete. Wenn sie ihr Geld zurückhaben wollten, ehe die Kredite in Deutschland einfroren, mußten sie also die kurzfristigen Kredite schnellstens kündigen. Deshalb nahmen ab Ende Juni die Geldabzüge ein solches Ausmaß an, daß es am 13. Juli 1931 zum Bankenkrach und zur internationalen Zahlungsunfähigkeit Deutschlands kam.

Nach Ansicht der deutschen Bankiers war natürlich der Reichsbankpräsident Luther, der angeblich die Banken im Stich gelassen hatte, der Hauptschuldige an den Ereignissen des 13. Juli. Deshalb forderte Solmssen, der noch im November 1929 die Warnungen vor den kurzfristigen Auslandsschulden in den Wind geschlagen hatte, am 15. Juli im Auftrag des Banken-Verbandes den Rücktritt Luthers. Diese These hat Rolf E. Lüke noch einmal 1981 mit Nachdruck in seinem Buch „13. Juli 1931. Das Geheimnis der deutschen Bankenkrise" vorgetragen, freilich ohne von der wirtschaftshistorischen Forschung der letzten

20 Jahre Notiz genommen zu haben. Diese Kritik an der Reichsbank ist absurd; denn Mitte Juli 1931 hatte die Reichsbank, nachdem sie 2 Monate lang den Geschäftsbanken Devisen und Gold für die Bezahlung ihrer Auslandsverbindlichkeiten verkauft hatte, noch einen Gold- und Devisenbestand von 1,6 Milliarden RM, während die Geschäftsbanken immer noch 5,5 Milliarden RM kurzfristige Auslandsschulden hatten.[29]

Anders als die Sündenbock-Sucher Solmssen und Lüke meinen Rudolf Stucken und Heinrich Irmler, daß die Reichsbank bemüht war, die geforderten Kreditrückzahlungen an das Ausland „bis zum Weißbluten" zu ermöglichen, daß aber gerade das für die deutsche Wirtschaft verhängnisvoll gewesen sei, ohne daß die Auslandsgläubiger Nutzen davon gehabt hätten. Stucken und Irmler meinen, daß ein Moratorium für Auslandszahlungen notwendig gewesen wäre.[30] Indes trifft diese Kritik nicht die Reichsbank, sondern die Reichsregierung. Nur diese hätte ein derartiges Moratorium erklären können. Doch ein Moratorium durch einseitige deutsche Erklärung ohne Zustimmung der Gläubigerländer wäre politisch und für den deutschen Kredit im Ausland verheerend gewesen. Aber erst nach dem Eklat des 13. Juli 1931 waren die Gläubiger — wohl oder übel — zu einem Moratorium bereit.

Auf Vorschlag von Präsident Hoover verhandelten vom 21. bis 23. Juli 1931 in London Regierungs-Chefs, Diplomaten und Bankenvertreter über die Krise. Sie setzten einen Ausschuß, das Wiggin-Committee, ein, der zunächst einmal die Höhe der deutschen Auslandsschulden festzustellen und dann Verfahrensvorschläge zu unterbreiten hatte. Nach den Vorschlägen dieses Ausschusses, die in dem nach dem Verfasser benannten Layton-Bericht am 19. August 1931 vorgelegt worden waren, wurde noch am gleichen Tage ein Stillhalteabkommen zwischen den Vertretern der ausländischen Gläubigerbanken und der deutschen Schuldnerbanken geschlossen. Das Abkommen galt für die nach dem 31. Juli 1931 fälligen kurzfristigen Kredite privater deutscher Schuldner und hatte eine Laufzeit von 6 Monaten. Es ist immer wieder verlängert worden. Bei jeder Verlängerung — ab 1932 wurde die Stillhaltung jeweils auf ein Jahr vereinbart — wurde der Stillhaltungsbetrag etwas verringert, gewöhnlich durch Streichung von Kreditlinien, die von den deutschen Schuldnern nicht in Anspruch genommen worden waren, aber auch durch Rückzahlung. 1932 wurden auch die kurzfristigen Auslandsschulden der deutschen Länder und Gemeinden in die Stillhaltung einbezo-

[29] Deutsches Geld- und Bankwesen in Zahlen 1876 - 1975, S. 331.

[30] Vgl. R. *Stucken:* Deutsche Geld- und Kreditpolitik 1914 - 1963. Tübingen [3]1964, S. 84 ff.; H. *Irmler:* Bankenkrise und Vollbeschäftigung (1931 - 1936), in: Währung und Wirtschaft in Deutschland 1876 - 1975, hrsg. von der Deutschen Bundesbank, Frankfurt a. M. 1976, S. 290.

gen. Bis 1939 war der Betrag der gestundeten „kurzfristigen“ Schulden von ursprünglich 6,3 Milliarden RM auf 700 Millionen RM abgebaut.[31] Die Rückzahlung des Restes wurde mit den übrigen Schulden im Londoner Schuldenabkommen (27. 2. 1953) geregelt.

Die unmittelbaren Wirkungen der deutschen Schuldenkrise waren in Deutschland die Einführung der Devisenbewirtschaftung (15./18. 7. 1931) und die Einrichtung einer Bankenaufsicht (19. 9. 1931). Eine weitere Folge der Krise war die große Banken-Enquête von 1933 und das Kreditwesengesetz vom 5. Dezember 1934, dessen Entwurf von der Enquête-Kommission aufgrund ihrer Feststellungen ausgearbeitet wurde. Die wichtigste politische Wirkung der Schuldenkrise bestand für Deutschland im Ende der Reparationen. Der Layton-Bericht hatte auf die große Bedeutung der Reparationen für die hohe kommerzielle deutsche Auslandsschuld hingewiesen; denn nach den Ermittlungen des Wiggin-Committee hatte Deutschland mit den Devisen, die es durch seine Auslandskredite erhielt, vor allem den Transfer seiner Reparationszahlungen bewerkstelligt: 10,3 Milliarden RM der durch die Kredite nach Deutschland eingeströmten Devisen waren als Reparationstransfers in die Reparationsgläubiger-Staaten (Frankreich, Großbritannien, Belgien, Jugoslawien u. a.) abgeflossen.[32] Damit gab der Layton-Bericht den Anstoß zur Revision und Ablösung der Reparationen, die auf der Konferenz von Lausanne im Juli 1932 verhandelt und vereinbart wurde.

Die Gläubigerländer bekamen die deutsche Schuldenkrise nicht nur durch das Einfrieren ihrer Kredite in Deutschland zu spüren. Am schwersten hatten die schweizerischen Banken unter der deutschen Schuldenkrise zu leiden. Von den 4,25 Milliarden Franken, die sie Ende 1930 als Geldanlagen in Deutschland unterhielten, konnten sie bis zum Stillhalteabkommen noch 750 Millionen Franken zurückziehen. 3,5 Milliarden Franken aber hingen infolge der Stillhaltung in Deutschland fest. Den Schweizern wurden durch die Kredite ihrer Banken an das Ausland die Schwierigkeiten, mit denen ihr Bankenapparat in den folgenden Jahren zu kämpfen hatte (Schrumpfung der Bilanzsummen der großen Banken, Reduzierung der Reserven, teilweise auch Herabsetzung des Aktienkapitals), gewissermaßen importiert.

Da aus Deutschland seit Mitte Juli 1931 kein Geld mehr zurückzubekommen war, zogen amerikanische, schweizerische und niederländische Banken, um ihre Liquidität zu verstärken, kurzfristige Kredite aus Großbritannien ab: von Mitte Juli bis zur Pfundabwertung am 20. September 1931 rund 200 Millionen £. Um diesen Geldabzügen ent-

---

[31] Vgl. K. E. *Born:* Bankenkrise, S. 149 f.

[32] Ibidem, S. 143.

gegenzuwirken, erhöhte die Bank of England ihren Diskontsatz von 2,5 % auf 3,5 % (23. 7.), dann auf 4,5 % (30. 7.) und schließlich auf 6 % (20. 9.). Von diesen Kreditabzügen wurden hauptsächlich die Merchant Banks getroffen, die auf das internationale Akzeptgeschäft spezialisiert waren. Gleichzeitig mit den Kreditabzügen begannen aber auch niederländische, schwedische und vor allem schweizerische Banken ihre Bestände an Pfund Sterling zu verkaufen, um ihre Goldreserven zu erhöhen. Diese Pfund-Verkäufe, auch eine Wirkung der deutschen Schuldenkrise, haben zwar nicht die Abwertung des Pfundes am 20. September 1931 herbeigeführt, aber sie haben die Attacke der französischen Regierung auf das Pfund Sterling unterstützt, die immerhin eine der Ursachen für die Pfundabwertung war.

Die deutsche Schuldenkrise führte auch zu Prozessen und rechtlichen Klarstellungen. Einige deutsche Aktiengesellschaften beriefen sich seit 1931 gegenüber ihren amerikanischen Gläubigern auf die Devisenvorschriften des Deutschen Reiches, die ihnen Bezahlung in Devisen unmöglich mache. Darauf erhob als Treuhänder der Gläubiger die Central Hanover Bank and Trust Company vor dem United States District Court in New York Klage gegen Siemens-Halske und Siemens-Schuckert. In dem Urteil des Gerichts wurde festgestellt, daß das Recht des Erfüllungsortes (hier: New York) die Bestimmungen hinsichtlich Erfüllung, Unmöglichkeit der Erfüllung usw. regele, während das deutsche Recht hier rechtlich ohne Bedeutung sei. Ähnlich entschied 1934 im Berufungsverfahren der New York State Supreme Court zugunsten der amerikanischen Gläubiger des Norddeutschen Lloyd und der HAPAG. Die nationalsozialistische Regierung erlaubte beiden Gesellschaften im Interesse des deutschen Handelsschiffahrtsgeschäfts die Bezahlung ihrer Schulden entsprechend dem amerikanischen Gerichtsurteil.[33]

III. Welche Erfahrungen lassen sich aus diesen Krisen gewinnen?

Die Antwort auf die Frage, welche Erfahrungen ich denn nun als Historiker aus diesen Finanzkrisen der Vergangenheit ziehe, möchte ich in den folgenden sieben Thesen formulieren:

1. In den meisten dieser Krisen waren die Schuldnerländer — einerlei welches die Ursachen ihrer Verschuldung an das Ausland waren — nicht nur hoch verschuldet, sondern überschuldet. Sie waren ohne Aufnahme neuer Schulden gar nicht mehr in der Lage, ihre bisherigen Schulden zu verzinsen und zu amortisieren. Schuldner und

[33] Vgl. J. T. *Madden* / M. *Nadler* / H. C. *Sauvain:* America's Experience as a Creditor Nation, New York 1937, p. 281 f.

Gläubiger haben zu hohe Schulden auflaufen lassen. Man hätte sich früher, d. h. bei einem noch nicht so exorbitant hohen Schuldenstand, um eine finanzielle Sanierung bemühen müssen. Diese Feststellung gilt ebenso für die Gläubiger, die viel zu lange gewartet und das gute Geld dem schlechten nachgeworfen haben.

2. Die Berechnung von Risikoprämien im Emissionskurs und/oder im Zins, so z. B. gegenüber Ägypten und dem Osmanischen Reich, hat die Finanzkrise noch beschleunigt.

3. Die Gewährung neuer Anleihen, um ein Schuldnerland wieder zahlungsfähig und zahlungswillig zu machen, half nur dort, wo gleichzeitig durchgreifende Sanierungsmaßnahmen (etwa Verpfändung von Steuer- und Monopolerträgen) stattfanden. Sonst steigerte sie nur die Überschuldung und verringerte die Chancen der älteren Kapital- und Zinsforderungen.

4. In internationalen Finanzkrisen ist beim Streit um die Erfüllung der Schuldverpflichtungen, wie die hier besprochenen Fälle zeigen — und damit wird Lansburghs „Regel Nummer eins" bestätigt —, der Schuldner gegenüber dem Gläubiger in der besseren Position.

5. Nur im Falle Deutschlands, eines hochindustrialisierten, leistungsstarken Landes haben die Gläubiger, wenn auch erst nach langem Warten, ihr Geld zurückbekommen. In allen anderen Fällen mußten die Gläubiger in internationalen Finanzkrisen Verringerung ihrer Kapital- und/oder Zinsforderung hinnehmen. Auch das bestätigt die bessere Position des Schuldnerlandes gegenüber dem Gläubigerland.

6. Die Verpfändung bestimmter Einnahmequellen des Schuldnerlandes an die Gläubiger förderte den geregelten Ablauf des Schuldendienstes. Das gilt für die Dette Publique Ottomane ebenso wie für Serbien 1895. Hier könnte man auch die erst vor kurzem beendete Verpfändung des deutschen Zündholzmonopols nennen.

7. Ohne die Hilfe ihrer Regierungen waren die Gläubiger gegenüber hoch verschuldeten Ländern in Finanzkrisen nahezu wehrlos (s. die serbische Krise 1885 ff. und die Baring-Krise 1890). Entgegen den Äußerungen Bismarcks und Greys brauchten die Gläubigerbanken in internationalen Finanzkrisen doch die Intervention ihrer Regierungen. Die gewaltsame Eintreibung finanzieller Forderungen ist einem Gläubigerland seit der II. Haager Friedenskonferenz (1907) aufgrund der dort beschlossenen Drago-Porter-Doktrin nur noch dann erlaubt, wenn das Schuldnerland ein schiedsgerichtliches Verfahren ablehnt.

Kriterien zur Analyse internationaler Verschuldung und Keynes' Prognose der deutschen Schuldenkrise

Von *Karl Häuser*, Frankfurt

Im vorausgegangenen Referat stellte K. Born notorische und weniger bekannte Fälle internationaler Verschuldung vor. In dem folgenden dazu verfaßten Korreferat werden nur zwei Aspekte behandelt, die sich der Darstellung Borns anfügen lassen, nämlich 1. die Notwendigkeit der Erarbeitung von Kriterien, mit deren Hilfe sich die unterschiedlichen Arten internationaler Verschuldung ordnen und unterscheiden lassen und 2. die Überprüfung der deutschen Auslandsverschuldung der zwanziger Jahre und die nachfolgende Schuldenkrise aufgrund der Keynesschen Prognose.

I. Kriterien zur Analyse internationaler Verschuldung

Die historischen Beispiele internationaler Verschuldung sind zahllos und dennoch, wie alles Historische, singulär. In seinem Referat stellte K. Born eine Reihe von Fällen internationaler Verschuldung von verschiedener Art und mit unterschiedlichen Folgen vor. Es liegt nahe, sie auf die Gegenwart zu beziehen und zu versuchen, aus ihrer Geschichte zu lernen. Dieser Versuch stellt uns unversehens vor das Dilemma, dem sich deutschsprachige Nationalökonomen vor einem Jahrhundert im Methodenstreit gegenübersahen: Soll und kann ökonomische Theorie aus der Beobachtung der Realität gewonnen werden? Von welcher Art ist der Gegenstand dieser Theorie, welcher Disziplin gehört sie an und welcher Methode soll sie sich bedienen? Ist ökonomische Theorie auf deduktive, axiomatische, naturgesetzliche Art zu betreiben oder ist sie von singulärer, historischer und allenfalls wahrscheinlichkeitstheoretischer Natur?

Jeder Versuch, historische Fälle internationaler Verschuldung zu vergleichen oder sie auf gegenwärtige Beispiele zu beziehen, wird auf einige allgemeine Kriterien angewiesen sein, mit deren Hilfe sich diese Fälle charakterisieren und dadurch vergleichen bzw. unterscheiden lassen. Die folgenden Charakterisierungen bilden weder einen vollständigen noch den einzig möglichen Katalog von Einteilungen, aber es dürfte in vielen Fällen zweckmäßig sein, sich derartiger Kriterien der Unterscheidung zu bedienen:

a) Eine erste mögliche Unterscheidung läßt sich hinsichtlich der Rechtsposition der Beteiligten, d. s. Gläubiger und Schuldner, treffen, etwa die Unterscheidung in staatliche oder private Schuldner und ebenso in staatliche oder private Gläubiger. Es handelt sich weniger darum, ob öffentliches oder privates Recht anzuwenden ist, sondern ob die Eigenschaften des Rechtssubjekts den Charakter des Schuldverhältnisses beeinflußt oder beeinflussen kann. Da der Staat sowohl als Schuldner wie als Gläubiger ein Rechtssubjekt anderer Qualität als eine Person des privaten Rechts ist, verfügt er über andere Möglichkeiten und Mittel als ein privater Schuldner oder Gläubiger. Der Staat kann z. B. als Schuldner fällige Zahlungen verweigern, ohne deswegen in Liquidation gehen zu müssen. Die Zahlungsverweigerung gegenüber ihren ausländischen Gläubigern durch einige südamerikanische Staaten im Jahre 1931 und durch das Deutsche Reich im Jahre 1933 hat diese Länder zwar international — nicht national — diskreditiert, aber weiterhin als Handelspartner bei besonders strengen Zahlungsbedingungen akzeptabel erhalten. Ein privater Schuldner müßte dagegen, falls ein Vergleich nicht zustande kommt, in Liquidation gehen. Da Staaten jedoch nicht liquidiert werden können, zumindest nicht bei Zahlungsverzug, kann auch die gegen sie gerichtete Forderung so lange aufrecht erhalten werden, bis eine spätere Regelung durch Vergleich oder vollständigen Erlaß zustande kommt. Abermals kann auf das deutsche Beispiel — die Regelung im Londoner Schuldenabkommen von 1953 — verwiesen werden, wo eine kaum noch als existent erachtete und über mehr als zwei Jahrzehnte nicht mehr bediente Schuld revaluiert wurde. Andererseits mußte eine Aufrechnung mit dem deutschen Auslandsvermögen sowie mit den enteigneten Patenten und Rechten unterbleiben. Auch das besonders prekäre Problem der Rechtsnachfolge für das gesamte Deutschland kann die besonders geartete Natur eines staatlichen Schuldners, verglichen mit privaten Schuldverhältnissen, verdeutlichen.

Auch als Gläubiger befindet sich der Staat in einer anderen Position als ein privater Besitzer von Forderungen. Es ist offenkundig, daß ein Land als Gläubiger, sei es gegenüber privaten oder gegenüber staatlichen ausländischen Schuldnern, andere Machtmittel als ein privater einsetzen und ggfs. das Recht des Stärkeren geltend machen kann. Der Fall der Ruhrbesetzung 1923 sowie die bei Born erwähnten Beispiele der vereinten französisch-englisch-spanischen Intervention in Mexiko 1861 und die deutsch-englische Intervention in Venezuela 1903 können als Beispiele hierfür dienen. Sogar die vergleichsweise milderen und auf vertraglichen Vereinbarungen beruhenden wirtschaftspolitischen Auflagen des IWF im Falle riskanterer Kreditgewährung verdeutlichen den politischen Charakter staatlicher Schuldner- und Gläubigerbeziehungen.

Eine Unterscheidung zwischen staatlicher und privater internationaler Verschuldung wird jedenfalls insofern von Bedeutung sein, als Schuldverhältnisse bei staatlicher Beteiligung, sei es auf beiden Seiten oder nur auf der Schuldner- oder der Gläubigerseite, notwendigerweise eine politische Dimension erhalten und dadurch zu einer politischen Angelegenheit werden.

b) Ein anderes Kriterium bildet die Währungsverfassung. Meist kann davon ausgegangen werden, daß internationale Kredite nicht in der Währung des Schuldnerlandes, sondern in einer anderen Währung kontrahiert werden. Der Schuldendienst erfordert deshalb nicht nur die Aufbringung der Zinsen und Annuitäten in heimischer Währung, sondern zugleich ihre Transferierung in die geschuldete Währung. Gebietet eine Regierung bei ungebundener Währung über die Zentralbank ihres Landes, so wird die Aufbringung der für den Schuldendienst erforderlichen Beträge kein unlösbares Problem sein, im Gegensatz zum Konvertierungs- und Transferproblem. Solange dagegen Währungen voll in Edelmetall einlösbar waren, wie es vor dem Ersten Weltkrieg noch die Regel gewesen ist, konnte ein Staat grundsätzlich in gleicher Weise zahlungsunfähig werden wie ein privates Wirtschaftssubjekt, wenngleich die Liquidation des Staates unterblieb. Da der Staat seine Zahlungen in einem von ihm nicht beliebig vermehrbaren Gut leisten mußte, entstanden für ihn ähnliche Liquiditätsprobleme wie für Private, dagegen ergaben sich keine separaten Probleme der Konvertierung und Transferierung, d. h., soweit fällige Zinsen und Amortisationen aufgebracht werden konnten, waren sie unter dem Regime gebundener Währung auch transferierbar. Bis 1914 gab es daher innerhalb der reinen Gold- und Silberwährungen kein sog. Transferproblem, wohl aber, auch für staatliche Schuldner, nicht selten ein Aufbringungsproblem. Im Zeitalter der künstlichen, ungebundenen Währungen entstanden dagegen zwei getrennte Probleme, das Problem der inneren Aufbringung des Schuldendienstes und das Problem der Konvertierung und Transformierung in die geforderte fremde Währung. Zwar bereitete es bei ungebundener Währung für einen staatlichen Schuldner meist keine unüberwindlichen Schwierigkeiten, den Schuldendienst im Inneren aufzubringen, aber damit war das Transferproblem noch keineswegs gelöst.

In der Regel erwiesen sich daher bis zum Ersten Weltkrieg internationale Schuldenkrisen, solange die Prinzipien der gebundenen Währung eingehalten wurden, für die Schuldnerländer als Liquiditäts- und Aufbringungskrisen (vgl. die im Referat Born behandelten Beispiele), in späteren Epochen und bei freier Währung dagegen als Transfer- und Wechselkurskrisen, die nicht selten in Devisenbewirtschaftung und Importrestriktionen mündeten (z. B. in Deutschland, Österreich und mehreren südamerikanischen Ländern 1931).

c) Eine dritte Unterscheidung kann hinsichtlich der Entstehung staatlicher internationaler Verschuldung insofern getroffen werden, als es sich um politisch autonome, d. h. um politisch ausgehandelte, im Gegensatz zu kommerziell entstandenen Schulden handelt. Als politisch autonom verursachte Schulden werden hier jene bezeichnet, denen zwischenstaatliche internationale Verträge zugrunde liegen und die sowohl mit internationalen Organisationen kontrahiert als auch durch einseitig übernommene Verpflichtungen entstanden sein können. Es handelt sich hier nicht um die bereits unter a) behandelten möglichen politischen Implikationen, sondern um das andersartige Gläubigerrisiko derartiger Kredite, verglichen mit kommerziell entstandenen Forderungen. Da die Nicht-Bedienung einer gegenüber Staaten oder internationalen Organisationen bestehenden Verpflichtung — z. B. IWF, Weltbank, Asiatische Entwicklungsbank, BIZ, Europäische Investitionsbank u. dgl. — deren Existenz nicht bedrohen, entfallen die sonst möglicherweise davon ausgelösten Folgen: die Gefährdung des Gläubigers. Besonders offenkundig ist dies im Falle einseitig entstandener bzw. auferlegter Verpflichtungen, denen wir bereits in der Antike begegnen, etwa als Tribut, oder in neuerer Zeit als Reparationsverpflichtungen. Dabei handelt es sich um Schulden, die nicht durch einen Tausch von Aktiva entstanden sind. Diese Schulden stellen zwar beim Gläubiger einen Zugang an Forderungen dar, aber ihrer Entstehung steht nicht ein Abgang an Liquidität gegenüber. Allenfalls wird durch die entstandene Forderung die Liquidität des Gläubigers erhöht, nicht gemindert. Eine Schuldenkrise bleibt daher insofern eine unilaterale Angelegenheit, als der Gläubiger bei einem Schuldnerausfall per saldo keinen Verlust erleidet, sondern nur ohne Gewinn bleibt. Das deutsche Reparationsproblem nach dem Ersten Weltkrieg war in seiner ersten Phase, bis zum Dawes-Plan, von dieser Art.

Ganz anders verhält es sich dagegen bei Schulden kommerzieller Natur, die aus einem Tausch von Aktiva entstanden, durch den eine Kreditbeziehung begründet wurde. Dabei entspricht der Schuld ein Zugang an Mitteln, dem ein Abgang beim Gläubiger gegenübersteht. Dieser besitzt eine offene Position, solange der Kredit nicht bedient wird. Bei kommerziellen Schulden, zumindest bei Schulden privater Natur, entsteht aus dieser Kreditbeziehung nicht nur ein Aufbringungs- und Rückzahlungsrisiko beim Schuldner, sondern zugleich ein Liquiditätsproblem beim Gläubiger. Aus kommerziellen Schulden kann sich daher sowohl das Risiko eines Schuldnerbankrotts wie die Gefahr eines Gläubigerzusammenbruchs aus dem gleichen Schuldverhältnis ergeben. In dem vorausgegangenen Referat von K. Born trifft das sowohl auf den Fall der Welser im ausgehenden Mittelalter wie auf den Serbien-Kredit der Berliner Handelsgesellschaft im Jahre 1895 zu. Überdies bieten die gegenwärtigen Probleme einzelner international engagierter Banken, etwa der First Chicago Illinois Bank, charakteristische Beispiele für derartige bilaterale Risiken. Als Regel kann daher festgehalten werden, daß internationale Schuldenkrisen im Falle kommerzieller privater Kreditgabe wegen der Risiken für den Gläubiger gravierendere wirtschaftliche Folgen als die auf politischen Grundlagen entstandenen Kredite haben, weil i. a. nur bei kommerziell entstandenen Schulden die Zahlungsunfähigkeit oder Zahlungsunwilligkeit des Schuldners zugleich die Gefahr eines Gläubigerbankrotts heraufbeschwören kann.

d) Als weiteres Kriterium zur Unterscheidung internationaler Schuldenkrisen kann die Risikostreuung und die Art der Risikotransformation dienen. In dieser Hinsicht unterscheiden sich allerdings internationale Schulden nur wenig von Risiken und Verschuldungsproblemen allgemeiner, nationaler Art. Die Folgen eines Fallissements oder des vorübergehenden Aussetzens der Bedienung einer Schuld sind i. d. R. auch abhängig von der Art der Finanzierung, z. B. von der Unterbringung und Stückelung des Kredits. Wurde er als Direktkredit von einzelnen Banken, Finanzierungsgesellschaften oder Unternehmungen gewährt, so konzentriert sich das Ausfallrisiko auf diese Firmen, erhöht dadurch die Gefahren des Gläubigerbankrotts und erscheint insofern für das jeweilige Gläubigerland bedrohlicher als bei breiterer Streuung und Unterbringung der Kredite im Publikum. M. a. W., die für den Euro-Kreditmarkt lange Zeit typische Direktkreditgewährung hat das Ausmaß der gegenwärtigen internationalen Schuldenkrise nicht nur erheblich vergrößert oder sogar überhaupt erst erzeugt, sondern auch deren Konsequenzen wegen der Gefährdung einzelner großer Finanzinstitute verschärft. Es kommt hinzu, daß in der gegenwärtigen Schuldenkrise die Anleihen bedient werden, während die sog. Direktkredite der großen Finanzinstitutionen notleidend wurden. Diese unterschiedliche Behandlung empfahl sich für die Schuldner deshalb, weil Verhandlungen und Abkommen über Moratorien und Schuldennachlaß mit einer überschaubaren und bekannten Zahl von Gläubigern möglich sind, während dies mit den meist unübersehbar zahlreichen und anonymen Inhabern von Anleihepapieren unmöglich erscheint. Da bei einer Nicht-Bedienung von Anleihen die Zahlungsunfähigkeit offen erklärt werden muß oder offen zutage tritt, sind bisher Anleihen nicht notleidend geworden. Jedenfalls haben es die großen Schuldnerländer der gegenwärtigen internationalen Schuldenkrise bisher vermieden, ihre Zahlungsunfähigkeit zu erklären, obwohl sie nur den Schuldendienst für emittierte Anleihen, nicht aber für die ihnen gewährten Direktkredite ordentlich bedienen können.[1]

Der Katalog an Kriterien ließe sich weiter verlängern, beispielsweise um Fristigkeit, Fungibilität und Verwendungsart der Kredite. Aber neben oder vor derartigen formalen Kriterien kämen noch solche analytischer Art in Betracht, besonders etwa die Verschuldungsgrenze oder die Tragbarkeit einer Schuld. Sie läßt sich für eine Volkswirtschaft weit weniger eindeutig bestimmen als für eine Einzelwirtschaft. Denn für diese gilt als kritische Grenze der Konkursfall, d. i. entweder die Illiquidität, d. h. fällige Zahlungen können nicht geleistet werden, oder die Überschuldung, d. h. die Schulden übersteigen die Aktiva. Das letzte Kriterium ist offensichtlich untauglich für eine Volkswirtschaft. Aber auch das erste, die Illiquidität — in fremder Währung — ist von anderer Qualität als im privatwirtschaftlichen Falle, weil sowohl die Grenze der internen Aufbringung von Mitteln als auch die für den Transfer in fremde Währung einsetzbaren Möglichkeiten, z. B. durch Veräußerung inländischen und ausländischen Vermögens, durch Importdrosselung u. dgl., flexibler sind und weniger exakt festgelegt werden können als im Falle privatwirtschaftlicher Verschuldung.

Die Bemühungen um die Ermittlung der Belastbarkeit einer Volkswirtschaft wurden erstmals in systematischer Weise am praktischen Fall und unter Aufbietung von beträchtlichem nationalökonomischen Sachverstand nach dem Ersten Weltkrieg auf Deutschland hinsichtlich der ihm aufzuerlegenden Reparationslasten angestellt. Zunächst geschah dies im Rahmen der 1919 in Paris geführten Friedenskonferenz, auf der man sich freilich darüber noch nicht einigen konnte, die jedoch für Deutschland zum Vertrag von Versailles führte, aufgrund dessen dann eine mit Experten besetzte alliierte Reparationskommission mit einem in Deutschland ansässigen Reparationsagenten und später auch noch eine eigene Transferkommission eingesetzt wurde. Daneben bemühten sich deutsche Regierungsstellen und verschiedene Kommissionen mit ähnlichen Aufgaben, d. h. der Ermittlung oder dem Nachweis der Belastungsfähigkeit und der Belastungsgrenze für die deutsche Wirtschaft. Dennoch konnte die Frage, welche mögliche oder zumutbare

[1] Eine bei Schuldenkrisen unterschiedliche Behandlung von Anleihen und Direktkrediten war auch in früheren Perioden nicht unüblich, allerdings auch in einer im Vergleich zur Gegenwart umgekehrten Weise. Vor dem Ersten Weltkrieg und während der Zwischenkriegszeit konnten aufgrund der damaligen, anders gelagerten Umstände, u. a. wegen des größeren politischen Einflusses der wenigen, damals international tätigen Banken, Direktkredite u. U. bevorzugt bedient werden, während Anleihen notleidend wurden. Auch im Falle der deutschen Schuldenkrise von 1931 wurden Direktkredite i. a. zurückbezahlt, während die Dawes- und Young-Anleihe später notleidend wurden.

Grenze der Verschuldung oder der jährlichen Belastung angemessen sei, nie eindeutig geklärt werden.

Die aufsehenerregende Rolle, die J. M. Keynes bei dieser Frage gespielt hat, soll im folgenden sowohl wegen ihres dogmengeschichtlichen Ranges wie wegen der von Keynes über das Ökonomische hinaus ins Allgemeinpolitische hinein verfolgten Problematik nachgezeichnet werden. Da ihr die deutschen Reparationsschulden nach dem Ersten Weltkrieg zugrunde liegen, handelt es sich in ihrem Anfangsstadium um eine staatliche und um eine einseitig entstandene, d. h. nicht-kommerzielle Schuld, die im wesentlichen in fremder Währung zu leisten war. Infolgedessen mußten die soeben unter a) und b) erwähnten politischen Implikationen und die unter c) erwähnten Zahlungsbilanz-, Wechselkurs- und Transferprobleme eine bedeutsame Rolle spielen.

II. Keynes' Prognose der deutschen Schuldenkrise

Keynes nahm bekanntlich als Vertreter des britischen Schatzamtes an der Pariser Friedenskonferenz teil. Er demissionierte jedoch im Juni 1919, als er einsehen mußte, daß er mit seinen Vorstellungen von der Belastbarkeit Deutschlands, aber auch Österreichs und Ungarns, kein Gehör fand und an den von ihm prognostizierten wirtschaftlichen und politischen Folgen des Friedensvertrages nicht mitverantwortlich werden wollte. Er glaubte, die Öffentlichkeit vor den Konsequenzen der Pariser Vorortverträge, besonders des Vertrages von Versailles, warnen zu müssen und verfaßte unmittelbar nach seiner Rückkehr nach England noch im Jahre 1919 „The Economic Consequences of the Peace“[2]. Die im folgenden verwendeten Zitate sind allerdings der dem Original bald nachfolgenden deutschen Fassung, betitelt „Die wirtschaftlichen Folgen des Friedensvertrages“, entnommen, die als „Einzige autorisierte Übersetzung aus dem Englischen“, einer Übersetzung von „Herrn Privatdozenten Dr. C. Brinkmann“ vorliegt, wie der Verfasser des Vorworts, M. J. Bonn, hervorhebt[3].

Dieses Buch bietet noch immer eine außergewöhnliche Lektüre, verfaßt von einem Zeugen der Zeit, einem sensiblen Beobachter der Szene — bekannt sind seine Psychogramme der Hauptakteure: Clemenceau, Lloyd George, Wilson — und von einem Verfasser, der selbst leidenschaftlichen Anteil nimmt und Positionen bezieht. Er scheut sich nicht, seine wissenschaftliche Reputation in die Waagschale zu werfen, kühne Prophezeiungen zu wagen und vor der Überforderung der Besiegten zu

[2] J. M. *Keynes:* The Economic Consequences of the Peace, London 1919.

[3] J. M. *Keynes:* Die wirtschaftlichen Folgen des Friedensvertrages, München und Leipzig 1920.

warnen. Es ist unverkennbar, daß er ein Unheil heraufziehen sieht, gegen das er während seiner Tätigkeit in Paris vergeblich ankämpft, seine Mitarbeit jäh aufkündigt, um sich danach an die Öffentlichkeit zu wenden[4]. So enthält das Buch Passagen, die sich lesen, als wären sie von einem deutschen Patrioten verfaßt, Passagen, in denen sich Keynes mit Leidenschaft gegen die Verletzung der Grundlagen des Waffenstillstandes durch die Alliierten, Wilson's 14 Punkte, gegen die Ungerechtigkeit des Vertrages von Versailles und vor allem gegen die ökonomische Überbürdung Deutschlands durch die Vertragsbedingungen wendet. Er weist auf die Folgen dieser Überlastung hin, die sie nicht nur für Deutschland und Österreich, sondern vor allem für Europa und damit für die Alliierten selbst haben würden.

Keynes geht davon aus, daß Deutschland ein elementarer Teil einer europäischen Gemeinschaft sei, die es zwar politisch noch nicht einmal als Vision gab, die aber de facto wegen der wirtschaftlichen Beziehungen zwischen den west- und zentraleuropäischen Ländern schon damals, wie er es sieht, eine lebensbestimmende Realität geworden ist, denn „Deutschland war der beste Kunde Rußlands, Norwegens, Hollands, Belgiens, der Schweiz, Italiens und Österreich-Ungarns, der zweitbeste Großbritanniens, Schwedens und Dänemarks, und der drittbeste Frankreichs. Es war die bedeutendste Zufuhrquelle für Rußland, Norwegen, Schweden, Dänemark, Holland, die Schweiz, Italien, Österreich-Ungarn, Rumänien und Bulgarien, und die zweitbeste für Großbritannien, Belgien und Frankreich“[5]. J. M. Bonn sagt daher in seinem Vorwort, das im Mai 1920 verfaßt wurde: „Es (das Buch) ist nicht Pro Deutschland, sondern ist Pro Europa geschrieben“[6].

Das im Jahr 1919 eilig verfaßte Buch, z. T. wohl schon notizenhaft begonnen während Keynes' Zugehörigkeit zur englischen Reparationskommission beim Obersten Wirtschaftsrat der Pariser Konferenz, enthält zunächst den Bericht eines Zeitgenossen, eines Beteiligten. Es ist engagierte Zeitgeschichte und ökonomische Analyse zugleich. Es beginnt mit einer Bestandsaufnahme des alten Europa vor dem Kriege und leitet dann über zur Pariser Konferenz und zu dem dort ausgehandelten Friedensvertrag. Den Hauptteil bildet die breite Darstellung der Reparationslasten, die Deutschland auferlegt werden sollen. Keynes unterscheidet dabei drei Arten von Gütern, die für Reparationszwecke herangezogen werden können:

---

[4] In zwei Briefen aus Paris, darunter auch in einem Brief vom 5. Juni 1919 an den britischen Premier Lloyd George, spricht er „from this scene of nightmare“ (vgl. J. M. *Keynes*, The Collected Writings, Bd. XVI, S. 469 und 471, London 1971).

[5] J. M. *Keynes* (1920), S. 11 f.

[6] Ibid., S. III f.

a) sofort übertragbares deutsches Vermögen (Goldbestand, Devisen, Handelsflotte, Auslandsvermögen),

b) Eigentum, das sich in den von Deutschland abgetretenen Gebieten befindet oder aufgrund des Waffenstillstandes ausgeliefert worden ist,

c) jährliche Zahlungen in künftigen Jahren (Schuldendienst).

In den folgenden Bemerkungen werden nur die Positionen a) und c), d. i. sofort übertragbares Vermögen und jährliche Zahlungen berücksichtigt, da die unter b) rubrizierten Güter für normale Schuldenprobleme untypisch sind.

Keynes analysierte nun die möglichen Folgen, die sich aus den alliierten Forderungen im Hinblick auf die Position a) für die deutsche Währungsordnung und hinsichtlich der Position c) für die Belastung und Belastbarkeit der deutschen Wirtschaft ergeben würden.

1. Folgen für die deutsche Währungsordnung

Das Reich besaß bekanntlich eine Goldwährung, wenngleich die Goldumlaufswährung mit Kriegsbeginn suspendiert worden ist. Erstaunlicherweise wurde jedoch der Goldbestand der Reichsbank zum 30. November 1918 — der Waffenstillstand war bereits 3 Wochen zuvor, am 9. November geschlossen worden — noch immer mit rd. 2,3 Mrd. Mark ausgewiesen, während er unmittelbar vor Kriegsbeginn nur rd. 1,4 Mrd. Mark betragen hatte. Offenbar beruhte diese Zunahme auf der patriotischen Haltung der Bevölkerung während des Krieges, die, dazu aufgerufen, das Gold abzuliefern — Aktion „Gold gab ich für Eisen" — tatsächlich Gold für Eisen gab. Der offizielle Goldbestand des Reiches hatte sich dadurch wesentlich erhöht. Um jedoch nach Kriegsende die bitter notwendigen Nahrungsmittelimporte bezahlen zu können, mußte im Winter 1918/19 ungefähr die Hälfte des ursprünglichen Goldbestandes eingesetzt werden, übrigens mit alliierter Billigung, um der Revolution in Deutschland nicht weiter Vorschub zu leisten und um dafür zu sorgen, daß die amtierende Regierung das Heft in der Hand behalten konnte, weil sonst Verhandlungen und ein Friedensvertrag mit Deutschland, jedenfalls während einer Epoche der Anarchie, nicht möglich gewesen wären. Es handelt sich dabei um die nämlichen Überlegungen, die in der Gegenwart den Gläubigern dort zur Nachsicht raten, wo Revolutionen durch Überforderung der Schuldnerländer ausgelöst werden können; m. a. W. die Belassung des deutschen Goldbestandes 1918 ist ein bemerkenswertes Beispiel für das Interesse der Gläubiger an der politischen Stabilität des Schuldners, um dessen Zahlungsfähigkeit zu erhalten.

Keynes verweist darauf, daß es möglich wäre, den restlichen Goldbestand in Höhe von damals 1,1 Mrd. Mark (Stand Sept. 1919) „Für Wiedergutmachungszwecke in Anspruch zu nehmen. (Aber) Wie die Dinge liegen, macht sie (die Summe) jedoch weniger als 4 % der von der Reichsbank ausgegebenen Noten aus, und die psychologische Wirkung ihrer völligen Beschlagnahme würde (in Anbetracht des sehr großen Marknotenbesitzes im Ausland) den Kurs der Mark mit Sicherheit fast völlig vernichten"[7]. Deshalb dürfe unterstellt werden, „daß der Wiedergutmachungsausschuß im Hinblick auf die Zukunftsaussichten seiner eigenen Forderungen es für unklug halten wird, das deutsche Währungssystem völlig zugrundezurichten, insbesondere da — ganz abgesehen von den Aussichten der Wiedergutmachung — die französische und die belgische Regierung als Besitzer einer sehr großen Menge von Marknoten, die früher in den besetzten oder abgetretenen Gebieten umliefen, großes Interesse an der Aufrechterhaltung eines gewissen Kurses der Mark haben"[8].

Tatsächlich scheint der Besitz von hohen Beträgen an Mark-Noten in ausländischer Hand beträchtlich gewesen zu sein und eine bedeutsame Rolle gespielt zu haben. Auf einem von deutschsprachigen Wirtschaftshistorikern veranstalteten dreitägigen Kolloquium, das 1976 in Berlin über den Inflationsprozeß jener Zeit stattgefunden hat, wurde ziemlich einmütig die These vertreten, daß die Hyperinflation nach dem Ersten Weltkrieg dem Reich letztlich insofern zustatten gekommen sei, als sie wegen hoher ausländischer Guthaben in Deutschland zu einem beträchtlichen Teil vom Ausland getragen worden sei, während von deutscher Seite mit Hilfe einer umfangreichen Kapitalflucht nicht unerhebliche Vermögenswerte ins Ausland transferiert worden seien und dort bis nach der Stabilisation der Mark überwintert hätten.[9] Wahrscheinlich ist es jedoch so, daß der Kapitalimport, von dem auf dem Berliner Kolloquium mehrfach die Rede war[10], im wesentlichen aus den zurückgeflossenen Noten bestand, die während der deutschen Besatzung in Belgien und in den von deutschen Truppen besetzten Teilen Frankreichs umgelaufen waren und nun von Ausländern auf deutschen Bankkonten eingelegt worden waren.[11]

---

[7] Ibid., S. 141.

[8] Ibid., S. 141.

[9] Vgl. z. B. C.-L. *Holtfrerich:* Die deutsche Inflation 1918 bis 1923 in internationaler Perspektive, in: Historische Prozesse der deutschen Inflation 1914 - 1924, ein Tagungsbericht, hrsg. von O. Büsch und G. D. Feldman, Berlin 1978, S. 321 ff.

[10] Ibid., z. B. S. 322.

[11] Ähnlich verhielt es sich mit den bei der von Frankreich und Belgien unternommenen Besetzung des Ruhrgebietes 1923 beschlagnahmten Zolleinnahmen und ähnlichen Einkünften, die bis zu ihrer Verausgabung in Bar-

Die von Keynes geäußerte Sorge um die Stabilität der deutschen Währung war jedenfalls berechtigt und gehört zu jenen Prophetien, von denen oben die Rede war. Auf die von ihm überschlägig berechneten sonstigen unter a) einzubeziehenden Vermögenswerte, die sofort für Reparationsleistungen zur Verfügung standen, die deutsche Handelsflotte und das Auslandsvermögen, soll nicht eingegangen werden, da sie hier weniger relevant erscheinen. Das gilt auch für das unter b) zu erfassende, aus den abgetretenen Gebieten bestehende und dort hinterlassene Vermögen. Dagegen gilt unser weiteres Interesse den „jährlichen Zahlungen", die Keynes in einem zentralen Abschnitt seines Buches behandelt, überschrieben mit „Deutschlands Zahlungsfähigkeit".

2. Konsequenzen für den Schuldendienst

In einer lapidaren, auf das Verständnis einer breiten Öffentlichkeit zielenden Argumentation stellt er dar, „daß Deutschland jährliche Zahlungen eine Reihe von Jahren hindurch nur leisten kann, wenn es seine Einfuhren vermindert und seine Ausfuhren vermehrt und dadurch einen Überschuß erhält, der für Zahlungen an das Ausland verfügbar ist. Deutschland kann letzten Endes ... nur in Waren zahlen, mag es sie nun unmittelbar an die Verbündeten liefern oder an Neutrale verkaufen und die dadurch entstehenden ... Guthaben an Verbündete übereignen"[12] Danach analysiert er die künftigen deutschen Exportmöglichkeiten hinsichtlich der Exportgüter und der geographischen, politischen Exportregionen. Er zeigt, daß auf vier Hauptgruppen von Waren, nämlich Eisenwaren, Maschinen, Kohle und Textilien allein nahezu 40 % des bisherigen Exports entfallen und erklärt dazu: „Man wird bemerken, daß alle diese Waren zu denen gehören, worin vor dem Kriege der Wettbewerb zwischen Deutschland und England sehr scharf war. Wenn daher der Umfang dieser Ausfuhr nach überseeischen oder europäischen Bestimmungsorten beträchtlich gesteigert wird, muß die Wirkung auf den englischen Ausfuhrhandel entsprechend fühlbar sein. Bei zwei Gruppen, nämlich Baumwoll- und Wollwaren hängt die Steigerung der Ausfuhr von einer Steigerung der Rohstoffeinfuhr ab, da Deutschland keine Baumwolle und so gut wie keine Wolle hervorbringt. Diese Ausfuhr ist daher der Steigerung unfähig, wenn Deutschland nicht die Beschaffung dieser Rohstoffe über das Maß des Vorkriegsverbrauchs hinaus erleichtert wird (und das kann nur auf Kosten der Verbündeten der Fall sein)"[13]. Auch die regionale Untergliederung der Ausfuhr, auf die er danach eingeht, macht deutlich, daß weit über die Hälfte des

geld oder bei deutschen Banken in Markguthaben unterhalten wurden. Dies betrifft freilich die Zeit nach Erscheinen des Keynesschen Buches.

[12] J. M. *Keynes* (1920), S. 153 f.

[13] Ibid., S. 157.

Exports schon in Friedenszeiten vor allem an die Siegerländer gingen und eine Steigerung deren Importbereitschaft voraussetzt.

Schließlich stellte Keynes eigene Berechnungen sowohl über die Höhe einer angemessenen Reparationsschuld wie über einen möglichen, d. h. für Deutschland tragbaren Zahlungsmodus an. Er kam auf einen Gesamtbetrag in Höhe von ca. 40 Mrd. Goldmark. Davon sollten 11 Mrd. durch die Ablieferung der deutschen Handelsflotte, d. h. Schiffen mit einer Tonnage über 1 600 t, als abgegolten angesehen werden. Der Rest wäre in 30 Jahren zu je rd. 1 Mrd. zu tilgen gewesen.

Tatsächlich wurde die Schuld im endgültigen Reparationsplan, der im April 1921 von der Reparationskommission ausgearbeitet worden ist, auf 132 Mrd. Goldmark festgesetzt. Nach der Ansicht von Keynes war dieser Betrag mehr als das Dreifache des Möglichen. Die jährlichen Zahlungen waren mit 2 Mrd. zuzüglich einer 26-prozentigen Abgabe von den deutschen Ausfuhrerlösen festgesetzt worden, das entsprach weiteren 2 bis 3 Mrd. Der Plan wurde der deutschen Regierung in Form eines Ultimatums überreicht (Londoner Ultimatum). Der Reichstag nahm den Plan mit knapper Mehrheit an, der in den folgenden Monaten zunächst fristgerecht ausgeführt wurde. Aber schon im Dezember sah sich die deutsche Regierung außerstande, den Zahlungsplan zu erfüllen. Zunächst wurde, im Januar 1922, eine Herabsetzung der Zahlungen auf 2,17 Mrd. vereinbart, wovon nur 0,72 Mrd. in bar, der Rest in Sachlieferungen zu leisten waren. Auch diese Vereinbarung konnte nur ungefähr ein halbes Jahr lang, d. i. bis Juli 1922 eingehalten werden. Danach gingen wenigstens die Sachlieferungen noch einige Zeit weiter. Aber als auch sie ins Stocken gerieten — die Inflation hatte inzwischen ein gefährliches Ausmaß erreicht, so daß Produktion und Auslieferung in Mitleidenschaft gezogen waren — sah die Regierung Poincaré darin ein böswilliges Verhalten Deutschlands, das sie im Januar 1923 mit dem Einmarsch ins Ruhrgebiet beantwortete, um sich ihren Anteil an der deutschen Kohle- und Eisenproduktion zu sichern. Der sog. Ruhrkampf begann und mit ihm die schlimmste Not, da er das Land von den wichtigsten Rohstoffquellen abschnitt und die Inflation in astronomische Höhen trieb. Die Regierung mußte außerdem die streikenden und die aus dem Ruhrgebiet geflüchteten Menschen versorgen. Erst im September wurde durch die neu gebildete Regierung Stresemann der unsinnig gewordene Widerstand beendet und im November kam es schließlich zu Vereinbarungen zwischen den Besatzungsbehörden und Vertretern der Industrie, wonach die größeren Gesellschaften ihre Steuern und ein wesentliches Kontingent ihrer Produktion direkt an die Alliierten abzuliefern hatten. Diese Abmachungen blieben bis zur Annahme des Dawes-Planes 1924 in Kraft.

Schon zwei Jahre nach dem Erscheinen der „Economic Consequences of the Peace“ hatten sich die darin ausgesprochenen Warnungen bestätigt. Die deutsche Währung war ruiniert und die Zahlungsfähigkeit Deutschlands auf Jahre hinaus untergraben. Nach dem Ende der Inflation hatte Deutschland in den folgenden sieben „normalen“ Jahren nur ein einziges Mal, 1926, einen bescheidenen Überschuß in seiner Handels- und Dienstleistungsbilanz aufzuweisen, meist jedoch Defizite in Milliardenhöhe. Selbst als die Reparationszahlungen wieder aufgenommen wurden, ab 1924, war dies nur möglich, weil inzwischen beträchtliche Mittel aus ausländischen Krediten ins Land zurückgeströmt waren. Tatsächlich übertraf der Nettokapitalimport in den Jahren 1924 bis 1929 in Höhe von 13,5 Mrd. Reichsmark die in dieser Periode in Höhe von 8,4 Mrd. gezahlten Reparationsschulden bei weitem[14]. Die dabei erreichte durchschnittliche Jahresrate an Schuldendienstleistungen lag, trotz der erhaltenen ausländischen Kredite, mit 1,2 Mrd. Reichsmark nur wenig über der von Keynes berechneten äußersten Leistung von rd. 1 Mrd. Goldmark.

Es dauerte allerdings noch Jahre, bis Keynes auch außerhalb Deutschlands Anerkennung für die in seinem Buch gegebene Analyse und Diagnose fand. Er hatte sich zunächst mit der in England und in der Welt vorherrschenden öffentlichen Meinung überworfen. Vor allem wurde ihm nachgetragen, daß er sich gegen die eigene Regierung gewandt hatte, was damals für einen vormaligen Regierungsvertreter als unschicklich galt.

Es würde dem visionären Charakter seines Buches nicht gerecht, wenn zum Schluß nicht noch erwähnt würde, daß Keynes auch eigene Vorschläge, nicht nur zum Reparationsproblem, sondern auch zur Regelung der interalliierten Kriegsschulden und zur Renormalisierung des Welthandels und zur Befriedung Europas skizziert hat. Am bedeutsamsten dabei ist die von ihm beschworene Notwendigkeit einer Revision des Friedensvertrages und, weit vorausschauend, der Vorschlag, mit Hilfe einer großen internationalen Anleihe die Wiederaufrichtung Europas zu finanzieren und damit zugleich seine Integration zu fördern; die Vorwegnahme der Idee eines Marshall-Planes.

Wenn sich Lehren aus der Geschichte der deutschen Schuldenkrise ziehen lassen, so könnte eine dieser Lehren lauten, daß überforderte Schuldnerländer dazu neigen, entweder ihrer Last zu erliegen oder zu rebellieren oder sich von ihren Gläubigern weitere Kredite zu beschaffen, mit deren Hilfe sie wenigstens einen Teil ihrer Schulden zu prolongieren vermögen. Über den Rest kann danach weiter verhandelt werden.

---

[14] Quelle: Deutsche Bundesbank, Deutsches Geld- und Bankwesen in Zahlen 1876 - 1975, S. 324 bis 328.

Zur argentinischen Schuldenkrise 1890 - 1900

Von *Peter Bernholz, Basel*

(Zusammenfassung von Franco Reither)*

I. Einleitung

Die argentinische Schuldenkrise begann im November 1890, als die Londoner Bank Baring Brothers & Co. ihre Schalter wegen Zahlungsunfähigkeit schließen mußte. Wesentliche Ursache für die Krise der Baring-Bank war die übermäßige Kreditvergabe an Argentinien. Ausgelöst durch die Nachricht von den Londoner Ereignissen mußte die argentinische Nationalregierung ihre Zahlungsunfähigkeit erklären, ebenso die vierzehn Provinzen und die meisten Gemeinden Argentiniens. Der daraufhin einsetzende Run gipfelte am 7. April 1891 in der Liquidation der Banco Nacional sowie der Bank der Provinz Buenos Aires. Der Goldpreis stieg von 147 Pesos im Januar 1889 auf 460 Pesos im Oktober 1891.

Völlig verändert präsentierte sich die Situation im Januar 1899: der Goldpreis war auf 204 Pesos gefallen, und die Handelsbilanz wies zwischen 1891 und 1900 (mit Ausnahme von 1893) Überschüsse auf, nachdem zuvor (1886 - 1890) anhaltend Defizite zu verzeichnen gewesen waren. Argentinien erlebte eine Phase außergewöhnlichen ökonomischen Wachstums. Die Maßnahmen zur Lösung der Schuldenkrise hatten sich als voller Erfolg erwiesen, der bis in die 20er Jahre hinein wirkte.

Aktuell sehen sich zahlreiche Entwicklungsländer in einer Lage, die derjenigen Argentiniens 1890 ähnelt. Eine nähere Analyse der seinerzeit ergriffenen Maßnahmen erscheint daher lohnend. Die Hintergründe der Krise und die Bestandteile des Lösungskonzeptes sind Gegenstand der folgenden Ausführungen.

II. Hintergründe der argentinischen Schuldenkrise

Wesentliche Ursachen für die Krise von 1890/91 waren die maßlose Expansion des Papiergeldumlaufs, hohe staatliche Budgetdefizite und

* Eine ausführlichere Darstellung findet sich in *Peter Bernholz:* „Inflation, Over-Indebtedness, Crisis and Consolidation, Argentina and the Baring Crisis (1884 - 1900)", Zeitschrift für die gesamte Staatswissenschaft, lfd. Nr. 140, H. 4, Dezember 1984, S. 669 - 684.

eine exzessive Ausweitung der Kreditaufnahme im Inland und im Ausland. Begünstigt wurde die rapide Geldmengenexpansion durch die Aufhebung der Goldkonvertibilität (im Januar 1885 durch Präsident Roca), die ihrerseits wieder durch die Geldmengenexpansion veranlaßt worden war, sowie durch den Guaranteed Banks Act, der eine nur unzureichend kontrollierbare Geldemission durch die Banken ermöglichte. Von 1884 bis 1890 vervierfachte sich der Geldumlauf. Die Ausdehnung der Auslandsverschuldung wurde in starkem Maße durch die Kreditaufnahme öffentlicher Stellen verursacht.

Ein überaus optimistischer Entwicklungsboom förderte die monetäre Expansion und den Anstieg der Auslandsverschuldung. Andererseits schien das Ausland zu grenzenloser Kreditvergabe bereit, so daß sich ein wahrhaftes Entwicklungsfieber verbreitete. In der Folge begann der Goldpreis zu steigen, während die Güterpreise nur mit Verzögerung folgten. Die Geldentwertung ließ Spekulation in Gold, Aktien und Grundbesitz aufkommen, und aufgrund der verzögerungsbedingten Realabwertung wurden die Exporte künstlich gesteigert. Die inflationäre Entwicklung verschlechterte die Situation der öffentlichen Haushalte, da zahlreiche Einnahmequellen nominal definiert waren und die notwendige Anpassung mit der Inflation nicht Schritt halten konnte. So wuchs die reale Zinslast für die öffentlichen Stellen und beschleunigte den Bankrott, als die Finanzierungsströme aus dem Ausland zu versiegen begannen (30,8 Mio. Gold 1889 gegenüber 91,8 Mio. 1888).

Mit einem Finanzskandal (die Regierung hatte Banken zur gesetzeswidrigen Emission von Banknoten animiert) zeichnete sich im April 1890 das Ende dieser Entwicklung ab: Finanzminister Uriburu trat zurück. Im Juni erklärte die Banco Nacional die Suspendierung der Dividendenzahlungen. Im Juli führte eine Revolte zum Sturz des Präsidenten Celman. Zur Regelung der Finanzprobleme sandte die neue Regierung Dr. de la Plaza nach London; das Ergebnis war die eingangs erwähnte Baring-Krise.

Weder ein internationaler konjunktureller Abschwung noch ein Anstieg im internationalen Zinsniveau können für die argentinische Krise als Ursache angeführt werden.

III. Lösung der Schuldenkrise

Neben einer sofortigen Liquiditätshilfe (in Höhe von 15 Mio. £) zugunsten der Baring-Bank vereinbarte das Rothschild-Konsortium nach eingehendem Studium der argentinischen Situation mit de la Plaza im Januar 1891 das „Funding Loan Agreement“ als Lösungskonzept. Diese Vereinbarung beinhaltete als wesentliche Punkte (1) ein dreijähriges

Moratorium für die Zinszahlungen, (2) eine Kreditzusage in Höhe von 15 Mio. £, (3) die Auflage an die argentinische Regierung, für die Dauer von drei Jahren keine Neuverschuldung einzugehen sowie (4) eine Reduktion des Geldumlaufs von mindestens 15 Mio. Pesos jährlich in diesen drei Jahren, solange der Goldaufschlag mehr als 50 % betragen würde.

Dieses Lösungskonzept bringt eindeutig zum Ausdruck, daß das Komitee und de la Plaza die exzessive Geldexpansion und Auslandsverschuldung als wesentliche Ursachen der Krise erkannten. Dennoch erwies sich das Konzept als allzu optimistisch bezüglich des tatsächlichen Ausmaßes der grundlegenden Probleme. So zeichnete sich die Unfähigkeit der Regierung ab, den im Jahre 1894 fällig werdenden Auslandsverpflichtungen nachzukommen; daher wurde im Jahre 1892 eine neue Vereinbarung über die teilweise Stundung der Zinszahlungen getroffen. Erst ab 1898 konnte der volle Schuldendienst geleistet werden, und die Tilgung setzte 1901 ein. Auch die Reduktion des Geldumlaufs konnte nicht in dem vom Funding Agreement geforderten Tempo realisiert werden, da dies die Lösung der internen Finanzprobleme des Landes zur Voraussetzung hatte. Daher stieg das Geldvolumen zunächst bis 1893 weiter an, wenn auch mit geringeren Raten als vor 1890. Erst ab 1894 begann die allmähliche Reduktion des Geldumlaufs, die bis zum Jahre 1899 anhielt. Die restriktive Geldpolitik muß als maßgeblich für den Rückgang des Goldaufschlags (von 287 % in 1891 auf 125 % in 1899) sowie für die Senkung des Exportpreisindex' (von 225 in 1891 auf 138 in 1899) angesehen werden; denn das staatliche Defizit als Ganzes hatte sich zwar bis zum Jahre 1893 zurückgebildet, war jedoch seit 1894 wieder angestiegen. Offensichtlich war ein Großteil der öffentlichen Finanzierungsmittel zu sinnvollen Investitionszwecken verwendet worden.

Aus der Sicht der Zahlungsbilanz äußerten sich die Stabilisierungserfolge in einer Umkehr des Handelsbilanzsaldos vom defizitären (bis 1890) zu einem anhaltend überschüssigen Ergebnis (mit Ausnahme von 1893). Die Nettoneuverschuldung gegenüber dem Ausland entwickelte sich ab 1890 negativ. Hierbei begann die Bruttokreditaufnahme mit Beendigung der Krise (ab 1895) wieder anzusteigen, erreichte jedoch längst nicht das Niveau der Jahre 1886 bis 1889 und blieb stets unter dem Wert der Zinszahlungen; die Finanzierung des Kapitalbilanzsaldos (einschließlich der Zinszahlungen) wurde durch die positive Handelsbilanz aufgrund rapide angestiegener Exporte ermöglicht. Die Regierung verzichtete während dieser Zeit auf jegliche Neuverschuldung im Ausland. Die zunehmende Bereitschaft des Auslandes zur Kreditvergabe ebenso wie die Senkung des Goldpreises widerspiegeln das neue Vertrauen ausländischer Investoren als Ergebnis der erfolgreichen Inflationsbekämpfung.

Die Stabilisierungserfolge verursachten jedoch auch innenpolitische Spannungen; denn die Phase inflationärer Politik (vor 1890) hatte aufgrund der verzögerten Anpassung des Binnenpreisniveaus und der noch trägeren Entwicklung der Geldlohnsätze eine reale Unterbewertung der Währung erzeugt und die Wettbewerbsposition des Landes künstlich verbessert. Mit der Einleitung der Stabilisierungsmaßnahmen kehrte sich der Trend des Goldpreises (d. h. des nominalen Wechselkurses) und des Güterpreisniveaus unverzüglich um, während das Geldlohnniveau sich noch bis 1896 mit positiver Rate entwickelte. Die resultierende Realaufwertung brachte besonders die Landwirtschaft und die neu entstandenen Industriezweige unter Druck; zugleich läßt sich vermuten, daß der Reallohnanstieg eine Verschlechterung der Arbeitsmarktsituation erzeugte. In Ermangelung entsprechender Statistiken kann die Stagnation des Einwanderungssaldos nach 1890 in diese Richtung interpretiert werden. Die Furcht vor einer allzu weitgehenden Realaufwertung der Währung bildete den politischen Hintergrund für den Vorschlag Ernest Tornquists (1898), der die Rückkehr zu einem Goldstandard auf einem Niveau der Unterbewertung zum Gegenstand hatte. Dieser Vorschlag wurde von der Regierung aufgegriffen und schließlich 1899 als „Conversion Law“ verabschiedet. Als Tauschkurs sah das Conversion Law den Preis von 227,27 Papierpesos für 100 Goldpesos vor. Zu diesem Zeitpunkt verfügte der neu geschaffene „Fondo de Conversion“ über keine nennenswerten Goldreserven. Aufgrund des gewählten Wechselkurses, der eine reale Unterbewertung implizierte, wurde dieser Mangel jedoch nicht zum Problem, da sich unverzüglich ein rapider Anstieg der Goldreserven einstellte: die Caja de Conversion kaufte mehr und mehr Gold auf. Mit Ausnahme der Jahre 1900 - 1903 (als Krieg mit Chile drohte) wurde die Parität von 227,27 bis zum Ausbruch des I. Weltkrieges 1914 gehalten und 1928 wiederhergestellt. Bis zur Großen Depression erlebte Argentinien eine Phase der Stabilität und des Wachstums, die es zu einem der reichsten Länder Südamerikas werden ließ. Da zum Zeitpunkt des Übergangs zum Goldstandard trotz realer Aufwertung die Kaufkraftparität noch nicht erreicht war, stellten sich anhaltende Zahlungsbilanzüberschüsse ein, die ihrerseits als einzige Quelle des Wachstums der Geldmenge im Inland fungierten. Erst allmählich erfolgte der Anstieg des Preis- und Geldlohnniveaus und damit die Annäherung an die Kaufkraftparität. Erst die Große Depression setzte dieser Entwicklung ein Ende: mit der Aufhebung der Konvertibilität ging der Übergang zu Keynesianischer Geldpolitik und später in den 40er Jahren der Übergang zur Peronistischen Wohlfahrtspolitik einher.

IV. Zusammenfassung

Als wesentliche Ursachen der argentinischen Schuldenkrise 1890/91 müssen die inflationäre Geldpolitik, das defizitäre Staatsbudget und die exzessive Kreditaufnahme durch staatliche Stellen gelten. Die Reduktion der monetären Expansionsrate, die Einstellung staatlicher Kreditaufnahme im Ausland und das Moratorium auf den Schuldendienst erwiesen sich als erfolgreiche Maßnahmen zur Überwindung der Krise und zur Einleitung einer soliden ökonomischen Entwicklung. Durch den Übergang zum Goldstandard bei anfänglicher realer Unterbewertung wurden die Lasten der Stabilisierung gemildert, und Argentinien erlebte eine der günstigsten Phasen seiner Wirtschaftsgeschichte.

Ansätze zur Lösung der Schuldenkrise

Von *Wolfgang Rieke*, Frankfurt

I.

Auf der Frühjahrstagung des Interimsausschusses des IWF und des Gemeinsamen Entwicklungsausschusses von IWF und Weltbank im April dieses Jahres werden die Industrie- und Entwicklungsländer gemeinsam eine Zwischenbilanz des Bemühens um Überwindung der Mitte 1982 offen ausgebrochenen Zahlungs- und Schuldenprobleme zahlreicher Länder, besonders Lateinamerikas, ziehen. Ihre Aufmerksamkeit wird dabei Fragen gelten, die sich auf etwas längere Frist bei der Auseinandersetzung mit diesen Problemen stellen. Die Länder Lateinamerikas hatten eine solche ‚global discussion' in ihrer Quito-Deklaration vom 19. Mai 1984 gefordert, und die Staats- und Regierungschefs der großen Industrieländer hatten dem auf ihrer Gipfelkonferenz in London am 7. - 9. Juni 1984 entsprochen.

Gegen eine ‚globale Behandlung' der Thematik gibt es auch weiterhin gewichtige Vorbehalte, besonders nachdem man die fallweise Behandlung, also den „case by case approach", auf seiten der Industrieländer und des IWF als den einzig gangbaren Weg aus der Schuldenkrise erkannte und wichtige Schuldnerländer dem ausdrücklich zustimmten. Es ist auch nie klar definiert worden, was unter ‚globaler Behandlung' wirklich zu verstehen wäre. Dahinter steht aber die Vorstellung von gemeinsamen ‚globalen' Ursachen, die gemeinsam angegangen werden müssen. In den folgenden Sätzen, mit denen Federal Reserve Chairman Paul Volcker die Schuldenproblematik in einen größeren weltwirtschaftlichen Zusammenhang stellte, mag man zugleich auch den Versuch sehen, zwischen den Forderungen nach ‚globaler Behandlung' und den Erfordernissen des ‚case by case approach' eine Brücke zu schlagen:

„So wichtig das internationale Schuldenproblem quantitativ wie auch im Hinblick auf seine Auswirkungen für so viele Länder, so viele Menschen und so viele Finanzinstitute ist, so ist es doch nur Ausdruck (Symptom) einer größeren Herausforderung: Nämlich des Übergangs von einer hoch inflationären Umwelt zur Wiederherstellung des soliden finanziellen Unterbaus für dauerhaftes und inflationsfreies Wachstum ... So gesehen sind die wirtschaftspolitischen Grunderfordernisse einer erfolgreichen Bewältigung des internationalen Schuldenproblems die gleichen wie die einer erfolgreichen Auseinandersetzung mit unseren Wirtschaftsproblemen ganz allgemein gesprochen."[1]

Besonders Argentinien machte sich bekanntlich bei seinen Nachbarländern in Lateinamerika dafür stark, die Industrieländer in eine gemeinsame globale Verantwortung für die Lösung der Probleme zu zwingen, ist aber damit nicht durchgedrungen. Kurz vor der Jahreswende 1984/85 ist nun auch Argentinien mit dem IWF zu einer Einigung über ein Sanierungsprogramm gelangt, das zugleich die Voraussetzung für die Gewährung von Neukrediten durch seine Gläubigerbanken in aller Welt ist, ganz nach dem Muster Mexikos und Brasiliens. Argentinien ist damit erst am Anfang eines Wegs, auf dem Mexiko, Brasilien und andere hoch verschuldete Länder der Region bereits ein gutes Stück zurückgelegt haben.

Kürzlich ist von einer ‚Dritten Phase' gesprochen worden, in die man bei der Auseinandersetzung mit den Zahlungs- und Schuldenproblemen dieser Länder eingetreten sei:

Die *erste Phase* war die des *Krisenmanagement,* in der die Währungsbehörden der Industrieländer (insbesondere also ihre Notenbanken unter Einschaltung der BIZ) aus ihrer Verantwortung für das internationale Währungssystem heraus zu raschem Handeln aufgerufen waren;

die *zweite Phase* galt dem Bemühen um eine auf *Sicherung der Zahlungsfähigkeit* des jeweiligen Landes ausgerichtete Kombination von Maßnahmen zur ‚Anpassung und Finanzierung', bei dem der IWF eine zentrale Funktion gegenüber Schuldnern wie Gläubigern zu übernehmen hatte;

die *dritte Phase* zielt darauf ab, relativ kurzfristige und unter Auflagen gewährte Liquiditätshilfen durch *Umschuldungsvereinbarungen* abzulösen, die über längere Zeiträume hinweg eine Rückkehr zur ‚Normalität' in Aussicht stellen und gewisse Erleichterungen beinhalten.

Dieses Ablaufmuster hat einige Logik für sich: Soforthilfe der Währungsbehörden der großen Industrieländer, vor allem also ihrer Notenbanken unter Einschaltung der BIZ, wurde nur im Vorgriff auf eine erfolgversprechende Vereinbarung des betreffenden Schuldnerlandes mit dem IWF gewährt.

---

[1] Paul *Volcker*, Vortrag vor der „American Swiss Association", New York, 29. 11. 1984.

Die Vereinbarung zwischen Schuldnerland und IWF war wiederum wesentliche Voraussetzung dafür, daß die Gläubigerbanken zusätzliche Kredite verfügbar machten, wie umgekehrt der IWF finanzielle Hilfe nur für den Fall in Aussicht stellte, daß die Gläubigerbanken ihren Löwenanteil zur Deckung einer Finanzierungslücke (die zum guten Teil in den Zinsfälligkeiten gegenüber den gleichen Banken ihren Gegenposten hat) beizutragen bereit waren. (Die Tatsache, daß der IWF im Rahmen eines Anpassungs- und Finanzierungsprogramms im Vergleich zu den Gläubigerbanken nur relativ geringe Finanzierungsbeiträge leistet, ist von seiten der Banken gelegentlich kritisiert worden. Darin kommt jedoch zum Ausdruck, daß der IWF mit seinen begrenzten Mitteln auch nicht vorübergehend andere Quellen des Kapitalstroms ersetzen kann. Er erfüllt jedoch mit seiner Hilfe eine wichtige Katalysatorfunktion bei der Aufrechterhaltung ausreichender Kapitalzuflüsse in kritischen Übergangsperioden.)

Eine längere Zeiträume umfassende Umschuldungsvereinbarung wurde für den Fall in Aussicht genommen, daß wesentliche Fortschritte auf dem Wege zurück zu einem besseren inneren und äußeren Gleichgewicht der Wirtschaft feststellbar waren. Bisher ist es außer im Fall Mexikos nur mit Venezuela zum Abschluß einer solchen mehrjährigen Umschuldungsvereinbarung gekommen. (Venezuela hat anders als die meisten anderen Problemländer mit dem IWF kein Finanzierungs- und Anpassungsprogramm vereinbart.) Verhandlungen zwischen Brasilien und seinen Gläubigerbanken sind im Gange.

In Stichworten stellt sich die Lage bei den großen Schuldnerländern derzeit wie folgt dar:

Mexiko hat mit seinem konsequent durchgeführten Anpassungsprogramm bereits zwei Jahre nach Ausbruch der Zahlungskrise beträchtliche Erfolge verbuchen können. Die Leistungsbilanz, 1981 noch mit 14 Mrd. $ im Defizit, schloß 1983 mit einem Überschuß von 5,5 Mrd. $ ab, was freilich zum wesentlichen Teil über rigorose Einfuhrkürzungen erreicht und mit einem Rückgang des Bruttoinlandsprodukts um real 4,7 v. H. erkauft wurde. Die Inflationsrate konnte bis Jahresende 1983 nur auf 80 v. H. (Jahresrate) reduziert werden. Bis Ende 1984 hoffte man zuletzt auf 55 v. H. Preisanstieg zu kommen; für das BIP wurde mit einem Wiederanstieg um rd. 1 v. H. gerechnet.

Das schon im September 1984 im Grundsatz mit den Gläubigerbanken vereinbarte Umschuldungspaket sieht die Streckung von 48 Mrd. $ der insgesamt auf rd. 95 Mrd. $ bezifferten Auslandsverschuldung über einen Zeitraum von 14 Jahren bis 1998 vor, bei einem Freijahr und zu einem Durchschnittssatz von 1,1 v. H. über Libor. Der künftige Neukreditbedarf soll wieder am Markt gedeckt werden. Die Gläubigerbanken sollen regelmäßig über die Ergebnisse von halbjährlichen IWF-Konsultationen unterrichtet werden, denen sich Mexiko unterwerfen will. Die Umschuldungsvereinbarung sieht die Möglichkeit der Konversion eines Teils der ausstehenden Dollarverschuldung in die Heimatwährungen der Gläubigerbanken vor.

Brasilien hat gleichfalls erhebliche Fortschritte gemacht. Für 1984 wird das Leistungsbilanzdefizit auf nur noch rd. 1,3 Mrd. $ gegenüber 16,3 Mrd. $ im Jahre 1982 angesetzt. Zum Zeitpunkt der Genehmigung des IWF-Kredits, Anfang 1983, war noch mit einem Fehlbetrag von 5,3 Mrd. $ gerechnet worden. Bei etwa unverändertem Handelsbilanzüberschuß gegenüber 1984 rechnet man für 1985 wegen höherer Zinsaufwendungen mit einem etwa doppelt so hohen Leistungsbilanzdefizit von 2,6 Mrd. $ wie 1984. Das reale Wirtschaftswachstum dürfte 1984 bereits wieder zwischen 3 und 4 v. H. gelegen haben, nach minus 3 v. H. im Jahre 1983. Die Inflation konnte bisher noch nicht unter Kontrolle gebracht werden, was teils den anhaltend hohen Haushaltsdefiziten (rd. 18 v. H. des BSP 1983), zum wesentlichen Teil aber auch der umfassenden Indexierung von Preisen, Löhnen, finanziellen Ansprüchen usw. zuzuschreiben ist. Hieran lassen sich die wirtschaftlichen und sozialen Spannungen ermessen, denen sich das Land bei seinem Bemühen um Wiedergewinnung des inneren und äußeren Gleichgewichts ausgesetzt sieht. Im November haben Verhandlungen über eine umfassende Umschuldung von rd. 50 Mrd. $ der bis 1990 fälligen Auslandsverschuldung begonnen.

Argentinien konnte seine Handelsbilanz in den letzten Jahren Schritt für Schritt verbessern und erzielte im vergangenen Jahr einen Überschuß von rd. 4 Mrd. $. Die Leistungsbilanz dürfte jedoch wieder wie in den beiden Vorjahren mit etwas über 2 Mrd. $ im Defizit gewesen sein. Unverändert kritisch ist die interne Wirtschaftslage, mit einer Inflationsrate von zuletzt 700 v. H. (Jahresrate) und einem Fehlbetrag im öffentlichen Haushalt von rd. 8 v. H. des BIP. In Verhandlungen mit dem IWF wurde eine Finanzierungslücke in der Zahlungsbilanz von knapp 5,5 Mrd. $ für 1984/85 zugrundegelegt, die im wesentlichen durch einen Beistandskredit des IWF in Höhe von 1,2 Mrd. $ und Neukredite der Gläubigerbanken von 4,2 Mrd. $ gedeckt werden soll (für 10 Jahre mit 3 Freijahren). Rund 10 Mrd. $ an Fälligkeiten der Jahre 1982 - 85 sollen über einen 12-Jahres-Zeitraum gestreckt werden.

Damit ist nur die Situation der drei größten Schuldnerländer Lateinamerikas kurz charakterisiert. Andere hoch verschuldete Länder der Region haben gleichfalls mit dem IWF ‚Sanierungs- und Finanzierungspakete‘ vereinbart und sind mit ihren Gläubigerbanken zu einer Einigung gelangt. Auch bei einigen von ihnen sind Fortschritte bei der Wiedergewinnung der äußeren Zahlungsfähigkeit erkennbar. In anderen Fällen (ebenso wie in Asien, dem Ostblock und besonders in Afrika) stellt sich die Situation nach wie vor als wenig befriedigend bis kritisch dar.

II.

Die Frage stellt sich, ob es bei den Gesprächen in Washington im April im Rahmen des Interimsausschusses des IWF und des Gemeinsamen Entwicklungsausschusses von IWF und Weltbank damit getan sein wird, den Vertretern hoch verschuldeter Länder anzuraten, dem vor allem am Beispiel Mexikos belegten Erfolgsrezept zu folgen, also den Weg über das Krisenmanagement zur Hinnahme wirtschafts-, finanz- und währungspolitischer Anpassungsdisziplin (anstelle des nicht mehr fortsetzbaren ‚Lebens auf Kredit') bis hin zur umfassenden mehrjährigen Umschuldungsvereinbarung zu beschreiten, um so zu einer wie immer definierten ‚Normalität' zurückzufinden. Eine solche Empfehlung wäre als Antwort allein sicher nicht ausreichend.

Schon im vergangenen Jahr kreisten die Diskussionen zum Thema internationale Verschuldung immer wieder um drei Fragen, und dies wird vermutlich auch im April so sein:

1. Welches ist das weltwirtschaftliche Szenario auf mittlere Frist, in dem die hoch verschuldeten Länder sich um die Rückgewinnung ihrer Zahlungsfähigkeit bemühen?

2. Welches sind die ‚downside risks', also die Risiken negativer Abweichung von einem Szenario, in dem das Problem im ganzen als ‚manageable' erscheint?

3. Was kann und muß ggf. zusätzlich getan werden, um die Zahlungs- und Verschuldungsprobleme zahlreicher Länder der Dritten Welt in einer auch politisch und sozial tragbaren zeitlichen Perspektive einer Lösung näher zu bringen?

Das *weltwirtschaftliche Szenario,* von dem der IWF im Frühjahr 1984 ausging, wurde in dem im Mai 1984 veröffentlichten ‚World Economic Outlook' wie folgt zusammengefaßt:

— Das reale Sozialprodukt der Industrieländer wird in den Jahren 1985 - 90 mit einer Durchschnittsrate von real 3,25 v. H. wachsen, verglichen mit einem Jahresdurchschnitt von 1,3 v. H. in 1980 - 83 und einer Vorausschätzung von 3,6 v. H. für 1984. Dabei wird die bestehende Unterauslastung des Wirtschaftspotentials dieser Länder nicht wesentlich vermindert, die Arbeitslosigkeit bleibt auf einem hohen Niveau.

— Die Weltmarktpreise für Industriegüter werden in US-Dollar gemessen über die Jahre 1985 - 90 mit einer Jahresrate von 4 v. H. ansteigen. Zugleich ist unterstellt, daß die realen Wechselkurse zwischen dem US-Dollar und anderen wichtigen Währungen unverändert bleiben.

— Die von den Entwicklungsländern für Kredite auf variabler Basis zu zahlenden Zinssätze werden ab 1986 allmählich sinken und bis 1988 - 90 ein Niveau erreichen, das nominal 3 Prozentpunkte niedriger liegt als 1984. Dabei ist unterstellt, daß die Geldpolitik in den Industrieländern weiter auf Preisstabilität ausgerichtet bleibt und auch die Realzinsen sinken. Als wichtiger Beitrag ist in Rechnung gestellt, daß die USA Maßnahmen zur Reduzierung des Defizits im Bundeshaushalt ergreifen und andere Länder gleichfalls ihre strukturellen Haushaltsdefizite weiter abbauen. Auch eine Reduzierung der Margen (spreads) über Libor soll zu insgesamt niedrigeren Zinsen beitragen.

— Die Ölpreise werden nach diesen Annahmen real während des Zeitraums 1986 - 90 unverändert bleiben, d. h. nominal um 4 v. H. jährlich ansteigen.

— Die Austauschrelationen (terms of trade) der nicht ölexportierenden Entwicklungsländer werden für den Rest des Jahrzehnts etwa konstant bleiben; das reale Preisniveau für Rohstoffexporte dieser Länder bleibt damit erheblich unter dem Niveau der 60er und 70er Jahre.

— Es wird davon ausgegangen, daß die Industrieländer den Einfuhren aus Entwicklungsländern keine neuen Hindernisse in den Weg legen; aber auch keine wesentlichen Lockerungen werden unterstellt.

— Die ausstehenden Forderungen der Banken gegenüber Entwicklungsländern werden real betrachtet im Zeitraum 1985 - 90 unverändert bleiben (Handelskredite nicht mitgerechnet). Dabei wird unterstellt, daß Schuldnerländer mit hohen Fälligkeiten ihre Verschuldung etwas abbauen, andere dagegen eher noch etwas erhöhen werden. Handelskredite dürften im gleichen Rhythmus zunehmen wie das Einfuhrvolumen, nachdem sie 1984/85 zunächst etwas weniger kräftig zunahmen.

— Die offizielle Entwicklungshilfe wird real auf dem für 1984 erwarteten Niveau bleiben, also nominal um 4 v. H. pro Jahr zunehmen.

— Die ausländischen Direktinvestitionen in Entwicklungsländern werden voraussichtlich etwas stärker steigen als die Forderungen der Banken. Eine größere Bevorzugung solcher Investitionen auf seiten der Industrieländer könnte dazu ebenso beitragen wie das stärkere

Bemühen der Entwicklungsländer um Direktinvestitionen, wie auch die im ganzen günstigeren Investitionsbedingungen in den Nehmerländern als in den Geberländern.

Dieses ‚base scenario' signalisierte für die *nicht ölexportierenden Entwicklungsländer* zusammengenommen eine erheblich verbesserte außenwirtschaftliche Situation: Das *Leistungsbilanzdefizit* würde gemessen in v. H. ihrer Ausfuhren an Güter- und Dienstleistungen von 12,6 v. H. 1983 auf 9,7 v. H. 1987 abnehmen und danach bei rd. 10 v. H. verharren (1982 lag es noch bei 18,7 v. H.). Damit wäre das Leistungsbilanzdefizit gemessen an den Exporterlösen niedriger als in irgendeinem Jahr seit 1973, und es läge niedriger als im Durchschnitt der Jahre 1967 - 72 (vor dem ersten Ölpreisschock).

Die *Auslandsverschuldung* dieser Länder, gleichfalls in v. H. der Ausfuhr von Güter- und Dienstleistungen, würde in diesem Szenario von 150 v. H. 1983 auf 132 v. H. 1987 und 124 v. H. 1990 zurückgehen. Die *Schuldendienstquote* würde von 21,6 v. H. 1983 auf 24,4 v. H. 1987 ansteigen, danach aber auf 21,3 v. H. 1990 zurückfallen. Der Anstieg bis 1987 ergibt sich aus der teilweise entgegengesetzten Wirkung steigender Tilgungen auf 1982 - 83 umgeschuldete Bankkredite und verminderter Zinszahlungen.

Die Werte für Verschuldung und Schuldendienst, gemessen an der Ausfuhr von Gütern und Dienstleistungen, weichen bei den 25 am höchsten verschuldeten Ländern naturgemäß etwas von den obigen Durchschnittswerten für die nicht ölexportierenden Entwicklungsländer ab, weil erstere stark von dem erwarteten ‚Buckel' (‚hump') an fälligen Tilgungen auf 1982 - 83 umgeschuldete Bankkredite betroffen sind. Für diese Gruppe steigt die Tilgungsrate von 10 v. H. der Ausfuhr 1984 auf 19 v. H. 1987, um dann auf 17,5 v. H. 1990 zurückzufallen. Das Szenario unterstellt, daß unter der Annahme real konstanter Forderungen der Gläubigerbanken gegenüber Entwicklungsländern alle erforderlichen Refinanzierungen zustandekommen, selbst wenn die in Frage stehenden Beträge beträchtlich sind. Für die 25 am höchsten verschuldeten Länder werden die fälligen Tilgungen nach den Projektionen von 35 Mrd. $ 1984 auf 85 Mrd. $ 1987 ansteigen.

Nach dem ‚base scenario' wächst das *Bruttosozialprodukt* der nicht ölexportierenden Entwicklungsländer über den Gesamtzeitraum 1985 - 90 mit einer Jahresrate von real 4,6 v. H., verglichen mit 2 v. H. 1981 - 83 und erwarteten 3,5 v. H. 1984. Den Hauptbeitrag dazu leistet das Ausfuhrwachstum, das bei Industriegütern entsprechend dem erwarteten Wachstum der Märkte in den Industrieländern für 1985 - 90 erheblich höher angesetzt wird als im Durchschnitt der Jahre 1980 - 83.

Für die Jahre 1985 - 87 wurde mit einem Wachstum des *Ausfuhrvolumens* der wichtigen Exporteure von Industriegütern unter den Entlungsländern um durchschnittlich 6,9 v. H. gerechnet, danach 1988 - 90 mit durchschnittlich 6,5 v. H. In den 70er Jahren lagen die Wachstumsraten noch um einiges höher. Das durchschnittliche Ausfuhrwachstum für alle Entwicklungsländer wird allerdings um einiges niedriger angesetzt, hauptsächlich wegen der erwarteten relativ geringen Zunahme der Ölausfuhr, aber auch aufgrund niedrigerer Wachstumsraten für die ärmeren und weniger am Industriegüterexport beteiligten Entwicklungsländer. Zu den Voraussetzungen dafür, daß die genannten Wachstumsraten bei der Industriegüterausfuhr erreicht werden, gehören ausreichende Anstrengungen der Entwicklungsländer ebenso wie die Zurückhaltung in den Industrieländern gegenüber neuen protektionistischen Maßnahmen.

Das *Einfuhrwachstum* der nicht ölexportierenden Entwicklungsländer wird in dem ‚base scenario' etwas höher angesetzt als das Ausfuhrwachstum, nämlich mit rd. 6 v. H. p. a. Ihre zusammengefaßte *Leistungsbilanz* ohne Zinszahlungen und Investitionserträge gerät deshalb im Jahre 1988 erstmals seit 1982 wieder ins Defizit. Ab 1981 waren nicht wenige hoch verschuldete Länder wegen der erforderlichen hohen Zinszahlungen und der weniger reichlich fließenden Neukredite gezwungen, auf Überschüsse in ihrer Handelsbilanz hinzuarbeiten.

Aus der Tatsache, daß einzelne hoch verschuldete Länder in erheblichem Maße (und per saldo auch die nicht ölexportierenden Entwicklungsländer insgesamt) für einige Zeit Ausfuhrüberschüsse erwirtschaften müssen, um daraus Zinszahlungen zu leisten, viele von ihnen also zugleich erhebliche Ausfuhrüberschüsse und Leistungsbilanzdefizite ausweisen, wird nicht selten der Vorwurf abgeleitet, die nicht ölexportierenden Länder seien nunmehr zum Transfer realer Ressourcen zugunsten der Industrieländer (und der OPEC-Länder) gezwungen, ganz entgegen allen früheren Erfahrungen und allgemein akzeptierten politischen Forderungen. Dagegen wird man mit Professor Wallich[2] und anderen einwenden können, daß der Netto-Ressourcentransfer an der Leistungsbilanz gemessen werden sollte. Vereinbarte Zinsleistungen sind als Entgelt für die Nutzung von Kapital nicht anders zu beurteilen als Versicherungsprämien, Bankgebühren, Flugtarife u. a. m., die gleichfalls Entgelt für erbrachte Leistungen darstellen. Die Zusammenfassung unzähliger Einzeltransaktionen dieser Art für Zwecke der Zahlungsbilanz eines Landes oder einer Ländergruppe liefert keine ökonomische Rechtfertigung für eine anderweitige Betrachtung. Im übrigen

---

[2] Henry *Wallich*: „Perspectives on the External Debt Situation", American Economic Association, December 1984.

sind Leistungsbilanzüberschüsse und dafür ausreichende Ausfuhrüberschüsse die Voraussetzung dafür, daß einzelne hoch verschuldete Länder ihre Verschuldung auf ein tragbares Maß zurückführen.

Die vom IWF selbst vorgenommene *,sensitivity analysis'* bezog als ,downside risks' ein geringeres Wirtschaftswachstum in den Industrieländern ebenso ein wie ein Ansteigen (oder einen geringeren Rückgang) der Zinssätze, eine andere Entwicklung des Ölpreises und zusätzliche Einfuhrbeschränkungen. Ein ,pessimistisches Szenario' ging von einem um 1 Prozentpunkt geringeren realen Wirtschaftswachstum und um 1 Prozentpunkt p. a. höheren Zinssätzen aus (und berücksichtigte zugleich die Abhängigkeit des Ölpreises vom Wirtschaftswachstum in den Industrieländern). Unter der Annahme unveränderten Einfuhrwachstums und deren ausreichender Finanzierung würden sich dann die zusammengefaßten Leistungsbilanzdefizite der nicht ölexportierenden Entwicklungsländer gegenüber dem ,base scenario' um 25 Mrd. Dollar oder rd. 4 v. H. ihrer Ausfuhren im Jahr 1987 und um 66 Mrd. Dollar oder rd. 9 v. H. ihrer Ausfuhren 1990 vergrößern. Die Verschuldungs- und Schuldendienstquoten würden entsprechend ungünstiger ausfallen. Ohne ausreichende, d. h. gegenüber dem ,base scenario' verminderte Einfuhrfinanzierung würde sich das Einfuhrwachstum um 2 Prozentpunkte pro Jahr verringern müssen, und das BSP würde um mehr als 1 Prozentpunkt pro Jahr weniger wachsen.

Das Ergebnis könnte noch schlechter ausfallen, falls die Industrieländer wegen ihres geringeren Wirtschaftswachstums zu zusätzlichen protektionistischen Maßnahmen Zuflucht suchen, die Auslandshilfe einschränken und die Banken aufgrund ungünstigerer Entwicklungen in den Schuldnerländern ihre Kreditvergabe reduzieren.

Auch ein ,Krisen-Szenario' wurde durchgespielt, das die Möglichkeit einer ernsten Rezession in den Industrieländern mit Tiefpunkt im Jahre 1987 in Rechnung stellt. Schließlich wurden in einem ,weak policies'-Szenario die Annahmen zur Nachfrage- und Angebotspolitik der Entwicklungsländer selbst variiert, bei sonst gleichen Annahmen.

Als *,praktische Schlußfolgerung'* sah der IWF:

Erstens, bei relativ bescheidenem Wachstum in den Industrieländern und wirksamer Anpassungspolitik in den Entwicklungsländern kann (nach einem anfänglichen Anstieg) mit einer stetigen Abnahme der durchschnittlichen Schulden-/Ausfuhrquote und danach auch der Schuldendienstquote ebenso gerechnet werden wie mit anhaltenden Verbesserungen von Leistungsbilanz, Einfuhr, Ausfuhr und BSP.

Zweitens, die Ergebnisse sind ziemlich empfindlich (,sensitive') für geänderte Annahmen besonders hinsichtlich des Wachstums in den

Industrieländern, des Zinsniveaus, der Verfügbarkeit externer Finanzierungsmittel und der Wirtschaftspolitik in den Entwicklungsländern selbst.

Drittens, die Lage einzelner hoch verschuldeter Länder ist derart, daß auch bei insgesamt befriedigender Entwicklung die Situation in Einzelfällen kritisch werden könnte.

III.

Zum Zeitpunkt der Jahresversammlung Anfang Oktober 1984 konnte der IWF eine in mancher Hinsicht günstigere Entwicklung feststellen als noch im Frühjahr erwartet worden war, insbesondere was das Wachstum der Industrieländer, aber auch die Anpassungserfolge einzelner Schuldnerländer anlangt. Dagegen stand freilich die Feststellung, daß die Dollarzinsen beträchtlich angestiegen waren. Auch unter Berücksichtigung revidierter Annahmen hinsichtlich des voraussichtlichen Zinsniveaus ergab sich aber, daß eine befriedigende Lösung des Schuldenproblems im ganzen betrachtet weiterhin als realistisch angesehen werden konnte. Gegenüber der Frühjahrsprojektion wurde für 1984/85 ein um 1½ Prozentpunkte höheres Zinsniveau in Rechnung gestellt, danach für 1986/87 ein Rückgang um 2½ Prozentpunkte und für 1988 - 90 ein weiterer Rückgang um 1 Prozentpunkt. Außerdem wurden die Annahmen hinsichtlich der Rohstoffpreise für die Jahre 1984 (um 1½ Prozentpunkte) und 1985 (um 4 Prozentpunkte) nach unten revidiert, während Annahmen dazu für 1986 - 90 beibehalten wurden.

Diese geänderten Annahmen ließen eine etwas ungünstigere Entwicklung der außenwirtschaftlichen Situation der nicht ölexportierenden Entwicklungsländer auf mittlere Frist erwarten. Zugleich aber meinte der Fonds, daß günstigere Entwicklungen 1984 und voraussichtlich auch 1985 die Ausgangsposition verbessern würden. Das Leistungsbilanzdefizit (ohne öffentliche Transfers) wurde für beide Jahre nunmehr auf 45 Mrd. Dollar geschätzt, verglichen mit je 50 Mrd. Dollar im ursprünglichen Szenario. Für die sieben Länder mit jeweils mehr als 30 Mrd. Dollar ausstehender Auslandsverschuldung wurde das Leistungsbilanzdefizit anstatt auf 14¾ Mrd. Dollar 1984 und 13 Mrd. Dollar 1985 auf nunmehr nur noch 11½ Mrd. Dollar 1984 und 9¾ Mrd. Dollar 1985 geschätzt. Bis 1990 rechnete der Fonds auf dieser Basis für Argentinien, Brasilien, Mexiko und Venezuela mit einer Reduzierung der Schulden-/Ausfuhrquote um 30 v. H. oder mehr.

Die den ‚base scenarios' zugrundeliegenden Annahmen betreffend die weltwirtschaftliche Entwicklung werden in folgender Übersicht gegenübergestellt:

	Annahmen für 1985 - 1990	
	ursprünglich	revidiert
1. Durchschnittswachstum des BSP für 14 wichtige Industrieländer	+ 3,25 v. H.	dito
2. Anstieg der Preise für Industriegütereinfuhren der Entwicklungsländer in US-Dollar p. a.	+ 4 v. H.	+ 4,5 v. H.
3. Ölpreis	konstant in US-Dollar 1984 - 85, Anstieg um 4 v. H. p. a. 1986 - 90	konstant in US-Dollar 1984 - 85, Anstieg um 4,5 v. H. p. a. 1986 - 90
4. Anstieg der Preise für nicht Ölrohstoffausfuhren der Entwicklungsländer in US-Dollar p. a.	+ 4 v. H. 1986 - 90	+ 4,5 v. H. 1986 - 90
5. Zinssätze auf Handelskredite an Entwicklungsländer	LIBOR 10 v. H. 1984 - 85; 8 v. H. 1986 - 87, 7 v. H. 1988 - 90; Marge unverändert	LIBOR 11,5 v. H. 1984 - 85; 9 v. H. 1986 - 87, 8 v. H.1988 - 90; 0,5 v. H. niedrigere Marge 1986 - 90
6. Handelsbeschränkungen in Industrieländermärkten für Ausfuhrgüter von Entwicklungsländern	keine Änderung gegenüber 1984	dito
7. Private Kreditgewährung an Entwicklungsländer	nicht mehr als 7 v. H. Anstieg pro Jahr1986 - 90	+ 5 v. H. p. a.
8. Offizielle Entwicklungshilfe (ODA) und Direktinvestitionen aus Industrieländern	ODA real konstant auf Niveau von 1984 Direktinvestitionen: + 9,5 v. H. p. a.	dito
9. Reale Wechselkurse unter den wichtigen Industrieländern	keine Änderung gegenüber 1984	dito

Die Ergebnisse des revidierten ‚base scenario‘ und der gleichfalls revidierten ‚sensitivity analysis‘ sind in der folgenden Tabelle kurz zusammengefaßt (soweit verfügbar ursprüngliche Ergebnisse in Klammern).

IV.

Eine erneute Überprüfung des IWF-Szenarios wird die Möglichkeit einer deutlicheren Abschwächung der amerikanischen *Konjunktur,* wie sie sich ab Jahresmitte 1984 abzeichnete, ins Kalkül einbeziehen müssen. Dies wirft zwangsläufig die Frage auf, die bereits bei den Diskus-

	in v. H. der Ausfuhr von Gütern und Dienstleistungen						Durchschnittswachstum pro Jahr	
	Leistungsbilanz		Auslandsverschuldung		Schuldendienst		Einfuhrvolumen	reales BIP
	1987	1990	1987	1990	1987	1990	1986 - 90	1986 - 90
I. „*Base scenario*“								
Nicht ölexportierende Entwicklungsländer	– 8,6	– 8,9	126,4	112,2	24,1	20,7	6,3	4,6
	(– 9,7)	(– 10,1)	(132,2)	(123,8)	(24,4)	(21,3)	(6,2)	(4,6)
Hauptschuldnerländer[a)]	– 3,2	– 1,8	188,1	148,7	41,0	33,0	6,7	5,0
II. „*Alternative scenarios*“								
1. 1 v. H. weniger Wachstum in Industrieländern p. a.								
Nicht ölexportierende EL								
unveränderte Einfuhr[b)]	– 11,8	– 18,0	134,1	141,4	25,3	25,6	6,3	4,3
	(– 13,0)	(– 18,1)	(138,9)	(140,6)	(25,6)	(24,1)	(6,2)	(4,3)
unveränderte Finanzierung[b)]	– 8,8	– 9,5	129,9	119,9	24,8	22,6	4,4	3,5
	(–10,0)	(– 10,8)	(135,8)	(132,2)	(25,1)	(22,7)	(4,5)	(3,6)
Hauptschuldnerländer[a)]								
unveränderte Einfuhr[b)]	– 6,6	– 11,2	198,4	184,1	42,9	39,8	6,7	4,4
unveränderte Finanzierung[b)]	– 3,3	– 1,9	193,8	160,3	42,2	35,6	4,0	3,6
2. Kein Rückgang der Zinssätze gegenüber Durchschnitt 1984 - 1985								
Nicht ölexportierende EL								
unveränderte Einfuhr[b)]	– 10,8	– 12,4	130,5	124,0	26,7	25,4	6,3	4,6
unveränderte Finanzierung[b)]	– 8,6	– 8,9	126,4	112,0	24,1	30,7	5,6	4,4
Hauptschuldnerländer[a)]								
unveränderte Einfuhr[b)]	– 7,6	– 8,3	196,2	172,0	46,2	42,3	6,7	5,0
unveränderte Finanzierung[b)]	– 3,2	– 1,8	188,1	148,7	41,0	33,0	5,2	4,4
3. Scenario „schwacher Politik“ in EL[c)]								
Nicht ölexportierende EL	– 11,7	– 17,8	132,4	137,6	25,0	24,8	7,3	4,9
	(– 12,8)	(– 18,1)	(136,9)	(135,7)	(25,1)	(23,3)	(7,2)	(4,8)
Hauptschuldnerländer[a)]	– 6,0	– 9,8	194,8	174,7	42,2	37,9	7,7	5,3

a) Die Gruppe umfaßt 7 Entwicklungsländer mit einer Auslandsverschuldung Ende 1983 von mehr als 30 Mrd. Dollar oder einer ausstehenden Verschuldung gegenüber privaten Gläubigern von mehr als 20 Mrd. Dollar: Argentinien, Brasilien, Idonesien, Korea, Mexiko, Philippinen, Venezula. — b) Unveränderte Einfuhr bedeutet, daß Einfuhr auf Niveau des ‚base scenario‘ bleibt und Leistungsbilanz (in US-Dollars) sich gemäß Auswirkung revidierter Annahmen auf übrige Teile der Leistungsbilanz ändert. — Unveränderte Finanzierung bedeutet, daß Leistungsbilanz auf Niveau des ‚base scenario‘ bleibt und Einfuhr sich entsprechend erhöht bzw. vermindert. (Änderungen in v. H.-Relationen zur Ausfuhr) von Leistungsbilanz, Verschuldung und Schuldendienst spiegeln u. a. veränderte Ausfuhr wider.

sionen der ‚5 Großen' im Januar 1984 eine Rolle gespielt hat, welche Impulse für das weitere weltwirtschaftliche Wachstum von den anderen Industrieländern zu erwarten sind, darunter vor allem Ländern wie Japan, Bundesrepublik und Großbritannien. Je nach der Stärke des Wirtschaftswachstums, den zur Reduzierung der Haushaltsdefizite ergriffenen Maßnahmen und der Entwicklung der Dollarkurse wären auch die Annahmen zur künftigen Zinsentwicklung beim Dollar zu revidieren. Schließlich mag auch die Ölpreisentwicklung zu Revisionen Anlaß geben.

Manches weist darauf hin, daß die Vereinigten Staaten im 3. Quartal 1984 eine Wachstumspause erlebten, die schon im 4. Quartal als weitgehend überwunden gelten konnte. Dennoch wird auch für 1985 mit einer etwas weniger kräftigen Anstiegsrate des BSP zu rechnen sein als noch im Herbst 1984 angenommen. Eine gewisse Beruhigung des hektischen Wachstumstempos braucht das mittelfristige Szenario in seinen Ergebnissen aber nicht nachhaltig zu beeinflussen, wenn sie zugleich die Gefahr neu erwachender Inflationserwartungen mindert und auf die Dollarzinsen dämpfend wirkt.

Gewiß hat die wachstumsbedingt besonders kräftige amerikanische Einfuhr es den hoch verschuldeten Ländern ermöglicht, von einer Politik der Einfuhrzurückhaltung schon bald auf eine Politik der Ausfuhrstimulierung umzuschalten. Die USA sind für sie ein Hauptabnehmer zusätzlicher Industriegüterexporte geworden, und auch in anderen Industrieländern konnten sie um so eher ihre Produkte absetzen, als diese zugleich in den USA gute Absatzchancen wahrnehmen konnten. Die USA werden aber ihre Lokomotivfunktion nicht für unbegrenzte Zeit um den Preis einer hoch defizitären Leistungsbilanz spielen können. Mit einer gewissen Korrektur muß hier also über kurz oder lang gerechnet werden.

Angesichts bis zuletzt ständig weiter steigender Dollarkurse wichtiger Währungen, einschließlich der D-Mark, ist allerdings nicht mit Sicherheit damit zu rechnen, daß von den betroffenen Ländern zusätzliche Wachstums- und Einfuhrimpulse ausstrahlen werden. Es steht zumindest zu befürchten, daß in einigen dieser Länder ein Anstieg des Zinsniveaus unausweichlich wird, auch wenn diese keine primär am Wechselkurs (oder gar am Dollarkurs) orientierte Geldpolitik verfolgen. Die mit dem Dollarkursanstieg verbundene Verschlechterung der Austauschrelationen ist in einigen Fällen (wozu die Bundesrepublik zu zählen ist) durch niedrigere Rohstoffeinfuhrpreise zum guten Teil kompensiert worden. Daß dies so bleibt, kann zumindest nicht unterstellt werden. In den Vereinigten Staaten hat die Verbesserung der ‚terms of trade' in einer Phase kräftigen Wachstums einen stärkeren Preisauftrieb verhindern helfen.

Bereits in früheren Diskussionen ist einem erneuten *Zins*anstieg und seinen Konsequenzen für die hoch verschuldeten Länder ein ganz besonderes Gewicht als ‚downside risk' zugemessen worden. Dies zum einen wegen der unmittelbar zu Buche schlagenden Mehrbelastungen für die betroffenen Schuldnerländer, durch die alle bisherigen Anstrengungen in Frage gestellt würden und die dabei gebrachten Opfer als vergebens erscheinen müßten. Zum anderen aber auch, weil in einem solchen Zinsanstieg, insbesondere soweit er der unkontrollierten Ausweitung des Defizits im amerikanischen Bundeshaushalt zugeschrieben werden kann, ein eklatanter Mangel an Disziplin sichtbar würde, wie sie von den in Zahlungs- und Verschuldungsprobleme geratenen Ländern so nachdrücklich verlangt wird.

Zahlreiche Überlegungen drehten sich demgemäß im vergangenen Jahr um die Frage, in welcher Weise die Zinslast ggf. gemildert werden könnte. An gut gemeinten Vorschlägen hat es nicht gefehlt. Die größte Aufmerksamkeit zog der Vorschlag auf sich, Zinsobergrenzen (‚caps') für neue und umgeschuldete Kredite vorzusehen und im Fall eines Überschießens der Marktsätze die Differenz dem Kapital zuzuschlagen (bzw. bei niedrigeren Zinsen die Differenz zur Tilgung so zustandegekommener zusätzlicher Verschuldung einzusetzen).

Ein naheliegendes Bedenken war, daß je nach Höhe der kapitalisierten Zinsdifferenz, die Verschuldung rasch anwachsen könnte. Soweit ersichtlich haben so wichtige Schuldnerländer wie Mexiko kein übermäßiges Interesse für diesen Vorschlag bekundet. Sie bestehen vielmehr in allen Verhandlungen auf marktgerechten Zinssätzen, die jeder Manipulation entzogen sind und nach ihrer Meinung im übrigen auch die Wiederherstellung normaler Beziehungen zu den Kreditgebern eher erleichtern. Gegen den Vorschlag sprach freilich auch, daß sich die Industrieländer, allen voran die Vereinigten Staaten, so ihrer Verantwortung für ein als überhöht erachtetes Zinsniveau enthoben glauben könnten.

Ein anderer Vorschlag, der auf eine Erleichterung der Zinsbelastung abzielt, geht dahin, die überwiegend in US-Dollar eingegangenen Kredite teilweise durch niedriger verzinsliche Kredite in anderen Währungen abzulösen. Dies ist in dem zwischen Mexiko und seinen Gläubigerbanken getroffenen mehrjährigen Umschuldungsabkommen ausdrücklich vorgesehen. Nicht-amerikanische Banken haben danach die Option, bis zu 50 v. H. ihrer Forderungen in die jeweilige Heimatwährung umzuschulden. Dabei ergaben sich beispielsweise im Falle der deutschen Banken gewisse Probleme bei der Wahl marktgerechter Zinssätze für die entsprechenden Fristigkeiten. Für das Schuldnerland resultiert aus diesem Vorgehen angesichts niedrigerer D-Mark-Zinsen eine Zinsersparnis, die je nach der künftigen Wechselkursentwicklung allerdings über die Gesamtlaufzeit der Kredite tendenziell mehr oder weniger wettgemacht werden könnte.

Die Gläubigerbanken gehen bei Konversion ausstehender Forderungen in ihre Heimatwährung je nach der Wechselkursentwicklung im weiteren Verlauf gewisse Risiken ein. Die von ihnen vorgenommenen Abschreibungen und Rückstellungen auf solche Kredite könnten dadurch ausgehöhlt werden. Die Gläubigerbanken sehen jedoch offenbar Vorteile im Hinblick auf die Refinanzierung wie auch unter bankenaufsichtlichen Gesichtspunkten. Sie mögen eine Denominierung in der Heimatwährung auch für den Fall unerwarteter krisenhafter Entwicklungen mit evtl. Liquiditätsengpässen, die ein Eingreifen der eigenen Notenbank nahelegen könnten, als vorteilhaft erachten. Die Entscheidungsfrist zugunsten der Konversion ausstehender Dollarkredite in die Heimatwährung ist auf 6 Monate festgelegt worden, reicht also bis in den Sommer 1985 hinein.

Der Hauptbeitrag zur Erleichterung der Schuldensituation und ihrer Bewältigung dürfte jedoch von der bereits erwähnten Einigung auf mehrjährige Umschuldungen in den Fällen kommen, in denen deutlich erkennbare Fortschritte bei der Wiedergewinnung eines besseren inneren und äußeren wirtschaftlichen Gleichgewichts konstatiert werden können. Auch dabei ging es zuerst jedoch nicht ohne Bedenken ab. Zum einen wurde befürchtet, die Schuldnerländer könnten in ihren Anpassungsbemühungen nachlassen, wenn sie nicht Jahr für Jahr erneut unter dem Druck der Notwendigkeit stehen, für kurze Frist geltende Refinanzierungsvereinbarungen zu erneuern. Auch die Tatsache, daß die Auflagen des IWF nur so lange gelten und er seiner Kontrollfunktion nur so lange nachkommen kann, wie das Schuldnerland ihm gegenüber im Obligo ist, gab zu Bedenken Anlaß. Im Fall Mexikos spielte dabei auch der nächste Wahltermin eine Rolle, da dann erfahrungsgemäß ein Nachlassen der Haushaltsdisziplin und ein Nachgeben in anderen Bereichen befürchtet werden muß. Die Umschuldungsvereinbarung mit Mexiko sieht deshalb auch nach Auslaufen des IWF-Programms freiwillige halbjährliche Konsultationen vor, über deren Ergebnisse die Gläubigerbanken informiert werden.

V.

Dieser kurze Abriß rechtfertigt den Eindruck, daß die internationalen Schuldenprobleme in den vergangenen 2½ Jahren seit Ausbruch der Krise wenigstens in Ansätzen einer Lösung näher gebracht werden konnten. Von Bewältigung der Probleme und Rückkehr zur Normalität zu sprechen, wäre indes verfrüht. Das Szenario des IWF geht von einer positiven weltwirtschaftlichen Entwicklung aus, die in mehrfacher Hinsicht vorbelastet ist und gewisse ‚downside risks‘ enthält. Sie müssen ernst genommen werden, weil hinsichtlich der Bewältigung der Schuldenprobleme, wie das OECD-Sekretariat es im Vorjahr einmal ausdrückte, „there is a very narrow path over the years ahead towards viability“ und, um Professor Lamfalussy zu zitieren, „there is no safety margin for shocks“. Die Schuldnerländer sind in ihrer Mehrzahl außerordentlichem sozialen Druck ausgesetzt, der die konsequente Durchführung der wirtschaftlich für notwendig gehaltenen und vom IWF zur Bedingung gemachten Maßnahmen immer wieder in Frage stellt. Die Solidarität der Gläubigerbanken hat sich als einigermaßen haltbar erwiesen, ist aber, wie sich jüngst im Fall Argentiniens zeigte, nicht unbegrenzt belastbar.

Aus der Sicht der hoch verschuldeten Länder rechtfertigen sich die Anstrengungen und Opfer nur, wenn sie mit der Wiedergewinnung eines tragbaren inneren und äußeren wirtschaftlichen Gleichgewichts und damit ihrer Zahlungsfähigkeit zugleich wieder in die Lage versetzt werden, angemessene Wachstumsraten zu erreichen. Dies setzt voraus, daß sie in dem zur Finanzierung ihrer Einfuhrerfordernisse und ihres Schuldendienstes erforderlichen Maße auf den Märkten der Industrieländer Absatz für ihre Exporterzeugnisse finden. Voraussetzung dafür wiederum sind offene Märkte, aber auch einigermaßen erträgliche Austauschrelationen und damit Preise besonders auch für die von ihnen produzierten Rohstoffe. Außerdem muß ein ihrem Entwicklungsstand angemessener Kapitalzufluß in Aussicht stehen. Die Industrieländer werden auf den April-Sitzungen von Interimsausschuß und Entwicklungsausschuß zu allen diesen Themen auf Fragen vorbereitet sein müssen.

Welcher Konstellation von Handels- und Leistungsbilanzen werden sich die Entwicklungsländer in der voraussehbaren Zukunft gegenübersehen, wenn sich das enorm hohe amerikanische Leistungsbilanzdefizit im Gefolge von schließlich getroffenen Maßnahmen zur Reduzierung des Haushaltsdefizits und einer gewissen Abschwächung des Expansionstempos der US-Wirtschaft zurückbildet? Welcher Zinskonstellation werden sie sich dann gegenübersehen? Welche Rolle werden die Banken bei der Vermittlung von Krediten in Zukunft spielen und welche anderen Quellen des Ressourcentransfers werden an ihre Stelle treten, soweit die Banken weniger bereitwillig Kredite vermitteln? Werden sich in den Industrieländern die Interessen der Konsumenten gegenüber denen nationaler Produzenten- und Arbeitnehmerorganisationen durchsetzen und protektionistische Neigungen in Grenzen halten? Wird die

Wirtschafts-, Finanz- und Geldpolitik in den Industrieländern und die internationale Zusammenarbeit zwischen ihnen den damit gestellten Anforderungen gerecht werden? Wo ist die Entwicklungshilfe adäquat einzuordnen, und welche Rolle müssen die internationalen Entwicklungsinstitutionen übernehmen? Welche Rolle kommt dem IWF künftig zu, wenn es um die multilaterale Überwachung der Wirtschaftspolitik von Industrie- wie Entwicklungsländern auf ihre Konsistenz geht, aber auch um Fragen der Wechselkurs- und Reservepolitik?

Solche Fragen stehen hinter der Forderung nach einer ‚globalen Behandlung' der internationalen Schuldenprobleme. Man wird sich ihnen nicht entziehen können, auch wenn man überzeugende Gründe dafür hat, die je nach den Umständen von Land zu Land unterschiedlich gelagerten Schuldenprobleme ‚case-by-case' anzugehen und einer Lösung näher zu bringen.

The International Debt Situation in an American View: Borrowing Countries and Lending Banks

By *Henry C. Wallich,* Washington D.C.

At this time, the total external debt of developing countries may be estimated to be something less than $ 900 billion. About three-fifths of this has accumulated since 1977. Before asking whether and how this debt can be serviced, it is useful to place it in a context of world magnitudes.

Annual world (non-Communist) savings out of a world GNP of something in excess of $ 10,000 billion can be estimated at perhaps a gross 20 percent and net (after depreciation) at something less than half, or $ 1,000 billion. During the time when developing-country debt was growing at its fastest rate, of about 20 percent per year, it absorbed close to one-tenth of current world saving. More recently, such debt has been growing at an annual rate of the order of five percent or a little more, absorbing perhaps one-twentieth of world saving.

At the time of maximum borrowing, therefore, the developing countries claimed a more substantial part of world saving, in contrast to today's relatively modest demands. However, during the heyday of developing-country debt expansion, OPEC surpluses still were making a substantial contribution to world saving. Today, in contrast, the United States makes demands on world saving on the order of $ 100 billion annually and soon probably more. At all times, therefore, factors other than developing-country borrowing dominated the pattern of world sources and uses of saving.

I. Uses of Borrowing

If, from a world sources and uses point of view, developing-country borrowing is seen to have been of only moderate importance, this borrowing nevertheless has been highly significant for the domestic absorption of resources in the borrowing countries. What did the developing countries do with the money they borrowed, and what did the money do for them? If the borrowings were largely invested in income-producing assets, productivity and income would have risen and the service of the resulting debt should present no basic problems. Only rather tenuous guesses are possible, however, as to the part of the inflow that directly or indirectly went into incremental investment. Ratios of investment to GNP, or to a measure of total absorption, did rise on average for developing countries during the 1970's.[1] Saving ratios also rose. The rate of growth of most developing countries was high during the period of heavy borrowing. But the return on investment seems to have declined as investment rose, and there was some slowing in basically still high growth rates.

Some "investment" of a very different kind took place, in the form of capital flight. In the case of Mexico and Argentina, this outflow is estimated, from 1974 to 1982, to have accounted for perhaps one-half of the net amount borrowed; in the case of Venezuela, about 90 percent; in that of Brazil about one-eighth.[2] This "investment" benefits, not the home, i.e., developing country, but the country where the flight capital went. Even so, the diversion of borrowed funds into capital flight is less detrimental to world development than if the owners had chosen to consume these resources. Some downward pressure may be exerted on interest rates and rates of return not only in the country receiving the flight capital, but all over the world. The resources, to be sure, for the time being produce neither income nor probably taxes for the home country. Nevertheless, appropriate policies, including positive real interest rates, plus political stability, could bring some of it back.

Unfortunately, one must assume that a large part of the borrowed money went for consumption, in the form of excessive imports of high-priced oil and various consumer goods. Frequently this spending was financed through government budget deficits, caused by subsidies and other unproductive expenditures, including purchase of weapons. A worldwide shift from negative real interest rates to significantly positive real rates, and the consequent rise in debt service, also used up some of the funds borrowed.

---

[1] See International Monetary Fund, World Economic Outlook (Occasional Paper 21, May 1983), pp. 140 - 144; Jeffrey P. *Sachs*, "The Current Account and Macroeconomic Adjustment in the 1970's", Brookings Papers on Economic Activity, 1981: 1, pp. 201 - 268; Robert *Solomon*, "A Perspective on the Debt of Developing Countries", Brookings Papers on Economic Activity, 1977: 2, pp. 479 - 501; Robert *Solomon*, "The Debt of Developing Countries: Another Look", Brookings Papers on Economic Activity, 1981: 2, pp. 593 - 607; and Henry C. *Wallich*, "Financing Developing Countries", Yale Center for International and Area Studies Conference on International Debt and the World Economy, February 17, 1983 (mimeographed).

[2] Michael *Dooley*, William *Helkie*, Ralph *Tryon*, and John *Underwood*, "An Analysis of External Debt Positions of Eight Developing Countries through 1990", (International Finance Discussion Papers, No. 227, August 1983), Washington, D. C.: Federal Reserve Board.

In adding up incremental investment, capital flight, and increased outlays (in nominal terms) for consumption, there is a danger of over-explaining the absorption of borrowed funds. The best judgment seems to be that the borrowing countries experienced a substantial increase in their income and debt-carrying capacity and that these benefits of added investment could be enhanced in future if measures are taken to induce flight capital to return. It must also be remembered that easing the impact of higher oil prices provided benefits as contrasted with the consequences of an unassisted brusque adjustment, even though the easing may often have gone too far.

II. Debt Capacity and Growth

An alternative approach to exploring the ability of developing countries to service their debt involves the familiar comparisons of growth and the real interest rate. If the growth rate of the economy (measured conveniently in terms of exports but more fundamentally in terms of GNP) equals the interest rate, the country can potentially borrow all the interest it pays without changing the ratio of debt to GNP or exports. Debt and the economy grow at the same rate. This holds true at any relationship of debt to the scale variables — whether debt is 10 percent or 1,000 percent of exports or GNP.

In this conceptual model, it is implicitly taken for granted that the outstanding debt is rolled over continuously. Debt service means interest payments. At no level of the debt/GNP relationship does the country retain any part of its annual borrowings for investment, so long as the interest rate equals the growth rate. If the interest rate falls below the growth rate, some of the borrowing that keeps the debt at a constant relation to GNP can be used for investment, via a trade deficit. If the interest rate rises above the growth rate, the country must pay some of the interest via a trade surplus.

In any event, a stable debt/GNP relation is sustainable only if the creditors regard the country as creditworthy and are satisfied to roll over the debt. This approach tells us something about the dynamics of keeping debt afloat. It does not tell us what debt/GNP ratio the lenders will regard as acceptable. Presumably a debt ratio rising without limit is not acceptable to them. How far they will allow the ratio to rise without curtailing their lending cannot be read off the model. Conceptually, any ratio, once attained, can be stable. If the interest rate equals the growth rate, the country would have the full use of its export revenue for importing purposes.

The practical application of the model in any event is subject to all the uncertainties of the interest rate and the growth rate. Although there are fundamental reasons why over long periods, and for the world as a whole, the two should be equal, making all the required assumptions, in the short and medium term obviously the growth rate fluctuates substantially, while the real interest rate can shift from negative to positive and back.

III. Interest Burden and Trade Surplus

A third approach to the question of an acceptable debt ratio is the empirical one via modeling. This is the approach employed by William R. Cline in a study that finds that, under reasonable assumptions, a 3 percent growth rate of the OECD countries will over time enable the major debtor countries to reduce their debt ratios to a level that the lenders, in the circumstances of the past, have considered creditworthy.[3] Before reaching that point, lending is assumed to continue in the "involuntary" mode made familiar by various reschedulings.

In order to reach lower debt ratios, the borrowing country must at least for a while pay some of the interest out of exports (unless the interest rate should fall below the growth rate). But since it continues, by assumption, to finance some of the interest by borrowing, the debt will continue to rise. It will rise, however, at a rate lower than the growth rate, and the country's debt ratios will improve. That is the condition of many of the developing countries today — they have a trade surplus, but a current-account deficit, their debt rises, but more slowly than exports or GNP.

What is the significance of the incipient trade surplus? So long as the trade surplus is exceeded by interest payments, on any reasonable definition the country has an inward resource transfer. It is paying interest for the services of capital. To treat a trade surplus as a net outward transfer would seem to deny that capital services should be paid for, much as the services of rented planes or ships, or any other services in the balance of payments.

It is sometimes argued that a debtor will feel motivated to default when he experiences a trade surplus and believes that in future he will always be borrowing less than the interest he pays. This is contrary to historical experience. Many countries have gone through the familiar

[3] William R. *Cline*, "International Debt: From Crisis to Recovery?" mimeographed paper presented at the American Economic Association annual meeting, December 28, 1984.

stages of borrowing, from incipient debtor with a small initial stock of debt, who is likely to have both a current-account and a trade-account deficit, to more mature debtor, with a large debt, who still has a current-account deficit but also has a trade surplus and, after perhaps many years, to the position of net repayer of debt with both current-account and trade surpluses. No stage in this process has ever become occasion for systematic repudiation of debt.

It is true that this historical experience generally has reflected private borrower/creditor relationships, rather than the decisions of a single monolithic debtor capable of taking a macro view of the costs and benefits of maintaining debt service. But it is true also that the cost of default, in terms of damage to trade credit, damage to long-term developmental facilities of all kinds, and, in effect, isolation in the world, would be high. To this must be added the uncertainty about future relationships of growth rate and interest rate, and about future borrowing needs, which implies that at some future time the country may indeed find it possible to sustain a trade deficit, i.e., to borrow more than its interest payments. These considerations make deliberate default unlikely, as I have argued repeatedly.[4]

IV. A Perpetual Debt?

The ability of developing countries to service their debt so far has been treated in terms solely of the interest burden, without regard to amortization and maturities. In other words, it has been assumed that the principal of the debt can be continuously rolled over, and that the existing debt is in effect perpetual. In economic terms, this is a realistic assumption, because it conforms to the structural characteristics of most developing countries. They are structural capital importers, because typically the capital/labor ratio is low, the marginal productivity of capital high, and the domestic saving rate, even though frequently equal to that of many industrial countries, inadequate to satisfy the demand for capital at prevailing rates of return.

A perpetual debt without periodic maturities, however, is not acceptable to the lending banks. Given the nature of their liabilities, they should not and cannot make long-term loans. This creates a somewhat specious problem. The banks need well-defined short- and medium-term maturities, which must be met punctually. The banks, therefore, tend to think and speak in terms of debt service and the ratio of debt

---

4 Henry C. *Wallich*, "Financing Developing Countries", op. cit., and Comments on "Perspective on the External Debt Situation", December 28, 1984 (mimeographed).

service to exports (or GDP), thereby seemingly increasing the annual debt burden very substantially. They know, of course, that the debt must largely be rolled over. But from their point of view, this rollover must occur through normal access of borrowers to the market, so that maturing loans can be replaced with voluntary new loans, possibly from the same but also from new lenders. These market rollovers are important to the banks as evidence of creditworthiness, and creditworthiness, therefore, becomes an essential condition of the continued servicing of the debt.

This does not alter the premise that, in a fundamental economic sense, the only burden with which the debtors need to count is the interest burden. Indeed, it is reasonable to assume that at least part of this interest burden can be financed through additional debt. A move in the direction toward reconciling appearance and reality, or, more concretely, the institutional needs of the banks and the functional permanence of the debt, has been made through the introduction of the concept, and increasingly the reality, of multiyear rescheduling. This would help avoid the practice, fairly general until recently, of annual rescheduling of debt. The creditors, in other words, would not gather together with a given debtor once a year, conclude that not only can he not pay the maturities on schedule, but that he also needs some additional money for interest and other purposes, and then grant an "involuntary" loan. These "involuntary" loans have been made in connection with particular IMF arrangements. In these credit arrangements, the Fund obtained the country's acceptance of an economic adjustment program, and in return supplied some resources of its own and brought along the banks who typically provided an amount substantially larger than the Fund did.

This procedure has the advantage that the borrowing country is committed formally to a particular IMF program. Failure to adhere to the program, possibly as modified by mutual agreement, means loss of any still pending drawing on the Fund, and possibly of undrawn tranches of the banks' loan. The procedure gives the country a strong incentive to abide by the program.

The procedure has the disadvantage, on the other hand, of periodically drawing attention to the fact that the country is unable to borrow in the market in a normal way, thus making more difficult a return to normal market borrowing in the future. The method of multi-year rescheduling reduces this somewhat prejudicial connotation. The country's foreseeable needs can be taken care of in advance, or at least placed in a less negative context whenever they need to be met. For the banks, possible risk in multi-year rescheduling has the possible disadvantage that the IMF arrangement which is the condition of the original rescheduling runs out well before the loans mature. Thus, the country's policies would no longer be constrained by an IMF program and the banks may see themselves confronted with mounting risks. The means that have been found to deal with this problem consist in an agreement between the IMF and the country for "enhanced surveillance," i.e., an intensification of the normal annual consultation between Fund and country with the "results" or "conclusions" in principle affecting continuation of the process.

A multi-year rescheduling may enable a country to do without "involuntary" lending. Even when that practice continues to be necessary for some time, creditworthiness can be expected to be restored eventually as debt and debt service ratios are reduced to levels that, at least in the circumstances of the past, the market has regarded as signalling creditworthiness. This gradual reduction in debt ratios is consistent with moderate increases in the absolute level of the debt. For instance, William Cline calculates that under his assumptions for Mexico the debt/export ratio would drop from 310 percent in 1983 to 210 percent in 1987; for Brazil, from 370 to 230 percent; for Argentina, from 490 to 320 percent.[5] For the banks, growth of absolute developing-country exposure at moderate rates should in general imply diminishing exposure with respect to capital, since in recent years, capital, at least in the United States, has tended to grow at a rate of 8 to 10 percent.

For many countries, bringing down debt/GDP and similar ratios and returning to voluntary financing implies changes more basic than the short-term balance-of-payments adjustment sought by many of the Fund's arrangements with formal duration of one year or little beyond. The latter typically imply a return of a viable balance of payments with no major changes in the structure of the economy. For instance, reduction of domestic excess demand and appropriate adjustment of the exchange rate would improve the balance of payments both by reducing imports and stimulating exports. But for many developing countries with troubled debt, more may be needed than a turnaround in an otherwise unchanging economy. Structural changes may be needed enhancing the export base and substituting domestic production for imports. The Fund's extended-facility programs, typically over three-year periods with ten-year repayment, are designed to deal with medium-term adjustment problems. The World Bank, traditionally focusing on long-term project loans, has shifted a moderate part of its activity to structural adjustment loans, a factor which has contributed

---

[5] William R. *Cline*, "International Debt: From Crisis to Recovery?", op. cit., p. 7.

to the recent debate over the need for greater cooperation between the two agencies.

The foregoing considerations naturally lead to a more detailed discussion of banking aspects. Before turning to that subject, a brief conclusion from the preceding section, dealing with the ability of debtor countries to pay, is in order. That conclusion is, on the whole, positive. Conceptually and in the abstract, there are no obvious narrow limits to debt capacity. Empirically and in terms of the willingness of banks to lend, a good case can be made that, with an adequate growth rate in the rest of the world, developing countries can reduce their debt ratios (not the absolute value of the debt) to levels at which adequate borrowing opportunities will open up again spontaneously. Trade surpluses, however, are likely to prevail for most countries much of the time.

V. The Banks' Side

I now turn to the side of the lending banks, in keeping with the framework established for this paper by our chairman. In particular, I would like to focus on American banks and on their cooperative and competitive interaction with non-U.S. banks in lending to developing countries.

American banks took the initiative in such lending during the 1960's and early 1970's, holding a share of about 55 percent of total bank loans to developing countries in late 1975 as reported by the Bank for International Settlements. Vigorous competition on the part of foreign banks, often coming in waves that seemed progressively to reduce spreads, on the part of German, Japanese, British, and other banks, reduced the American share to about 40 percent by 1979, where it has approximately remained. The share of U.S. banks in loans to Latin American countries, for obvious reasons, always has tended to be higher than their worldwide share.

The competitive posture of American banks, especially the large money-center banks, has been influenced by the unique structure of the American banking system which limits their expansion both geographically and functionally. Being unable to have a nationwide branch network deprives them of a broad base of core deposits and forces them to rely more heavily on often-volatile purchased funds. Lending, unlike branching, while not limited to the state of the bank's residence, nevertheless is affected in some degree by the difficulty of reaching local borrowers. This, together with the limitation on functional expansion beyond activities closely related to commercial banking, such as into securities and other types of financial business, may have helped to push American banks in the direction of developing-country lending. Participation in a syndication is a means of increasing assets and earnings when loans to regular customers may be hard to find. This may also help account for the fact that foreign lending by American banks seems to be less oriented toward financing of customers' exports than that of non-U.S. banks.

A deregulatory movement is underway in the United States that would change many of these characteristics of American banks. If the orientation favored by the Reagan Administration and by the Senate prevails, banks would be allowed to enter into the securities business, insurance, and real estate, always subject to prudential limitations. Given existing resistance in the House of Representatives and on the part of financial industries that would face increasing competition, it is not clear at this time how far the expansion of bank powers will go in the functional direction.

Currently, and without benefit of legislation, the geographic limitations on bank expansion are being circumvented by the development of so-called "nonbank banks" and "nonbranch branches," i.e., dependencies of banks permitted to operate interstate because they do less than a full commercial banking business. The resistance of small banks has inhibited though not completely prevented such expansion.

VI. Capital Increases vs. Provisioning

While the energies of large American banks are deeply absorbed in these possible restructurings of their business, they must confront also the debt problems of developing countries. In the face of mounting risks on developing-country loan portfolios, banks in all countries have taken prudential action, but not in identical fashion. European and also Canadian and Japanese banks seem to have predominantly gone the provisioning route. In addition to setting aside reserves against loans to problem countries, weak loans have been written down against earnings or reserves, disclosed or undisclosed. American banks have made relatively few specific provisions against international loans, although for loans to a small number of countries in the "value-impaired" classification specific provisions are now mandatory. Allocations to loan-loss reserves that may be ascribed to international loans went up by two-thirds from 1981 to 1983.

American banks, on the other hand, in the face of mounting risks and under the mandate of their regulators, have increased their capital/

asset ratios. About half of the large multinational bank holding companies, which do the bulk of international lending, had allowed primary capital ratios to fall into the 3 to 4 percent range during the late 1970's. They have since come up to well over 5 percent. Bank regulators, in addition to their general supervisory authority, have received explicit legal powers to set minimum capital standards. At present, for large banks and banks holding companies, these have been set at 5 percent (primary capital/total assets) but are likely to be raised soon to 5.5 percent.

Increases in capital ratios clearly strengthen a bank if they are brought about by raising new capital, by restraining dividends, or by slowing the normal growth of the bank's assets. A bank is not strengthened, of course, if it raises its capital ratio by placing some of its assets "below the line," reduces total assets by cutting down on highly liquid but not very profitable interbank placements, or substitutes contingent for ordinary liabilities. Provisioning, on the other hand, adds nothing to the strength of a bank unless it implies a tax saving or leads to a change in behavior (in the direction of restraint) by the banks. Otherwise, assets, liabilities, and cash remain unaffected except in a bookkeeping sense.

American banks appear to be reluctant to provision partly because, in the absence of a documented loss, there are no tax benefits. European banks, in varying degrees, seem to be able to reduce taxes by provisioning and so increase cash. American banks further differ from many of their foreign counterparts in being constrained by quarterly reporting requirements, by tight rules governing the accrual of interest in arrears, by a high degree of disclosure, and by the inability to accumulate hidden reserves. Unlike some foreign banks, however, they are not required to write down negotiable assets to the lower of cost or market. All this reflects differences in regulatory philosophy. The American system stresses the discipline of the market, brought about by full disclosure. This ordinarily enhances bankers' prudence, but once something has gone wrong, the exercise of market discipline, through withdrawal of funds, makes the bank more vulnerable. Abroad, discrete silence minimizes this risk, at the possible cost of greater trouble once difficulties break out into the open.

Comparisons of the capital positions of American and foreign banks are difficult to make. Published capital/asset ratios for the most part show American capital to be higher than of foreign banks, with respect to some countries very substantially so. But the existence of hidden reserves, in the form of appreciated assets or assets written down below true value, may compensate for this to an unknown degree. In addition, there is a host of technical differences concerning the inclusion in capital of borderline accounts, such as subordinated debt, convertible securities, property valuation reserves and loan loss reserves, among others. Differences exist in national preferences also as to whether and how assets should be weighted by risk in calculating the capital/assets ratio. Efforts are going forward to develop a higher degree of international comparability of capital positions, although at this time harmonization of actual national practices and ratios does not seem in sight.

Profitability is another important factor determining both the ability to make provisions and the ability to accumulate capital. Whether differing conditions of competition in the various national markets allow banks in some countries to be more profitable may be a moot point. But the ability to avoid full disclosure of unusual profits, through an absence of total transparency, may be an important factor.

VII. Accounting Practices and Bank Policies

Continuous cooperation and joint efforts to solve common problems have enabled the international banking community to overcome the effects of institutional differences. The implications of these distinctions for bank policy have been fully explored and, where needed, reconciled by pragmatic adaption. Some of the issues that had to be resolved will be briefly reviewed. One issue, very often, is the provision of "new money," that helps the borrower to pay the interest. A bank that has already written off a significant part of a loan and no longer is counting on the interest will be less eager to supply new money. It will be particularly reluctant if new money for a partly written-off borrower requires an immediate write-off also against the new loan.

For a bank that is disposed to continue lending in one form or another, the question of "new money" on some past occasions has come up in still another way. For instance, it is in many respects simpler to capitalize unpaid interest than to provide a new loan that serves to pay it. If the amounts are equal, the results are the same. In fact, it is probably easier for the lead banks to get reluctant smaller banks to stay with a loan via interest capitalization than via the new-money route. The latter gives a bank a clearer opportunity to avoid participation. For the debtor country, too, there may be an advantage in interest capitalization because it creates a presumption, if not a certainty, that a large part, if not the full amount, of the unpaid interest will be capitalized, i.e., in effect relent. A new money loan may be more parsimonious. Moreover, in some countries, a new-money loan to a debtor against whose earlier indebtedness provision has been made may call in question the tax deductibility of that provision.

For the banks, however, capitalization raises the question whether this interest can properly be treated as income. American accounting rules say, very broadly, that it can be so treated if ultimate repayment is reasonably assured. In plain language, this means that it usually cannot because reasonable assurance of repayment is lacking. Conceivably, capitalized interest can be taken into income if some write-off required by accounting rules is practiced. Interest paid with the proceeds of a new-money loan can be taken into income like all other interest.

Non-American banks seem to have greater flexibility with respect to the capitalization of interest. Accounting rules differ among countries, and in some countries capitalized interest treated as income is penalized by write-offs. At one time, non-U.S. banks seemed to prefer the capitalization route, American banks the new-money route. Because of the American concern, foreign banks usually have acceded to the new-money route, and so this issue has largely quieted down.

Preferences of American and foreign banks have differed also in the matter of currency denomination. A very large portion of developing-country loans is denominated in dollars. This gives American banks the advantage of lending in their home currency, in which it may be easier for them to fund, and in which they have the advantage of a lender of last resort capable of creating that currency, as well as the further safety net provided by domestic deposit insurance. Foreign banks may find it less economical to fund in dollars, their lender of last resort cannot create dollars, their deposit insurance system, if there is one, may be limited to their home currency. These features may not weigh heavily with respect to short-term commitments. They seem to weigh more heavily over longer periods. This became evident in the process of multi-year rescheduling, when, as noted above, non-U.S. banks asked for the opportunity to switch into their domestic currency. Typically, the non-U.S. banks have been accommodated as regards currency denomination. The possible costs of currency switches seem to fall principally upon the borrowing country, if the currency structure of its exports and imports makes dollar financing preferable.

VIII. Bank Strategies

Differences exist among banks, but not necessarily by country, with respect to a large variety of additional factors. In every rescheduling, it matters whether a bank's lending is concentrated in the public sector or in the private, and whether its private-sector loans have government guarantees. Likewise, guarantees by parents of multinational subsidiaries can be an important factor enabling a bank to adopt a tougher attitude. The net result of the jockeying for position between private- and public-sector creditors probably is to weaken the private sector and enhance the role of government in the developing country in question. But such macro considerations may not carry much weight in micro decisions.

Another area in which there seem to be differences of view among leading banks is with regard to the desirability of keeping continued participation by all lenders to a given country. A great deal of effort has been spent, in various reschedulings, to keep smaller banks in the lending group. Typically, it is these banks that have an opportunity to get out, while the large banks are substantially committed. Attitudes of local boards of directors and reluctance of officers to expose themselves to criticism begin to play a role. Some large banks, therefore, seem to feel that it would be preferable to phase out the participation of smaller banks whose quantitative contribution may not be very important.

Banks have shown themselves of different opinion with respect to the degree of control and conditionality to be exerted in lending. Particularly in multi-year rescheduling this difference may surface. Multi-year rescheduling gives the borrowing country more "rope" than one-year arrangements, the latter sometimes referred to as a "short leash." On the whole, the banks have shown themselves to be poor administrators of conditionality, i.e., unable to induce a country, by holding out money, to adopt and abide by good policies. The International Monetary Fund, on the contrary, seems to have shown considerable ability to administer conditionality.

Institutional differences may also affect attitudes toward rescheduling, including multi-year rescheduling. On dollar loans, which are practically the only kind American banks make, they have the advantage of a lender of last resort capable of creating that currency, as well as the further safety net provided by domestic deposit insurance. Foreign banks lending in dollars do not have the same advantages. The significance of this became apparent in the recent multi-year reschedulings where non-U.S. banks received the right to switch their loans into their home courrencies.

Likewise significant for lending policy to developing countries is the degree of supervision and examination to which national banking systems are subject. The American banking system, with its 14,000 banks, is probably the most extensively supervised and examined among major countries. With respect to lending to developing countries, nevertheless, supervision has not prevented the occurrence of problems.

Moreover, once exposure has become high, forceful application of regulatory restraint may bring on precisely the problem that the supervisors are concerned to avoid. There seems to be no substitute for the basic quality of bankers' prudence.

IX. The Changing Role of Bank Credit

Many considerations that have come up in the course of this paper inevitably raise questions as to whether commercial banks are really a suitable channel for capital flows to developing countries. In the long-distant past, the typical form of lending to developing countries was a bond issue. Countries that the bond market would not accept could at best get official credit. The banks performed a great service for developing countries when they undertook to fill the vacuum left by the demise of the international bond market, but perhaps not altogether to their own good. It is clear that the rate of expansion of bank credit cannot return to what it was in the 1970's. It is far less clear what can take its place to avoid a corresponding cutback in the rate of borrowing by developing countries, recognizing that capital flow will probably be relatively smaller hereafter than during the 1970's. The most interesting problems of financing developing countries, therefore, may lie in the area, not of shoring up and improving bank lending practices, but in the creative innovation of new forms of international capital movements.

Die internationale Schuldenkrise und die Banken

Von *Otmar Emminger*, Frankfurt*

I. Die Rolle der Banken bei der Entstehung des Problems

Die international tätigen Banken spielten von Anfang an eine zentrale Rolle beim internationalen Schuldenproblem. Vom Beginn der siebziger Jahre bis zum Ausbruch der akuten Schuldenkrise im Jahre 1982 waren sie stark beteiligt am Aufbau der riesigen internationalen Schuldenpyramide; ja sie waren in dieser Zeit der eigentliche dynamische Faktor. Seit 1982 haben sie bei dem damals einsetzenden — und noch heute fortdauernden — Krisenmanagement wiederum eine zentrale Rolle zu spielen, indem sie in einer noch nie dagewesenen internationalen Kooperation, zusammen mit dem Internationalen Währungsfonds (IWF), den führenden Notenbanken und den beteiligten Regierungen, mithelfen, die besonders kritischen Schuldenfälle zu entschärfen und längerfristige Lösungen vorzubereiten. Die Banken stehen auch insofern im Zentrum des Schuldenproblems, als es eine Zeitlang den Anschein hatte, als könnte sich aus der Krise der Schuldnerländer eine Krise des internationalen Bankensystems entwickeln.

Ich kann hier auf die Entstehungsgeschichte und Entwicklung des Schuldenproblems nicht im einzelnen eingehen. Ich möchte aber auf einige Fakten hinweisen, die geeignet sind, weitverbreitete historische Mißverständnisse und Irrtümer richtigzustellen. Hierzu gehört z. B. die oft von führenden Bankenvertretern vorgebrachte These, die übermäßige Kreditexpansion in die Dritte Welt sei den Banken mehr oder weniger aufgezwungen worden durch die Notwendigkeit, die riesigen Überschüsse der OPEC-Länder an die Defizitländer zurückzuschleusen; die Regierungen und Notenbanken hätten selbst zu diesem „Recycling" ermuntert oder sogar Druck ausgeübt.[1]

In Wirklichkeit hat die ausufernde Dynamik der internationalen Bankausleihungen in der Zeit bis 1982 noch ganz andere Ursachen gehabt. Es ist nicht uninteressant, daß schon im Mai 1973, also ein halbes

* Der Abdruck des Beitrags erfolgt mit freundlicher Genehmigung des Fritz Knapp Verlages aus W. Gebauer (Hrsg.), „Öffentliche Finanzen und monetäre Ökonomie", Festschrift für Karl Häuser zur Vollendung des 65. Lebensjahres, Frankfurt/Main 1985.

1 So ein führender deutscher Bankmann bei einer internen Besprechung über das Schuldenproblem im Jahre 1983.

Jahr vor Beginn der ersten Ölpreisexplosion, auf einer Jahrestagung der amerikanischen Bankers' Association of Foreign Trade das Thema der (möglicherweise) übermäßigen Bankausleihungen an die Dritte Welt behandelt wurde und bereits Befürchtungen wegen einer zu starken Belastung der Schuldnerländer angemeldet wurden.

Inzwischen stieg die äußere Schuld der Entwicklungsländer (ohne OPEC) von 130 Mrd. $ Ende 1973 bis Ende 1982, also bis zum Ausbruch der Krise, auf 633 Mrd. $. Das war eine Steigerung um über 20 Prozent im Jahresdurchschnitt. Die Ausleihungen der Banken stiegen noch schneller. Das jährliche Wachstumstempo betrug zwischen 1975 und 1980 25 Prozent. Das war fast doppelt so rasch wie die Expansionsrate des Inlandsgeschäfts der Banken und wie die (wertmäßige) Expansion des Welthandels in dieser Zeit. Der Anteil der Bankausleihungen an der Verschuldung dieser Ländergruppe war von 1973 bis 1982 von 36 auf fast 50 Prozent gestiegen; bei den lateinamerikanischen Schuldnerländern war der Anteil noch wesentlich höher. Mit dem Ausbruch der Schuldenkrise im Jahre 1982 (Mexico, August 1982) kam dieser dynamische Expansionsprozeß der Bankausleihungen zu einem vorläufigen — wahrscheinlich sogar definitiven — Ende.

Es gab verschiedene Triebkräfte für diese explosionsartige Ausweitung des internationalen Kreditgeschäfts. Seit den sechziger Jahren war das Banksystem in eine stürmische *Phase der Internationalisierung* eingetreten. Die Euro-Märkte expandierten enorm. Alle großen Banken beeilten sich, Filialen oder Tochterbanken an den wichtigsten internationalen Finanzplätzen zu errichten. In den siebziger Jahren nahm die Zahl der am internationalen Bankgeschäft beteiligten Institute Jahr für Jahr sprunghaft zu. Der Wettbewerb um die Kunden wurde immer schärfer. Zum Teil stand dahinter reiner Expansionsdrang und Konkurrenzdenken; zum Teil auch die besonders günstigen Ertragsaussichten in diesem Geschäft. Untersuchungen in den siebziger Jahren über die amerikanischen Großbanken ergaben, daß im Auslandsgeschäft die Gewinnrate erheblich höher als im Inlandsgeschäft war, während die Verlustquote — damals — geringfügig war im Vergleich zum Inlandsgeschäft. Einige der besonders aktiven amerikanischen Großbanken machten im Auslandsgeschäft weit über die Hälfte ihres Gesamtgewinns, obgleich der Anteil dieses Geschäfts am Gesamtvolumen weit niedriger lag. Das internationale Kreditgeschäft ist eben für die Banken ganz überwiegend ein „Großhandelsgeschäft" mit relativ niedrigen Personal- und Fixkosten. Außerdem ist das Offshore-Geschäft der Banken von Mindestreserven und anderen Belastungen frei.

Eindrucksvoll wird die Internationalisierung des Bankgeschäfts durch Zahlen der Federal Reserve über die amerikanischen Banken beleuchtet: danach stiegen von 1960 bis 1983 die internationalen Forderungen und Anlagen der amerikanischen Banken (und ihrer Auslandsfilialen) von ungefähr 5 Mrd. $ auf rund 410 Mrd. $; gleichzeitig stiegen die Verpflichtungen gegenüber dem Ausland von praktisch Null auf 260 Mrd. $.

Von besonderer Bedeutung waren die weltwirtschaftlichen Rahmenbedingungen, die bis zu Beginn der achtziger Jahre die Expansion des Kreditgeschäfts ungemein begünstigten. Es war die Zeit der weltweiten chronischen Inflation, insbesondere im Dollarraum. Die Realzinsen lagen bis zum Beginn der achtziger Jahre im Dollarraum, und erst recht gemessen an den Exportpreisen der großen Schuldnerländer, ungefähr bei Null, zeitweise sogar beträchtlich unter Null. Die Bundesrepublik Deutschland war in den siebziger Jahren das einzige größere Land, das durchweg einen positiven Realzins aufwies. Die jährlichen Wachstumsraten des Schuldendienstes der wichtigen Schuldnerländer lagen bis Ende der siebziger Jahre meist niedriger als die nominellen (inflatorisch aufgeblähten) Wachstumsraten der Exporte der Schuldnerländer. All dies verlieh dem weitgehend unkontrollierten internationalen Kreditgeschäft eine ungewöhnliche Dynamik, in der von vornherein das Risiko von Übertreibungen lag. Weder die kreditgebenden Banken noch die Schuldnerländer rechneten mit einem Ende der inflatorischen Rahmenbedingungen, noch gar mit der darauf folgenden drastischen Umkehr zu einer weltweiten Desinflation mit überaus hohen Realzinsen und einer starken Verschlechterung der terms of trade der meisten Schuldnerländer. Die mangelnde Voraussicht der Kreditgeber und Kreditnehmer findet nur darin eine gewisse Entschuldigung, daß bis weit in das Jahr 1981 hinein auch manche internationalen Institutionen (z. B. die Weltbank oder die OECD) öffentlich erklärten, daß das Tempo der Verschuldung der Entwicklungsländer nicht untragbar sei.

II. Ölschocks und Bankausleihungen

Die beiden Ölpreisexplosionen verliehen dieser Dynamik einen besonderen Auftrieb und einen besonderen Charakter. Die explosiven Erhöhungen der Ölpreise, zuerst Ende 1973, dann erneut in den Jahren 1979 und 1980, blähten das Defizit der Handels- und Leistungsbilanzen der ölimportierenden Entwicklungsländer gewaltig auf. Dies erhöhte mindestens für eine Übergangszeit von mehreren Jahren den unvermeidlichen externen Finanzierungsbedarf dieser Länder beträchtlich. Eine von William R. Cline[2] aufgestellte Rechnung über die Belastung der nichtölexportierenden Länder der Dritten Welt durch die beiden

[2] William R. *Cline*, International Debt, Institute for International Economics, Washington, DC, 1984, S. 10.

Bankausleihungen an Entwicklungsländer (ohne OPEC)[a]

— Mrd. Dollar —

	1973	1978	1979	1980	1981	1982	1983
Auslandskredite der Banken an alle Länder (Nettozugang)	32	90	125	160	165	95	85
Davon: an Entwicklungsländer (ohne OPEC)[b]	10	25	41	49	51	25	17
Gesamtsumme der ausstehenden Bankforderungen an Entwicklungsländer (ohne OPEC), Jahresende[b]	32	155	195	241	286[c]	306[c]	319[c]
Leistungsbilanzdefizit der Entwicklungsländer (OECD-Definition)[d]	– 6	– 26	– 41	– 63	– 81	– 68	– 41

a) Auslandskredite der an die BIZ berichtenden Banken.
b) Quelle: IWF, International Capital Markets (auf der Basis der BIZ-Statistik).
c) Nach der umfassenderen IWF-Schätzung (alle Banken): 1981: $ 378 Mrd., 1982: $ 414 Mrd., 1983: $ 433 Mrd.
d) Unter Berücksichtigung der öffentlichen Transfers in die Entwicklungsländer.

Ölschocks (im Vergleich zu einer Ölpreissteigerung im Einklang mit dem amerikanischen Großhandelspreisindex) ergibt für die Zeit von 1974 bis 1982 eine kumulative Zusatzbelastung von rund 260 Mrd. $[3]. So stieg das Finanzierungsdefizit dieser Ländergruppe der Dritten Welt von 6 Mrd. $ im Jahre 1973 auf einen ersten Höhepunkt im Jahre 1975, um dann vorübergehend abzuflachen. Nach dem zweiten Ölpreisschock erreichte das globale Leistungsbilanzdefizit dann im Jahre 1981 einen Höhepunkt von 81 Mrd. $.[4]

Was aber war die tatsächliche Rolle der Banken beim Recycling der OPEC-Überschüsse? Sie war zwar bedeutend, erklärt jedoch bei weitem nicht die starke Expansion der internationalen Bankausleihungen. Nach dem „World Economic Outlook" des IWF von 1984 betrugen die Netto-Überschüsse der OPEC-Leistungsbilanzen in der Zeit von 1974 bis 1982 insgesamt fast 400 Mrd. $. Diese Devisenüberschüsse mußten in irgendeiner Form an andere Länder zurückfließen. Dieses Zurückfließen oder

[3] Dabei nicht berücksichtigt: die Wirkung der durch die hohen Ölpreise erzwungenen mengenmäßigen Anpassungsmaßnahmen, ferner die zusätzlichen Exportmöglichkeiten in die OPEC-Länder usw.

[4] Nach der Leistungsbilanzdefinition der OECD. Nach der IWF-Definition stieg das globale Leistungsbilanzdefizit dieser Gruppe von 11 Mrd. $ im Jahre 1973 auf 109 Mrd. $ im Jahr 1981.

„Recycling“ war ein ziemlich komplizierter und weitgestreuter Vorgang. Von dem erwähnten Globalüberschuß von rund 400 Mrd. $ flossen den Banken der Industrieländer bis Ende 1982 nur 140 Mrd. $, also etwas mehr als ein Drittel, zu. Da einige der OPEC-Staaten zeitweise auch nicht unerhebliche Kredite im internationalen Bankensystem aufnahmen, war der Nettozufluß ins Bankensystem sogar erheblich geringer als ein Drittel der gesamten OPEC-Überschüsse. Erheblich größere Beträge flossen über andere Kanäle zurück (Ankauf von Wertpapieren in Dollar oder anderen Währungen, Direktinvestitionen, Beiträge zu internationalen Institutionen, direkte Hilfeleistung für andere Entwicklungsländer usw.).

Tatsächlich haben die Banken weit mehr internationale Kredite gegeben, als sie an Ölgeldern vereinnahmten. Allein schon die Netto-Ausleihungen der Banken an die Entwicklungsländer (ohne OPEC) erhöhten sich in der gleichen Zeit um rund 275 Mrd. $, also mehr als das Doppelte der den Banken gleichzeitig zugeflossenen Ölgelder (netto). Die Banken machten in der gleichen Zeit natürlich auch riesige Ausleihungen an andere internationale Kreditnehmer. Interessant ist auch, daß in den Jahren 1977 und 1978, in denen den Banken nur geringe Beträge an Ölgeldern zuflossen, ihre Ausleihungen an Länder der Dritten Welt in nur wenig vermindertem Umfang weitergingen. Kurzum: *Das Recycling von Ölgeldern erklärt nur einen Bruchteil der explosiven Kreditausweitung des internationalen Bankgeschäfts.* Wir hatten übrigens schon im Geschäftsbericht der Bundesbank für 1978 (S. 52 f.) auf dieses Phänomen des „Über-Recycling“ der Banken mit Nachdruck hingewiesen. Die internationalen Bankausleihungen wurden also aus manchen anderen Quellen nicht weniger als aus Ölgeldern alimentiert. Zum Teil dürfte es sich dabei um eine Selbst-Alimentierung, d. h. eine Kreditschöpfung innerhalb der Euromärkte gehandelt haben. Wilfried Guth (Sprecher der Deutschen Bank) kennzeichnete dies auf einem Symposium über internationale Verschuldung im September 1979 — wo bereits lebhafte Bedenken gegen übertriebene Kreditgewährung vorgebracht wurden — treffend wie folgt: „Die an den Euromärkten anscheinend auf alle Ewigkeit verfügbare Liquidität erzeugt Versuchungen. ... Statt Defizitländer zu drängen, beim IWF anzuklopfen, geben die Banken selbst immer weiter Geld.“

III. Die Haltung der Notenbanken und des IWF

Vor etwas über zwei Jahren wurde in einer Diskussion über das internationale Schuldenproblem von einem Teilnehmer (es war der ehemalige Bundeskanzler Helmut Schmidt) die Behauptung aufgestellt, die Verantwortung für die gefährlichen Übertreibungen bei den Bankenausleihungen an Länder der Dritten Welt träfe in erheblichem Umfang die Notenbanken und den IWF, da diese den Krediteifer der Banken und der Schuldnerländer nicht rechtzeitig gebremst hätten. Diese Behauptung stimmt nicht mit dem tatsächlichen Verlauf überein. Es ist zwar richtig, daß unmittelbar nach der ersten Ölpreisexplosion von Ende 1973 zunächst ein internationaler Konsens der wichtigsten Regierungen bestand (bekräftigt auf einer Konferenz der Zehnergruppe im Januar 1974 in Rom), daß die Anpassung der Handels- und Leistungsbilanzen an die Ölpreisexplosion eine gewisse Zeit erfordern werde, in der man nach Finanzierungsmöglichkeiten für die Schwächeren suchen müsse. Während dieser ersten Phase wurde selbstverständlich das „Recycling" der Ölgelder durch die Banken (das nur einen Teil der Ölüberschüsse erfaßte) begrüßt. Aber schon 1976 wurde sowohl von der Leitung des *Internationalen Währungsfonds* als auch von führenden Notenbanken erklärt, daß nun die Übergangsperiode der „Finanzierung" der erhöhten Ölbelastung vorbei sein müsse und daß es an der Zeit sei, die nötige „Anpassung" im Inneren wie in der Außenbilanz energisch in Angriff zu nehmen. Der damalige Chef des IWF, Mr. Witteveen, vertrat diese Ansicht auf der IWF-Tagung von September 1976 in Manila (unter allgemeiner Zustimmung). Es wurde auch damals schon beklagt und kritisiert, daß zu großzügige unkonditionelle Bankausleihungen an Schuldnerländer diese davon abhalten könnten, rechtzeitig an den IWF mit seinen unter wirtschaftspolitischen Auflagen gegebenen Kredithilfen heranzutreten. Der IWF sah sich dann freilich gezwungen, um im Wettbewerb mit den unkontrollierten Bankkrediten überhaupt seine Rolle als Aufseher der Schuldnerländer zu wahren, diesen Ländern einen großzügigeren Zugang zu seinen Mitteln in Aussicht zu stellen, weil die damaligen Mitgliedsquoten vieler größerer Schuldnerländer für sich allein nur eine kaum ins Gewicht fallende Hilfestellung ermöglichten.

Was die *Notenbanken* betrifft, so nahmen auch sie etwa ab Herbst 1976 die Frage der Eindämmung der übermäßigen Bankausleihungen sehr energisch auf. In Amerika vertrat der damalige Vorsitzende des Federal Reserve Board, Prof. A. Burns, vor einem Ausschuß des amerikanischen Senats („Church"-Ausschuß) mit Nachdruck die These, „daß die Großbanken auf keinen Fall fortfahren können oder dürfen, weiterhin im bisherigen Umfang an Entwicklungsländer Kredit zu geben". Er setzte auch ein besonderes Melde- und Prüfverfahren durch. Im Laufe des Jahres 1977 befaßten sich die Notenbankchefs der Zehnergruppe auf einer Reihe von Sitzungen in Basel (bei der BIZ) mit praktischen Möglichkeiten zur Eindämmung der internationalen Bankausleihungen. Der bis in die Einzelheiten ausgearbeitete amerikanische Vorschlag der Einführung von Mindestreserven auf das internationale

Bankgeschäft auf den Euro- und sonstigen Offshore-Märkten kam wegen des Widerstands zweier Notenbanken nicht zum Zuge. Man einigte sich schließlich darauf, daß alle führenden Notenbanken anstreben sollten, möglichst rasch durch eine Konsolidierung der Bankbilanzen mit denjenigen ihrer auswärtigen Tochterbanken (und Auferlegung von gemeinsamen Grundsätzen für das Haftungskapital) sowohl das Tempo der internationalen Ausleihungen unter Kontrolle zu bringen, als auch die Transparenz des internationalen Kreditgeschäfts zu verbessern. In Verfolg dieses gemeinsamen Notenbankbeschlusses, dem sich auch der Zentralbankrat der Deutschen Bundesbank ausdrücklich anschloß, schrieb ich im Dezember 1977 an die Bundesregierung, die Bundesbank beantrage dringend, durch Änderung des Kreditwesengesetzes eine solche Konsolidierung herbeizuführen. Da von vornherein klar war, daß eine solche gesetzliche Neuregelung längere Zeit in Anspruch nehmen würde, wenn sie mit der schon damals beabsichtigten Reform auch anderer Vorschriften des Kreditwesengesetzes verbunden würde, regte ich an, die Konsolidierungspflicht vorweg durch eine Sondernovelle möglichst umgehend einzuführen. In dieser Angelegenheit sind noch manche weiteren schriftlichen und mündlichen Vorstöße gemacht worden. Das Ergebnis ist bekannt: Es dauerte bis Ende 1984, bis die Konsolidierung im Zuge einer umfassenderen Gesetzesreform durchgesetzt werden konnte. Allerdings ist einige Jahre vorher durch freiwillige Vereinbarung mit den Banken wenigstens eine bessere Transparenz hinsichtlich der Bilanzen und Kreditgeschäfte der auswärtigen Tochterbanken hergestellt worden. Außerdem mußten die deutschen Banken früher oder später mit einer Konsolidierung und einer Ausleihgrenze auch für ausländische Tochterbanken rechnen; sie dürften sich schon seit einigen Jahren bei ihrem internationalen Kreditgeschäft wenigstens teilweise auf diese Begrenzungen eingestellt haben (was ihnen heute sehr zugutekommt).

IV. Die Bewältigung der Schuldenkrise von 1982/83

Ihren Höhepunkt errreichten die Bankausleihungen an Entwicklungsländer (ohne OPEC) im Jahre 1981. Damals betrug die Netto-Zunahme 51 Mrd. $ und deckte nicht weniger als 63 Prozent des damaligen globalen Leistungsbilanzdefizits dieser Ländergruppe (berechnet nach der OECD-Definition). Daß in den Jahren 1980/81 die Bankausleihungen nochmals stark ausgeweitet wurden, hängt teilweise damit zusammen, daß die zweite Ölpreisexplosion von 1979/80 das Devisendefizit der ölimportierenden Entwicklungsländer und damit ihren externen Finanzierungsbedarf nochmal stark aufblähte. Teilweise aber spiegeln sich darin auch sehr ungesunde Entwicklungen: eine Reihe größerer Schuldnerländer, vor allem in Lateinamerika, versäumten es, ihre Wirtschafts-, Finanz- und Währungspolitik rechtzeitig den völlig veränderten weltwirtschaftlichen Verhältnissen anzupassen. Ihre Haushaltsdefizite stiegen ungebührlich an. Ein Teil der Kreditaufnahme im Ausland wurde, sei es direkt oder indirekt, zur Finanzierung dieser Defizite und damit zur Konsumfinanzierung benutzt. Die Wechselkurse wurden künstlich hochgehalten. Dies verstärkte in mehreren wichtigen Schuldnerländern die Kapitalflucht, die auch durch die sonstige krisenhafte Entwicklung angestachelt worden war. So kam es in der letzten Phase vor Ausbruch der Krise in besonderem Umfang zu den zu Recht angeprangerten Mißständen, daß überhöhte Staats- und Zahlungsbilanzdefizite, aufgeblähter Konsum und unrentable Prestigeprojekte sowie Kapitalflucht durch Rückgriff auf ausländische Bankkreditlinien finanziert wurde. Die Kapitalflucht aus den Schuldnerländern ab 1979 wird auf über 50 Mrd. $ (BIZ), von manchen sogar bis zu 100 Mrd. $ geschätzt. All dies ließ bis Mitte 1982 besonders die *kurzfristige* Verschuldung gegenüber den Banken in gefährlicher Weise ansteigen.

Die vorübergehende Zahlungseinstellung Mexikos im August 1982 brachte die Krise zum offenen Ausbruch. Der weitere Hergang ist bekannt. In einer ersten Phase mußten Notenbanken (über die BIZ), Regierungen und der IWF durch kurzfristige Überbrückungshilfen einen Kollaps abwehren. In einer zweiten Phase wurden dann unter Führung des IWF zwischen den Gläubigern und den einzelnen Schuldnerländern von Fall zu Fall Umschuldungsabkommen auf ein bis zwei Jahre, verbunden mit Sanierungsprogrammen, abgeschlossen. Die Schlüsselrolle des IWF braucht hier nicht näher dargestellt werden. Bemerkenswert ist aber auch die erfolgreiche weltweite Kooperation der Gläubigerbanken bei diesen schwierigen Abkommen. In manchen Fällen mußten über 700 Banken aus einer ganzen Anzahl von Ländern auf ein einheitliches Umschuldungs- und Sanierungsprogramm eingeschworen werden, das von einem „Advisory Committee", bestehend aus etwa einem Dutzend Bankenvertretern, zusammen mit dem IWF ausgehandelt worden war. Ein besonders schwieriges Problem für die Banken war es, daß bei der Mehrzahl der Umschuldungsabkommen gleichzeitig zusätzliche Kredite („fresh money") aufzubringen waren, um dem Schuldnerland eine angemessene Überbrückungshilfe für die Umstellung seiner gesamten Wirtschafts- und Finanzpolitik zu gewähren. Für viele Banken war und ist es nicht leicht, den vorhandenen zweifelhaften Krediten, auf die sie manchmal schon Rückstellungen oder Abschreibungen vorzunehmen hatten, neue Kredite an dasselbe unsichere Schuldnerland hinzuzufügen. Im Jahre 1984 mußten die Banken rund 12 Mrd. $ solcher „unfreiwilliger" Kredite im Rahmen von Umschuldungsabkommen aufbringen. Davon entfielen auf deutsche Banken rund 6 Prozent — was zugleich einen Anhalt gibt für den relativ bescheidenen Anteil der deutschen Banken an den Problemkrediten. Insgesamt beträgt ihr Anteil jedenfalls weniger als 10 Prozent. Sie liegen damit weit unter dem überragenden Anteil der amerikanischen Banken, aber auch erheblich unter demjenigen der japanischen und britischen Banken.

Inzwischen ist die Abwicklung der Schuldenkrise in ihre *dritte Phase* eingetreten: seit September 1984 sind mit mehreren wichtigen Schuldnerländern langfristige Umschuldungsabkommen entweder schon ausgehandelt worden (Mexiko, Venezuela) oder sie stehen vor dem Abschluß (Brasilien u. a.). Freilich gibt es andererseits einige wichtige Schuldnerländer, die noch mitten in einer akuten Liquiditätskrise stecken; dazu zählen so wichtige Länder wie Argentinien und die Philippinen.

Das Jahr 1984 hat für eine Reihe wichtiger Schuldnerländer eine grundsätzliche Wende sowohl in ihrer inneren als auch ihrer äußeren Wirtschaftslage gebracht. Während sie im Jahre 1983 ihre Leistungsbilanz überwiegend nur durch eine von der Devisenlage erzwungene Einfuhrdrosselung verbessern konnten — meist unter Inkaufnahme eines Rückgangs ihres Sozialprodukts — konnten sie 1984 ihre Exporte so steigern, daß sie ihr Leistungsbilanzdefizit weiter reduzieren, aber gleichzeitig ihre Importe und ihr Sozialprodukt wieder etwas anheben konnten. Einige wichtige Schuldnerländer, z. B. Mexiko und Venezuela, erzielten vorübergehend sogar Überschüsse in ihrer Leistungsbilanz, d. h. sie konnten ihre fälligen Zinszahlungen voll aus eigenen Exporterlösen abdecken und dazu noch ihre Währungsreserven etwas aufstocken. Ähnliches gilt für einige osteuropäische Schwellenländer. Andere, wie Brasilien, erzielten zwar keinen Leistungsbilanzüberschuß, konnten ihren Exportüberschuß aber weit stärker erhöhen als im Sanierungsprogramm erwartet worden war. Die meisten lateinamerikanischen Schuldnerländer konnten 1984, nach mehreren Krisenjahren, wieder ein, wenn auch mäßiges Wirtschaftswachstum verzeichnen (durchschnittliches Wirtschaftswachstum für Lateinamerika etwa 2 1/2 Prozent real, für einige Länder wie Brasilien erheblich mehr). Es besteht mindestens die Aussicht, daß sich diese Besserung im laufenden Jahr fortsetzen wird. Insgesamt ist das Leistungsbilanzdefizit der Entwicklungsländer (ohne OPEC) von seinem Rekord von 81 Mrd. $ im Jahre 1981 auf weniger als die Hälfte, nämlich 32 Mrd. $ im Jahre 1984 zurückgeführt worden; für Lateinamerika war die Reduzierung noch drastischer. Die jetzt erreichte Größenordnung dieses Defizits ist, global gesehen, durchaus angemessen und finanzierbar; bei normalem Verlauf könnte das globale Defizit sogar wieder auf etwa 40 bis 45 Mrd. $ ansteigen, ohne große Schwierigkeiten zu verursachen. Zu bemerken wäre noch, daß die meisten Entwicklungs- und Schwellenländer der asiatisch-pazifischen Region relativ gut ohne Schuldenkrise durch die Weltrezession gekommen sind und bereits 1983 wieder Wachstumsraten von über 6 Prozent erreicht haben (Ausnahme: Philippinen).

Für die fast alle Experten überraschende Besserung in Lateinamerika gibt es vor allem zwei Gründe: einmal die zum Teil energische Durchführung der mit dem IWF vereinbarten Sanierungsprogramme, zum anderen die über Erwarten günstigen Absatzmöglichkeiten auf dem stark expandierenden amerikanischen Markt. Von der Exportzunahme der lateinamerikanischen Länder im Jahre 1984 entfielen 75 bis 80 Prozent auf den erhöhten Absatz in den Vereinigten Staaten. Schließlich hat sich, freilich erst in den letzten Monaten des Jahres 1984, eine beachtliche Entlastung im Schuldendienst daraus ergeben, daß die amerikanischen Zinssätze von Mitte 1984 bis Anfang 1985 beträchtlich zurückgegangen sind; dadurch wurde der für die Schuldensituation sehr bedrohliche Zinsanstieg des ersten Halbjahres 1984 mehr als rückgängig gemacht.

All dies zeigt freilich, wie sehr die Entspannung im internationalen Schuldenproblem ganz einseitig auf die unerwartet starke Wirtschaftsbesserung in den Vereinigten Staaten und vor allem auf den dortigen Einfuhrsog zurückzuführen ist. *Ein vernünftiges Wirtschaftswachstum in den Industrieländern unter Führung der Vereinigten Staaten, zusammen mit einer Bereitschaft der Gläubigerländer, ihre Absatzmärkte für die Schuldnerländer offenzuhalten, ist zweifellos die wichtigste Voraussetzung für eine weitere positive Abwicklung des Schuldenproblems.* Man hat im Blick auf die Unsicherheit der Fortdauer dieser Voraussetzungen von einer „Entspannung auf Widerruf" gesprochen. In der Tat würde ein Rückfall der Industrieländer in eine Rezession oder auch nur in eine Stagnation die bisherigen Erfolge infragestellen. Ein weltwirtschaftliches Modell des IWF zeigt, daß es zu einer erfolgreichen mittelfristigen Überwindung des Schuldenproblems als wichtigster Vorbedingung eines durchschnittlichen Wirtschaftswachstums der Industrieländer von etwas über 3 Prozent jährlich für die nächsten fünf bis sechs Jahre bedarf. Im Jahre 1984 ist diese Zahl mit einem durchschnittlichen Wachstum von 4 3/4 Prozent weit überschritten worden — aber nur dank der überdurchschnittlichen Wirtschaftsleistung der Vereinigten Staaten. Noch ist also das Schuldenproblem nicht endgültig gelöst. Aber es hat sich gezeigt, daß die bisher angewandte Methode der fallweisen Behandlung jedes einzelnen Schuldnerlandes durch Banken-Abkommen unter Stabführung des IWF *eine realistische Erfolgschance hat.*

Dies wird gelegentlich von einigen prominenten Politikern infragegestellt. So wird z. B. Henry Kissinger nicht müde, darauf hinzuweisen, daß es sich beim internationalen Schuldenproblem um ein so tiefgreifendes politisches und soziales Problem handelt, daß es nur auf politischer Ebene, d. h. durch Verhandlungen zwischen den Regierungen, gelöst werden könne, und zwar notfalls durch ein Entgegenkommen der Gläubigerseite zu Lasten der Steuerzahler. Nach seiner Ansicht könnten in einer solchen Sache Verhandlungen zwischen Gläubiger-*Banken* und Schuldner-*Regierungen* niemals zu einem dauerhaften Erfolg führen — man riskiere damit nur die Zukunft der Banken. Übrigens hat Mitte 1984 auch ein ehemaliger deutscher Politiker, Helmut Schmidt, eine ähnliche Ansicht geäußert. Auch nach seiner Meinung sind die Banken außerstande, ein so kritisches Problem ohne die Hilfe der Regierungen und deren finanzielle Unterstützung zu lösen. Als die Dinge sich seit Herbst 1984 in Richtung auf langfristige Umschuldungsabkommen zwischen Gläubiger-Banken und Schuldner-Staaten entwickelten, prophezeite Kissinger (in einem Vortrag in Washington), daß diese langfristigen Abmachungen nach wenigen Jahren zusammenbrechen würden und dann neue Verhandlungen unter schlechteren Bedingungen geführt werden müßten.

Dies ist eine sehr grundsätzliche Frage, von eminenter politischer Bedeutung. Aber alle bisherigen Erfahrungen gehen dahin, daß in wichtigen Ländern, allen voran die Vereinigten Staaten, das Parlament nicht bereit wäre, direkte oder indirekte Finanzhilfen, d. h. Steuergelder, zur Erleichterung der Schuldenprobleme zur Verfügung zu stellen. Ebenso wären Schuldenverhandlungen zwischen den Regierungen schon deswegen schwierig, weil die Interessenlage der wichtigeren Gläubigerländer und vor allem das Kreditengagement ihrer Banken sehr unterschiedlich ist. Dem steht nicht entgegen, daß die Gläubigerregierungen sich direkt einschalten müssen, soweit Regierungsforderungen umzuschulden sind, was in der Regel im sog. „Pariser Club" geschieht, noch daß bei einigen Umschuldungspaketen die Gläubigerregierungen zusätzliche Exportkredite oder Exportkreditgarantien beisteuerten. Außerdem fördern die Gläubigerregierungen das gegenwärtige Verfahren der fallweisen Umschuldung, verbunden mit Sanierungsprogrammen, indem sie die, oft entscheidende, Mitwirkung des IWF unterstützen.

Auf dem Londoner Wirtschaftsgipfel im Juni 1984 wurde jedenfalls die Frage dahin entschieden, daß das bisherige pragmatische Verfahren von Fall zu Fall beibehalten werden solle und daß bei Umschuldungsverhandlungen weiterhin die Banken ihre Interessen zu vertreten und — unter Mitwirkung oder Stabführung des IWF — die Verhandlungen über die Regelung der Bankforderungen zu führen hätten.

Dieses bisherige Verfahren zur Bewältigung des Schuldenproblems stellt eine ganz außergewöhnliche Bewährungsprobe für das internationale Bankensystem und seine Kooperationsfähigkeit dar. Wilfried Guth, einer der Sprecher der Deutschen Bank, sagte Anfang 1984: „Im Leben jedes Bankmannes gibt es ein Ereignis, das einen dauerhaften Eindruck hinterläßt: für diese Generation von Bankleuten ist dies die internationale Schuldenkrise." Aber auch für den nicht unmittelbar beteiligten Beobachter ist sowohl die internationale Schuldenkrise als auch ihre bisherige Bewältigung durch eine beispiellose internationale Zusammenarbeit ein beeindruckender Vorgang.

V. Konsequenzen für das internationale Bankensystem

Die Schuldenkrise bedeutet einen tiefen Einschnitt in der Entwicklung des internationalen Bankgeschäfts, der zum Teil dauerhafte Folgen nach sich ziehen wird.

Zunächst einige Bemerkungen zu den *kürzerfristigen Problemen:* Das internationale Schuldenproblem ist gegenwärtig unter Kontrolle, und die jüngste Entwicklung in wichtigen Schuldnerländern erlaubt zu hoffen, daß wir auf dem Weg zu der dritten Phase der Schuldenbewältigung, nämlich der längerfristigen Umschuldung, sind. Wir stehen nicht mehr vor einem weltweiten Globalproblem, sondern vor kritischen Situationen einzelner Schuldnerländer, von denen jedes seine spezifischen Probleme hat. Aber auch für die fortgeschrittenen Schuldnerländer können Betriebsunfälle nicht ausgeschlossen werden, insbesondere bei einer Verschlechterung der Weltwirtschaftslage. Wir befinden uns daher *immer noch in einer Risikosituation.* Die Banken dürfen sich daher nicht allzu sehr auf die positiven Entwicklungsaussichten verlassen, sie müssen auch die Möglichkeit eines ungünstigeren Verlaufs in Rechnung stellen. Das bedeutet, daß sie weiterhin ausreichende Vorkehrungen gegen die mit dem Schuldenproblem verbundenen Risiken in Form von Rückstellungen, Abschreibungen oder Kapitalerhöhungen treffen müssen. Die deutschen und schweizerischen Banken dürften in dieser Hinsicht freilich besser dastehen als manche anderen Systeme.

Ein weiteres kurzfristiges Problem für die Banken ist die Behandlung der gegenwärtigen akuten Schuldenfälle. Es ist an der Zeit, von der Behandlung akuter Liquiditätskrisen überzugehen zu längerfristigen Umschuldungen, wo immer es möglich ist. Dies liegt im Interesse sowohl der Schuldner als auch der Gläubiger. Die Gläubigerbanken sollten nicht zögern, dabei auch einige Risiken in Kauf zu nehmen. Eines davon ist die Schwierigkeit, die Einhaltung einer vernünftigen

Wirtschafts- und Finanzpolitik durch die Schuldnerländer langfristig zu verfolgen (long-term monitoring), wenn der IWF nicht mehr unmittelbar Vertragspartner ist. Doch dieses Problem erscheint lösbar. Ein anderes Risiko ist das Währungsrisiko, das bei langfristigen Umschuldungen schwerer ins Gewicht fällt. Solche Umschuldungen sollten daher ausreichend flexibel sein, um die unterschiedlichen Positionen und Interessen der verschiedenen Gläubigergruppen zu berücksichtigen (Option einer Währungsdiversifizierung).

Die international tätigen Banken sehen sich auch mit *längerfristigen Problemen* konfrontiert. Sowohl die Gläubigerbanken als auch die Schuldnerländer werden aus den zurückliegenden Erfahrungen Lehren ziehen müssen. Einige dieser Lehren werden sein:

1. Die Phase der explosiven Ausweitung der internationalen Bankkredite mit jährlichen Zuwachsraten von 20 bis 25 Prozent wie in den 70er Jahren ist endgültig vorüber. In Zukunft wird die Nettoerhöhung der internationalen Bankenausleihungen an die Länder der Dritten Welt vielleicht zwischen 4 und 6 Prozent jährlich liegen. Denn die Kapazität der Schuldnerländer, ihre enorme Schuldenlast weiter zu erhöhen, ist begrenzt. Aber auch die kreditgebenden Banken stehen vor der Aufgabe, ihr Kreditengagement in der Dritten Welt in eine gesündere Relation zu ihrem Eigenkapital zu bringen (das z. B. in Amerika erfahrungsgemäß jahresdurchschnittlich um etwa 6 bis 10 Prozent erhöht werden kann). Tatsächlich scheint sich die Nettozunahme der Bankenausleihungen an Entwicklungsländer schon auf die erwähnte Größenordnung, nämlich 15 bis 20 Mrd. $ jährlich, einzuspielen.

2. Die *Schuldnerländer* werden von sich aus vorsichtiger gegenüber einer weiteren Vergrößerung ihrer bereits überhöhten Auslandsverschuldung sein, besonders solange ihre Ausfuhrpreise unter Druck stehen und die Realzinsen sehr hoch sind. In der Tat haben verschiedene, darunter Brasilien und Indonesien, schon erklärt, sie hofften, in nächster Zukunft völlig auf zusätzliche Bankkredite verzichten zu können und das etwa noch erforderliche Auslandskapital auf andere Weise zu erhalten, z. B. durch die Weltbank und andere internationale Institutionen. Es liegt im Interesse der Schuldnerländer, das notwendige Auslandskapital eher in Form von festverzinslichen längerfristigen Anleihen und vor allem durch ausländische Direktinvestitionen zu erhalten. Die Banken könnten hier als Vermittler auftreten und damit ihr Dienstleistungsgeschäft erweitern. Dies läge durchaus in der gegenwärtigen Tendenz des internationalen Bankwesens, von der direkten Kreditexpansion umzuschalten auf Dienstleistungen und Hilfestellungen, die sich in der Bilanz nur als Kommissionsgebühren und ähnliche Einnahmen niederschlagen.

3. Die *Banken* werden in Zukunft in ihren Ausleihungen sicher vorsichtiger und selektiver hinsichtlich der Länderrisiken sein. Sie werden auch viel stärker auf die Verwendung ihrer Darlehen im Schuldnerland achten und sich auf ihre eigentlichen Aufgaben im internationalen Geschäft — Finanzierung des Außenhandels und kurzfristige Vorfinanzierung von Projekten — konzentrieren müssen, statt Zahlungsbilanz- und Haushaltsdefizite zu finanzieren.

4. Auch die *Bankaufsichtsbehörden* werden Folgerungen aus der Schuldenkrise zu ziehen haben. Sie stehen u. a. auch vor der Aufgabe einer besseren internationalen Harmonisierung der Regeln und der Aufsichtstätigkeit. Schließlich sollte in Zukunft nicht nur an Krisenüberwindung, sondern stärker als bisher an Krisenverhinderung gedacht werden.

Die Aussichten für die künftige Entwicklung der Bankausleihungen an Entwicklungsländer werden unterschiedlich beurteilt. Manche befürchten, daß die Banken, geschreckt durch ihre Erfahrungen mit notleidenden Krediten, sich auf längere Zeit stärker zurückhalten werden als es im Interesse einer Wiederherstellung normaler Verhältnisse zweckmäßig wäre. Tatsächlich sind in den ersten zwei Jahren nach Ausbruch der Schuldenkrise neue Bankkredite zum Beispiel an lateinamerikanische Länder überwiegend nur als „unfreiwillige" Kredite im Zusammenhang mit Umschuldungen bereitgestellt worden. Von mancher Seite, z. B. auch von der Leitung des IWF, ergingen damals Appelle an die Banken, ihre Ausleihetätigkeit in vernünftigem Maße fortzusetzen. Der ehemalige Geschäftsführende Direktor des IWF, Mr. Witteveen, schlug im September 1983[5] vor, durch Einrichtung eines internationalen Garantiefonds für Bankkredite unter Aufsicht des IWF ein ausreichendes und nach einzelnen Schuldnerländern limitiertes Kreditvolumen sicherzustellen. Dies wurde aber rasch als nichtpraktikabler Vorschlag erkannt.

Tatsächlich ist inzwischen die Ausleihetätigkeit der Banken an die Dritte Welt auch auf freiwilliger Basis wieder langsam in Gang gekommen, freilich selektiv beschränkt auf kreditwürdig gebliebene oder wiedergewordene Schuldnerländer. Schon werden aber von Manchen, darunter auch von maßgebender Notenbankseite[6], Zweifel angemeldet, ob die international tätigen Banken wirklich ausreichende Lehren aus vergangenen Fehlern und Übertreibungen gezogen haben. Es besteht offenbar der Eindruck, daß die Banken, sobald sich die Lage ein bißchen gebessert hat, die potentiellen Kreditnehmer sofort wieder mit Kredit-

[5] J. *Witteveen*, Per Jacobsson Lecture, Washington, September 1983.

[6] Dr. Helmut *Schlesinger*, Vizepräsident der Deutschen Bundesbank. Vortrag in Zürich am 12. 6. 1984.

angeboten „bedrängen" würden. Dabei wird auf den Konkurrenzdruck und die — bisher unkontrollierte — Geldschöpfungskapazität der Euromärkte verwiesen. Dies letztere wirft eine sehr grundsätzliche Frage auf. Ich glaube allerdings, daß Krisen und Unglücksfälle gute Lehrmeister sind. Und sowohl die Banken als auch die Schuldnerländer sind ja ausreichend mit Krisen konfrontiert worden. Schließlich gibt bei den deutschen Banken auch die nun — endlich! — eingeführte Konsolidierung der Bilanzen der ausländischen Tochterinstitute ein Mittel an die Hand, um Übertreibungen zu bremsen.

Die international tätigen Banken scheinen gegenwärtig Ersatz für das geringere Neugeschäft mit der Dritten Welt in verstärkter Kreditgewährung an Industrieländer zu finden. Dabei treten immer mehr auch amerikanische Banken und Großunternehmungen als Kreditnehmer in den Vordergrund. Dies entspricht der massiven Umschichtung im internationalen Zahlungssystem: Gegenwärtig ist das Leistungsbilanzdefizit der Vereinigten Staaten mehr als doppelt so hoch wie das globale Leistungsbilanzdefizit der gesamten Dritten Welt. Das riesige amerikanische Leistungsbilanzdefizit und die immer noch relativ hohen amerikanischen Zinsen stellen eine Art Dauereinladung — oder Versuchung? — für die Eurokreditmärkte und Eurobondmärkte dar. Es ist zu hoffen, daß diese nicht übermäßig ausgenutzt wird.

Wilfried Guth (Deutsche Bank) hat das Problem klar erkannt, indem er (in einer Rede im Januar 1985) fragte: „Wie halten wir im internationalen Wettbewerb bei immer rasanter sich entwickelnden neuen Finanzierungsformen und Techniken mit, ohne in den Strom von neuen Übertreibungen und Risikohäufungen zu geraten?" Ich hoffe, daß das internationale Bankwesen nach den ernüchternden Erfahrungen der letzten Jahre den ihm angemessenen Platz im Weltfinanzsystem finden wird. Denn es ist ein unentbehrliches Element des Weltfinanzsystems und der Weltwirtschaft geworden.

Die Funktion des Kreditgebers der letzten Instanz bei nationalen und internationalenFinanzkrisen

Von *Emil-Maria Claassen*, Paris und Florenz

(Zusammenfassung von Michael Krakowski)*

Bisher besteht keine Übereinstimmung über die Definition einer Finanzkrise. Drei Eigenschaften von Finanzkrisen können hervorgehoben werden: die Tatsache der Zahlungseinstellung durch den Schuldner, die wahrscheinliche Dauer der Zahlungseinstellung (ist diese kurzfristig, handelt es sich um eine Liquiditätskrise, ist sie langfristig, um das Problem der Insolvenz) und die Gefahr, daß infolge einer Zahlungseinstellung das Finanzsystem wegen einer sich selbst verstärkenden Kettenreaktion zusammenbricht. Die Funktion des Kreditgebers der letzten Instanz (Lender of Last Resort, LLR) ist gerade darin zu sehen, solch eine Kettenreaktion so früh wie möglich zu stoppen.

I. Die LLR-Funktion bei nationalen Finanzkrisen

Falls Schuldner und Gläubiger aus verschiedenen Ländern stammen, handelt es sich um eine internationale Finanzkrise. Im nationalen Rahmen soll die genannte Kettenreaktion dadurch vermieden werden, daß die jeweilige Zentralbank als LLR fungiert. Ob dies freilich so sein muß, ist umstritten. Auf diese Debatte wird kurz eingegangen, um eventuell Schlußfolgerungen daraus für die Rolle des LLR bei internationalen Finanzkrisen zu ziehen.

Daß der Staat über seine Zentralbank Kettenreaktionen aufgrund eines Vertrauensverlustes in das Bankensystem verhindern soll, kann ökonomisch damit begründet werden, daß die Stabilität des Finanzsystems als ein positiver externer Effekt angesehen wird und der Vertrauensverlust, der sich bei Schwierigkeiten einer Bank auf das ganze Bankensystem ausdehnen kann, als negativer Effekt. Solche externe Effekte können natürlich bei einem Mindestreservesystem von 100 %

* Das vollständige Referat ist unter dem Titel „The Lender-of-Last Resort-Function in the Context of National and International Financial Crises“ im Weltwirtschaftlichen Archiv (Juni 1985) erschienen.

vermieden werden. Wenn dieses aber nicht besteht, wird in der Regel der Zentralbank die Funktion des LLR übertragen, wobei diese aber nur illiquide, nicht insolvente Banken stützen soll.

Eine Alternative wäre eine (obligatorische) Einlagenversicherung, die Kettenreaktionen jedoch nur ausschließt, wenn *alle* Einlagen versichert werden. In diesem Falle wie aber auch bei der Zentralbank in ihrer Rolle als LLR würden die Banken risikoreichere Geschäfte tätigen, als wenn solche Institutionen nicht bestünden (moral hazard). Das Faktum des moral hazard legt nahe, daß entweder die Hilfsmaßnahmen der Zentralbank oder der Versicherungen nicht garantiert in jedem Falle erfolgen sollen oder strikte Standards für die Kreditwürdigkeit eingeführt werden. Da ersteres das Vertrauensproblem nicht löst, wird in der Regel letzteres praktiziert.

Werden aber nur illiquide und nicht insolvente Banken gestützt, so mag eine Marktlösung vorziehbar sein; illiquide, aber eigentlich gesunde Institute müßten sich leicht Geld von anderen Banken leihen können. Gegen eine solche Marktlösung spricht freilich die Unvollkommenheit der Kreditmärkte. Aber auch wenn die anderen Banken — wegen der externen Effekte — einsehen, daß die Rettung eines in Schwierigkeiten gekommenen Instituts in ihrer aller Interesse liegt, werden sich vermutlich nicht alle an einer Aktion beteiligen (Trittbrettfahrerproblem) und deshalb — oder auch weil die in Schwierigkeiten gekommene Bank sehr groß ist — wird nicht notwendigerweise der zur Rettung der Bank benötigte Betrag zusammenkommen. Dieser Nachteil ist mit dem Vorteil abzuwägen, daß das Phänomen des moral hazard geringer als bei einer nicht-marktmäßigen Lösung sein dürfte.

II. Die LLR-Funktion bei internationalen Finanzkrisen

Hier soll die Zahlungsunfähigkeit eines Landes mit der eines Unternehmens verglichen werden. Die Notwendigkeit, die LLR-Funktion zu internationalisieren, tritt auf, wenn nationale Banken ausländische Tochtergesellschaften sind und die nationale Notenbank nicht mehr wirksam als LLR fungieren kann.

Bei der Insolvenz eines Landes ist dieses — im Gegensatz zu dem Fall, wenn es einfach nicht zahlen will („debt repudiation"), was durchaus eine rationale Strategie sein kann — unfähig (sowohl in der Gegenwart wie in der Zukunft), seine Schulden zu begleichen. Freilich gibt es Unterschiede zwischen der Insolvenz eines Unternehmens und der eines Landes. Im Gegensatz zu Unternehmen werden Länder nicht liquidiert und verschwinden nicht. Sie können sogar weiterhin über die mit den Schulden finanzierten Aktiva verfügen. Vom Standpunkt der Kreditgeber aus gesehen sind sie aber dann bankrotten Unternehmen sehr ähnlich, wenn sie während eines längeren Zeitraumes nicht in der Lage sind, ihren Schuldendienst zu leisten.

Das Solvenzkriterium für ein Unternehmen kann folgendermaßen auf ein Schuldnerland übertragen werden:

$$NEW_0 = R_0 + \sum_{t=0}^{\infty} \frac{CA_t}{(1+r)^t} - D_0 \tag{1}$$

$$= R_0 + \sum_{t=0}^{\infty} \frac{(Q_t - A_t)}{(1+r)^t} - D_0 \tag{2}$$

NEW_0 = Nettoauslandswert eines Landes (heute)
R_0 = Währungsreserven (heute)
CA_t = Leistungsbilanzsaldo der Periode t in heutigen Preisen
D_0 = Nettoauslandschulden (heute)
r = realer Zinssatz
Q_t = Inlandsprodukt der Periode t in heutigen Preisen
A_t = inländische Ausgaben (Absorption) der Periode t in heutigen Preisen

Gemäß Gleichung (1) ist das Land solvent, wenn der auf den heutigen Tage bezogene Nettoaußenwert positiv ist. Das ist der Fall, wenn die Währungsreserven plus dem Gegenwartswert der zukünftigen Leistungsbilanzüberschüsse die Auslandsschulden übersteigen. Ein negativer Wert von NEW_0 zeigt Insolvenz des Landes an. Nach Gleichung (2) hängt die Fähigkeit eines Landes, in der Zukunft genügend große Leistungsbilanzüberschüsse zu erzielen, von der erwarteten Differenz zwischen Inlandsprodukt und inländischer Absorption ab. Damit wird der Außenwert positiv von den zukünftigen Wachstumsraten des Inlandsprodukts und negativ von denen der Absorption und dem Realzins beeinflußt.

Bei diesem Solvenzkriterium wird die Analogie zu dem eines Unternehmens zu weit getrieben. Es gibt zwei wichtige Restriktionen, die NEW_0 nach oben begrenzen, einmal eine Liquiditätsrestriktion — die Währungsreserven können nicht unter ein Minimum $\bar{R}$ fallen — und eine Lebenstandardrestriktion, d. h. es gibt eine minimale Absorption $\bar{A}$, die nicht unterschritten werden kann. Die Gleichung für den *transferierbaren* Nettoaußenwert ($NETW$) lautet daher:

$$NETW_0 = R_0 - \bar{R}_0 + \sum_{t=0}^{\infty} \frac{CA_t}{(1+r)^t} - D_0 \tag{1a}$$

$$= R_0 - \bar{R}_0 + \sum_{t=0}^{\infty} \frac{(Q_t - \bar{A}_t)}{(1+r)^t} - D_0 \tag{2a}$$

Die Liquiditätsrestriktion für die Währungsreserven gibt den Betrag an, der für die Finanzierung von Transaktionen, Spekulationen, Sicherheit und Kreditwürdigkeit notwendig ist. Die Lebenstandardrestriktion drückt aus, daß die inländische Absorption nicht beliebig verringert werden kann. Sowohl der Konsum, als auch Investitionen und Staatsausgaben können nicht bis auf Null zurückgeführt werden. Die Unsicherheit in der Bewertung, ob Insolvenz vorliegt oder nicht, resultiert aus der Unsicherheit über die zukünftige Entwicklung von Q_t, A_t und r und die Länge des Zeithorizonts.

Falls ein Land nur illiquide, also der Nettoaußenwert positiv ist, und das Problem nur von der zeitlichen Verteilung von notwendigen Zahlungen und Einnahmen herrührt, muß eine angemessene Mischung zwischen externer Finanzierung, die eventuell nur zu hohen Zinsen erhältlich ist, und internen Anpassungsmaßnahmen gefunden werden. Im Falle der klaren Insolvenz liegt es im eigentlichen Interesse des betreffenden Landes, möglichst schnell die Zahlungsunfähigkeit zu erklären und nur einen Teil der Schulden zu bezahlen, soweit es mit „zumutbaren" internen Anpassungsmaßnahmen möglich ist, um sich den Zugang zu den Kreditmärkten der Zukunft nicht völlig zu versperren. Die verbleibenden Verluste der Banken müssen deren Eigentümer tragen, selbst wenn dies den Bankrott bedeutet. Falls dadurch die Stabilität des nationalen Bankensystems bedroht ist, kann die Instabilität wie oben behandelt durch den Kreditgeber der letzten Instanz verhindert werden.

Der Fall der Illiquidität von internationalen Banken ist anders gelagert. Da die Ausleihungen von ausländischen Banken (z. B. Eurobanken) stark zugenommen haben und eine asymmetrische Behandlung in Bezug auf die LLR-Funktion der Zentralbank für ansässige ausländische Banken besteht (die Aktivitäten in Landeswährung sind in der Regel stärker kontrolliert als die in Fremdwährung), mag ein Liquiditätsproblem bei einer solchen Bank von der betreffenden inländischen Zentralbank nicht aufgefangen werden können. Damit wird ein „run" auf die Banken wahrscheinlicher.

Eine Internationalisierung der LLR-Funktion kann von den nationalen Zentralbanken oder von einer internationalen Institution ausgehen. Soll die LLR-Funktion der Zentralbanken auf internationale Banken ausgedehnt werden, so könnte die Arbeitsteilung etwa folgendermaßen aussehen:

(a) Für die ausländische Niederlassung einer Bank sollte die Zentralbank des Landes zuständig sein, in der die Muttergesellschaft ihren Sitz hat.

(b) Für Tochtergesellschaften und joint ventures sollte die Zentralbank des Gastlandes die LLR-Funktion übernehmen. Diese Arbeitsteilung ist aber schwer zu realisieren, denn es würde bedeuten, daß die Zentralbank des Gastlandes Aufsichtsfunktionen übernimmt und Kreditstandards aufstellt, die auch Folgen für die Muttergesellschaft haben und damit Sanktionen für eine Bank in einem anderen Land implizieren. Diese sind aber rechtlich nicht durchsetzbar. Nur bei einer internationalen Kooperation und Koordination zwischen allen Notenbanken wäre diese Regel anwendbar.

(c) Die Arbeitsteilung zwischen den Zentralbanken wird noch schwieriger, wenn die nach Regel (a) oder (b) zuständige Zentralbank mit einem Liquiditätsproblem konfrontiert ist, das nicht ihre eigene Währung betrifft. Eine Lösung wäre nun, daß diejenige Zentralbank, die die betreffende Währung ausgibt, also in der Regel das Federal Reserve System, die benötigte Liquidität bereitstellt. Aber auch diese Lösung würde unüberwindbare Probleme der Aufsicht und Kontrolle über in einem anderen Land ansässige Banken hervorrufen, es sei denn, daß die nationalen Zentralbanken entsprechend den Regeln (a) und (b) die Kreditaufsicht wahrnehmen können.

Es ist folglich sehr schwierig, die LLR-Funktion der Zentralbanken für internationale Banken zu realisieren. Insofern könnte hier eine Marktlösung empfehlenswert sein, denn die Regierungsinterventionen taugen im internationalen Kontext wenig zur Limitierung des „moral hazard". Eine Marktlösung kann jedoch nur effektiv sein, wenn die Zentralbanken und insbesondere die Mitglieder der Bank für internationalen Zahlungsausgleich ihre vagen öffentlichen Ankündigungen, sie würden LLR-Funktionen für internationale Banken übernehmen, einstellen.

Da nationale Zentralbanken die LLR-Funktion für internationale Banken im Prinzip nicht übernehmen können, haben sich der Internationale Währungsfonds und die Bank für internationalen Zahlungsausgleich zu einer besonderen Art von internationalem LLR entwickelt. Sie üben diese Funktion nicht gegenüber Banken, sondern der relativ kleinen Zahl ihrer Hauptschuldner aus, insbesondere der lateinamerikanischen Länder. Die BIZ interpretiert das gegenwärtige Schuldenproblem als Liquiditätsproblem und gibt relativ bereitwillig neue Kredite, während der IWF die internen Anpassungsmaßnahmen aushandelt, bei denen die BIZ-Kredite in IWF-Kredite umgewandelt werden. Die Gefahr ist allerdings, daß unter dem Druck der privaten Gläubigerbanken eine Insolvenzsituation zu einer Liquiditätskrise erklärt wird.

Von einem pragmatischen Standpunkt ausgehend kann man freilich annehmen, daß wohl kein Zusammenbruch einer großen Bank (selbst wenn sie insolvent ist) von der betreffenden Regierung zugelassen würde, auch wenn keine Regierung — wegen der Gefahr des „moral hazard" — dies offen verkündet.

Internationale Finanzintermediation und Auslandsverschuldung

Von *Vincenz Timmermann*, Hamburg

I.

Ein allgemeines Kennzeichen — jedenfalls der marktwirtschaftlich organisierten Volkswirtschaften — besteht darin, daß im Zuge ihrer wirtschaftlichen Entwicklung die Spezialisierung der Finanzierungssysteme zunimmt; je spezialisierter aber die Finanzierungsinstitute in ihrem Leistungsangebot sind, desto differenzierter ist auch das Angebot an Geldvermögenstiteln für die Sparer und das Kreditangebot für die Investoren. Damit steigen die Anreize zu sparen und zu investieren[1].

Das Vordringen spezialisierter Finanzierungsinstitute und auch die zunehmende Internationalisierung der Finanzierungsgeschäfte sind m. E. unter Verwendung der Thesen von *John Gurley* und *Edward Shaw* plausibel zu deuten und aus dieser Sicht eindeutig positiv zu beurteilen.

Denn die national und international tätigen Institute fördern die allgemeine Kapitalbildung und verbessern die Allokation der investierbaren Fonds.

Tatsächlich ist in der Vergangenheit und in der Gegenwart die Entfaltung der Finanzierungssysteme überall, wo sie zugelassen wurde, mit höherer wirtschaftlicher Entwicklung einhergegangen[2]. Daran haben sich immer und zu allen Zeiten auch ausländische Banken beteiligt[3].

Wie im nationalen Rahmen, so erfüllen die Finanzierungsinstitute auch international die wichtige Funktion, von den Personen oder Institutionen, die Überschüsse erzielen, diese investierbaren Fonds an

---

[1] Vgl. dazu *J. G. Gurley and E. S. Shaw*, Money in a Theory of Finance, Washington 1960.

[2] Vgl. dazu *R. W. Goldsmith*, Financial Structure and Economic Growth in Advanced Countries, in: M. Abramovitz (ed.), Capital Formation and Economic Growth, Princeton 1955, S. 113 ff.

[3] Vgl. *R. W. Goldsmith*, Financial Structure and Development, New Haven 1969, S. 360 ff.

solche Personen oder Institutionen zu leiten, die gute Investitionsmöglichkeiten besitzen.

Darin liegt ein wichtiger, gar nicht hoch genug zu bewertender Beitrag des internationalen Finanzierungssystems zur allgemeinen wirtschaftlichen Entwicklung.

Im folgenden möchte ich auf die Frage eingehen, wie denn die in den vergangenen Jahren besonders starke Expansion der internationalen Finanzierungsgeschäfte zu beurteilen sei und was man aus dieser Sicht von der „Krise des internationalen Finanzierungssystems" zu halten habe.

II.

Seit Mitte der 60er Jahre (also noch *vor* der ersten Ölpreiserhöhung) beobachten wir eine erstaunliche Ausweitung der internationalen Bankgeschäfte. Was internationale Bankgeschäfte sind, darauf hat man sich inzwischen geeinigt[4]. Drei Kriterien sind für internationale Bankgeschäfte konstitutiv: Der Standort des Finanzierungsinstituts, der Wohnsitz des Bankkunden und die Transaktionswährung. Internationale Bankgeschäfte liegen demnach vor, wenn eine Bank

— nicht im eigenen Land tätig wird, in welcher Währung und mit wem auch immer;

— mit Ausländern tätig wird, wo und in welcher Währung auch immer;

— in einer fremden Währung tätig wird, wo und mit wem auch immer.

Zwischen 1964 und 1981 expandierten die internationalen Bankkredite mit einer jährlichen Zuwachsrate von 25 - 30 %. Diese Zunahme war fast doppelt so stark wie die Expansion des Inlandsgeschäfts der Banken und auch doppelt so stark wie die wertmäßige Zunahme des Welthandels in der gleichen Zeit[5].

Nach Angaben der Bank für Internationalen Zahlungsausgleich (BIZ) belief sich die internationale Bankkreditgewährung im Juni 1984 insgesamt auf den enormen Betrag von 1 819 Mrd. US-$; bereinigt um Doppelzählungen aus Interbankgeschäften blieben immer noch 1 130 Mrd. US-$.

---

[4] Vgl. dazu *L. S. Goodman*, Comment on International Banking: A Survey, in: Journal of Money, Credit, and Banking, Vol. 16 (1984), S. 679 ff.

[5] Vgl. dazu *O. Emminger*, Internationaler Kapitalverkehr als Schrittmacher und Störungsfaktor der Weltwirtschaft, in: W. Engels, A. Gutowski, H. C. Wallich (Hg.), Internationale Kapitalbewegungen, Verschuldung und Währungssystem, Mainz 1984, S. 59. Zu einzelwirtschaftlichen Aspekten des internationalen Bankgeschäfts und zu den Problemen einer wirksamen Regulierung und Kontrolle solcher Geschäfte vgl. *R. M. Pecchioli*, The Internationalisation of Banking. The Policy Issues, Paris (OECD) 1983.

Mit dieser starken Expansion der internationalen Bankkredite ist eine entsprechende Ausweitung der internationalen Verschuldung einhergegangen.

Und diese hohe Auslandsverschuldung hat für *einzelne Länder* zu kritischen Verschuldungslagen geführt.

Es ist nun absolut nichts dagegen einzuwenden, wenn sich einzelne Länder, die sich wirtschaftlich besonders schnell entwickeln, hoch verschulden.

Fast alle heutigen Industrieländer haben sich in der Phase ihrer schnellen Entwicklung („take off"-Phase) hoch verschuldet: Die USA, Australien, Deutschland[6].

Länder und Regionen, die schnell wachsen und eine besonders große Nachfrage nach investierbaren Fonds für Maschinen, Ausrüstungen und Infrastrukturanlagen entfalten, weisen selbst i. d. R. zu geringe Ersparnisse auf. Und wenn diese Länder dann noch ein wenig entwickeltes Finanzierungssystem besitzen, um Sparer und Investoren zusammenzuführen, so daß ausländische Banken auch diese Funktion zum größeren Teil übernehmen, kommt es notwendigerweise zu einer hohen Auslandsverschuldung solcher Länder.

Das war in der 2. Hälfte des 19. Jh. ganz genau so; damals übernahmen vor allem britische, aber auch schon kontinentaleuropäische Banken diese Funktion der Intermediation, der Vermittlung zwischen in- und ausländischen Sparern und Investoren[7].

Das Besondere an der aktuellen Situation ist der große Anteil der *Bank*kredite an der Auslandsverschuldung vieler Länder. Während in der „take off"-Phase der heutigen Industrieländer marktfähige Kapitalmarkttitel und private Direktinvestitionen überwogen, entfallen inzwischen über 50 % der gesamten Forderungen gegenüber den Entwicklungsländern auf Kredite privater Banken. Wenn es also heute in **großen** Ländern zu einer kritischen Verschuldungslage kommt, ist damit u. U. gleichzeitig eine Krise des internationalen Finanzierungssystems verbunden, weil die Verluste aus dubiosen Forderungen nun vor allem bei den international tätigen Banken lokalisiert sind[8].

---

6 Vgl. *H. S. Houthakker*, Comment on International Banking: A Survey, in: Journal of Money, Credit, and Banking, Vol. 16 (1984), S. 688.

7 Vgl. dazu z. B. *M. Edelstein*, Foreign Investment and Empire 1860 - 1914, in: R. Floud and D. McClockey (eds.), The Economic History of Britain Since 1700, Vol. 2: 1860 to the 1970s, Cambridge 1981, S. 75.

8 Eine andere Folge dieser Konzentration der Forderungen bei den privaten Banken ist allerdings die m. E. interessante Tatsache, daß die Schuldnerländer heute — im Gegensatz zum 19. Jhd. — relativ wenigen großen

Ich möchte im folgenden zunächst die Auslandsverschuldung der Entwicklungsländer und dann die „Krise des internationalen Finanzierungssystems“ behandeln.

III.

Was die Entstehung der hohen Auslandsverschuldung der Entwicklungsländer angeht, so werden im allgemeinen viele *einzelne* Gründe genannt, z. B. die starke Zunahme der Ölpreise in den 70er Jahren, der Rückgang der Exporte aufgrund nachlassender Wirtschaftstätigkeit und zunehmender Protektion in vielen Industrieländern, die Anti-Inflationspolitik in einzelnen westlichen Ländern mit der Folge höherer Zinssätze.

Ich möchte Ihre Aufmerksamkeit auf eine *allgemeinere* Erklärung für die relativ hohe Auslandsverschuldung einzelner Länder richten, auf eine Erklärung, die insbesondere auch der Tatsache Rechnung trägt, daß diese Verschuldung ein längerfristiges Problem ist und und nicht nur die Folge eines unglücklichen Zusammentreffens vieler einzelner Sondererscheinungen.

Nicht nur national, sondern auch international sind die *direkten* Gläubiger-Schuldner-Beziehungen in Form von Direktinvestitionen durch das Auftreten der international tätigen Finanzierungsinstitute mehr und mehr zu *indirekten* Kreditbeziehungen geworden.

Die weltwirtschaftlichen Veränderungen der 70er Jahre haben das Entstehen solcher indirekten Kreditketten zwischen Sparern und Investoren letztlich nicht verursacht; wohl aber haben die Ereignisse der 70er Jahre diese Kreditketten erheblich verlängert.

Die finanzielle Intermediation zeigt im internationalen Rahmen — durch politische Ereignisse bedingt — ein zyklisches Verhalten[9]. Werfen wir nur einen Blick auf die Entwicklung in unserem Jahrhundert: Wir beobachten zunächst eine starke Ausweitung der internationalen Kreditbeziehungen vor dem 1. Weltkrieg und in den 20er Jahren, dann einen Rückgang und das völlige Verschwinden in den 30er und 40er Jahren, erneut eine langsame Ausweitung in den 50er Jahren, stärker

Banken gegenüberstehen, mit denen sie Umschuldungsverhandlungen führen können; dieser Umstand hat wahrscheinlich dazu beigetragen, daß es heute viel seltener zu Zahlungseinstellungen kommt. Darauf weist *Jürg Niehans* in seinem Beitrag hin, vgl. „Internationale Kredite mit undurchsetzbaren Forderungen“, dieser Band, S. 166.

[9] Vgl. dazu *E. L. Bacha and C. F. Diaz Alejandro,* A Long and Tropical View. Essays in International Finance, No. 147, International Finance Section, Department of Economics, Princeton University, Mai 1982, S. 1 ff.

in den 60er Jahren und schließlich einen ausgesprochenen Boom der internationalen Keditbeziehungen in den 70er Jahren.

Die Kapitalimporte der ärmeren Länder gingen zunächst vor allem auf Direktinvestitionen und langfristige Exportkredite (nach dem 2. Weltkrieg zusätzlich auf Entwicklungshilfeleistungen internationaler Organisationen) zurück; es bestanden also überwiegend enge direkte Beziehungen zwischen Gläubigern und Schuldnern.

Erst mit der Gründung regionaler Entwicklungsbanken gegen Ende der 60er Jahre und mit dem Entstehen der Eurogeld- und Eurokapitalmärkte kam es zu ganz neuen Formen und Möglichkeiten der Finanzierung von Außenhandel und internationalen Kapitalbewegungen.

Zu diesen Wandlungen im Finanzierungswesen kommen weltwirtschaftliche Umwälzungen im Handelsverkehr. Nach dem 2. Weltkrieg hatte sich zunächst wieder eine beachtliche Stabilität der Außenhandelsbeziehungen und der damit verbundenen internationalen Kapitalströme eingestellt[10]. Die Industrieländer erzielten als Gruppe bis 1970 regelmäßig jährliche Leistungsbilanzüberschüsse; dem entsprachen die Leistungsbilanzdefizite der Entwicklungsländer, einschließlich der ölexportierenden Länder. Diese Situation ändert sich schlagartig 1974: Industrieländer, die jahrhundertelang die Rolle des Kapitalexporteurs für den Rest der Welt übernommen hatten, wiesen nun Leistungsbilanzdefizite in einer Höhe auf, die noch über den bisherigen Defiziten der Entwicklungsländer lagen; die ölimportierenden Entwicklungsländer hatten nun Defizite, die doppelt so hoch waren wie die der Industrieländer. Aber nicht nur diese vorher nie gekannte Größenordnung der neuen Leistungsbilanzdefizite wirkte sich aus; noch wichtiger für die Frage der internationalen Finanzintermediation war der Wechsel der Nettokapitalexporteure.

Die Unterschiede zwischen den alten und den neuen Überschußländern beeinflußten die Entwicklung des internationalen Finanzsystems nachhaltig.

Zunächst einmal verfügten die neuen Überschußländer selbst nicht über die Konsum- und Investitionsgüterindustrien und über das technische Wissen, um die Nachfrage der ärmeren, aber wachsenden Entwicklungsländer zu befriedigen.

Dann aber und vor allem besaßen die neuen Kapitalexporteure selbst keine genügend entwickelte finanzielle Infrastruktur. Die OPEC-Län-

10 Vgl. dazu *T. M. Rybczynski*, Structural Changes in the World Economy and Economics and Business, Kieler Vorträge, N. F. 100, Tübingen 1983, S. 13 ff.

der mußten sich also bei der Vermittlung ihrer gewaltigen Überschüsse anfangs total auf die Erfahrungen und die Möglichkeiten international tätiger Finanzierungsinstitute aus den Industrieländern stützen.

Das Bankensystem in den Industrieländern hat — wie wir inzwischen wissen — sehr flexibel auf diese Situation reagiert, und die kurz vorher entwickelten Neuerungen in der finanziellen Intermediation, nämlich die Internationalisierung der Einlagen- und Kreditmärkte (Fremdwährungsmärkte), war eine wichtige Voraussetzung dafür. Das internationale Finanzsystem hat so die Kapitalströme von den Überschußländern (OPEC-Länder) in die Defizitländer (Entwicklungs- und Industrieländer) geleitet. Allerdings führte diese Vermittlung zwischen den OPEC-Ländern als den eigentlichen Gläubigern und den für Anlagen besonders geeigneten Schuldnern (Schwellenländer) zu einer starken Aufblähung der internationalen Kreditbeziehungen[11].

Allein schon die Finanzierung der sehr großen Leistungsbilanzdefizite einzelner Industrieländer und der ölimportierenden Entwicklungsländer hätte zu einer starken Ausweitung der internationalen Kreditbeziehungen führen müssen; aber zusätzlich finanzierten die international tätigen Banken auch weiterhin *autonome* wirtschaftliche Transaktionen innerhalb der einzelnen Länder und zwischen ihnen, ganz unabhängig von deren Leistungsbilanzsalden[12].

Diese weltwirtschaftlichen Umwälzungen haben die Expansion der internationalen Finanzmärkte sehr stark gefördert. Gemessen an „normalen" Verhältnissen auch bei hoch entwickelter finanzieller Intermediation wurden die Kreditketten vor allem deswegen so viel länger und die Bruttokreditvolumina so erheblich größer, weil die OPEC-Länder als die eigentlichen Gläubiger selbst über keine leistungsfähige finanzielle Infrastruktur verfügten und sich zeitweise ganz auf die Erfahrungen und Marktkenntnisse der internationalen Banken verlassen mußten. So konnten sich die Finanzmärkte verselbständigen, und der direkte Zusammenhang zwischen den kapitalexportierenden (sparen-

[11] Auf die hohen finanziellen Bruttopositionen (bei gleichzeitig relativ niedrigen Nettopositionen) der wichtigsten westlichen Industrieländer verweist auch *Henry C. Wallich* in seinem interessanten Aufsatz „Why is Net International Investment so Small?", in: W. Engels, A. Gutowski, H. C. Wallich (Hg.), Internationale Kapitalbewegungen, Verschuldung und Währungssystem, Mainz 1984, S. 417 ff.

[12] Man spricht in diesem Zusammenhang sogar schon von „Over-Recycling", weil die Kreditaufnahmen der Ölimportländer nicht nur über die Finanzierung der „Ölbilanz" hinausgegangen sind, sondern auch über die der Leistungsbilanzdefizite; so z. B. *H. Schlesinger*, Kapitalexport als Entwicklungshilfe?, in: W. Engels, A. Gutowski, H. C. Wallich (Hg.), Internationale Kapitalbewegungen, Verschuldung und Währungssystem, Mainz 1984, S. 340.

den) Überschußländern und den kapitalimportierenden (investierenden) Defizitländern ging mehr und mehr verloren.

Diese Wandlungen in bezug auf die Richtung der internationalen Kapitalströme, in bezug auf die Internationalisierung der Einlagen- und Kreditmärkte und in bezug auf die Entwicklung der finanziellen Intermediation müssen m. E. erkannt und deutlich herausgestellt werden, wenn man die hohe externe Verschuldung einzelner Länder begreifen will.

IV.

Statistische Angaben zur internationalen Verschuldung werden häufig so aufbereitet, daß sie mehr Schrecken verbreiten als wirklich informieren[13]. Allein schon die Nennung einer Zahl für die gesamte Auslandsverschuldung der Entwicklungsländer, 800 Mrd. oder 900 Mrd. US-$, ist eine Horrormeldung.

Es gibt verschiedene Möglichkeiten, die Situation der Auslandsverschuldung dramatischer erscheinen zu lassen als sie wirklich ist.

Eine solche Möglichkeit besteht z. B. darin, auch die sehr kurzfristigen Lieferantenkredite mit Laufzeiten von unter einem Jahr mit in den Schuldenbetrag einzubeziehen. Das halte ich für unangemessen; denn selbstverständlich werden in allen Ländern die branchenüblichen Zahlungsziele ausgenutzt; zu jedem Zeitpunkt werden also kurzfristige Importkredite in Anspruch genommen, die normalerweise innerhalb sehr kurzer Zeit wieder verschwinden. Solche internationalen Lieferantenkredite schwanken regelmäßig entsprechend den Veränderungen des Handelsvolumens und gehören daher nicht in die Statistiken zur Beschreibung des Schuldenproblems.

Eine weitere Möglichkeit, die Situation der Verschuldung eines Landes oder einer Ländergruppe dramatischer darzustellen als sie wirklich ist, ergibt sich aus der üblichen Anwendung des *Brutto*-Konzepts. So wird die Kreditaufnahme eines Landes bei einer Bank in voller Höhe als Verschuldung ausgewiesen, obwohl vielleicht dieselbe Bank gleichzeitig auf den Konten einer ihrer Filialen einen Teil der Währungsreserven des betreffenden Landes und der Auslandsanlagen einzelner Bewohner des Landes hält[14].

---

[13] Vgl. dazu *E. L. Bacha and C. F. Diaz Alejandro*, International Financial Intermediation, a.a.O., S. 14 f.

[14] Auf die statistisch schwer erfaßbaren Auslandsanlagen privater *und* staatlicher Wirtschaftseinheiten gerade aus den besonders hoch verschuldeten Ländern sei in diesem Zusammenhang nur hingewiesen; grundsätzlich sind die massive Kapitalflucht und die kurz- und mittelfristigen Auslandsanlager

Die Beurteilung der bekannten Indikatoren der Verschuldung ist äußerst schwierig. Geht man von Statistiken aus, in denen die Lieferantenkredite mit einer Laufzeit bis zu einem Jahr nicht mehr enthalten sind, so betrug die Relation der Auslandsverschuldung zum Bruttoinlandsprodukt für alle ölimportierenden Entwicklungsländer Anfang 1984 etwa 20 %; auch für die relativ hoch verschuldeten, großen Länder Brasilien und Argentinien liegt diese Relation bei 20 %.

Relativ zu den Exporten macht diese Auslandsverschuldung für die ganze Gruppe der ölimportierenden Entwicklungsländer 110 % aus. Für einzelne Länder liegen diese Relationen allerdings erheblich über den Durchschnittswerten; für Brasilien z. B. bei 236 % und für Argentinien bei 192 %. So betrachtet, ist die Verschuldung einzelner Länder wirklich sehr hoch; aber sie ist nicht so erschreckend hoch, wie es uns oft nahegebracht wird. Man sollte in diesem Zusammenhang vielleicht einmal daran erinnern, daß z. B. Argentinien gegen Ende des vergangenen Jahrhunderts eine Auslandsverschuldung aufwies, die ebenfalls über 200 % der argentinischen Exporte ausmachte[15].

Bezieht man die Verschuldung nämlich auf die Exporte, dann werden große Länder i. a. benachteiligt, deren Exportquote aus bekannten Gründen niedriger ist als die kleiner Länder mit relativ vielen Exporten[16].

Insgesamt taugen die Verschuldungsindikatoren nicht viel:

Bezieht man die Verschuldung auf das Bruttoinlandsprodukt, so berücksichtigt man nur die *gegenwärtige* Leistungsfähigkeit eines Landes,

---

staatlicher Unternehmen jedoch in diesem Zusammenhang ein wichtiger Aspekt; ein beachtlicher Teil der Finanzierungsprobleme der verschuldeten Länder Lateinamerikas läßt sich nämlich allein daraus schon erklären: In Mexiko wird die Kapitalflucht der letzten Jahre auf ca. ein Fünftel, in Argentinien und Venezuela sogar auf ein Drittel der Gesamtverschuldung geschätzt. Noch höhere Anteile schätzt für diese Länder *D. Duwendag*, Kapitalflucht aus Entwicklungsländern, dieser Band, S. 130 ff. Zu den besonders interessanten Auslandsanlagen Venezuelas vgl. *H. P. Nissen*, Auslandsverschuldung und interne Anpassungsprozesse: Das Beispiel Venezuelas, in: U. E. Simonis (Hg.), Externe Verschuldung — interne Anpassung, Entwicklungsländer in der Finanzkrise, Schriften des Vereins für Socialpolitik, N. F., Band 144, Berlin 1984, S. 156 ff.

15 Vgl. dazu *P. Bernholz*, Zur argentinischen Schuldenkrise 1890 - 1900, in diesem Band.

16 Dieses Argument findet man bei *W. Engels*, Die Leistungsfähigkeit von Kreditkonventionen am Beispiel des Transferrisikos, in: W. Engels, A. Gutowski, H. C. Wallich (Hg.), Internationale Kapitalbewegungen, Verschuldung und Währungssystem, Mainz 1984, S. 75. Ein anderes Problem dieser Quote liegt darin, daß die Länder die Höhe ihrer Exporte zu einem großen Teil selbst beeinflussen können; falls also „kritische Verschuldungslagen" an einer solchen Quote gemessen werden, können einzelne Länder die „kritische Lage" selbst herbeiführen.

nicht aber das *Verschuldungspotential.* Dahinter liegt die viel zu einfache Vorstellung, Länder mit geringerem Einkommen seien grundsätzlich weniger kreditwürdig als Länder mit höherem Einkommen.

Nach Meinung vieler Beobachter haben sich die international tätigen Banken im Geschäft mit den Entwicklungsländern übernommen.

So schreibt *Robert Aliber* in einem gerade erschienenen Übersichts-Aufsatz zum „International Banking", es sei eine der rätselhaftesten Erscheinungen der letzten Jahre, daß Länder wie Argentinien, Brasilien und Mexiko ihre Verschuldung nach 1973 und vor allem noch nach 1976 immer stärker ausweiten konnten[17]. Traditionelle Standards der Kreditwürdigkeitsprüfung erklärten das jedenfalls nicht. Die Banken hätten die Reduktion ihrer Zinsspannen und die abnehmenden Exporterlöse der Entwicklungsländer selbstverständlich nicht vorhersehen können. Als sie dann gesehen hätten, daß sie die Risiken zu gering eingeschätzt hatten, habe es kein Zurück mehr gegeben. Nur die internationale Konkurrenz um die Marktanteile, also eine Art Herdentrieb, könne die weiteren Engagements der Banken erklären.

Ich teile diese Auffassung nicht. Die Portefeuilles der meisten international tätigen Banken sind so gemischt, daß i. a. kaum mehr als 5 % der Anlagen auf Kredite an ölimportierende und/oder hoch verschuldete Entwicklungsländer entfallen[18]. Selbst wenn diese 5 % „notleidend" würden, wäre das noch keine Katastrophe. Aber in Wahrheit ist es ja gar nicht so, daß die hoch verschuldeten Entwicklungsländer Argentinien, Mexiko, Brasilien mit ihren riesigen Rohstoffvorkommen auf mittlere Sicht nicht kreditwürdig wären.

Daß 800 bis 900 Mrd. US-$ nicht innerhalb absehbarer Zeit rückzahlbar sind, wissen alle Eingeweihten ganz genau[19]. Aber warum sollte das auch geschehen? Welches Interesse könnten die Banken daran haben? Wahrscheinlich würde eine plötzliche Tilgung dieser gewaltigen Kreditsumme eher eine „Krise des internationalen Finanzierungssystems" hervorrufen als die gegenwärtige Konstellation.

---

[17] Vgl. *R. Z. Aliber*, International Banking: A Survey, in: Journal of Money, Credit, and Banking, Vol. 16 (1984), S. 674.

[18] Höher (nämlich bis zu 13 %) soll dieser Anteil allerdings bei einigen amerikanischen Großbanken sein. Vgl. dazu *J. D. Guenther*, The Role of Commercial Banks in the Adjustment Process, in: J. Muns (ed.), Adjustment, Conditionality, and International Financing, Washington (IMF) 1984, S. 204.

[19] So *F. Leutwiler* in einem Spiegelinterview vom 24. 9. 1984; abgedruckt in: Deutsche Bundesbank, Auszüge aus Presseartikeln, Nr. 76, 29. September 1984, S. 5.

V.

Ich möchte meine Überlegungen in den folgenden Thesen zusammenfassen:

1. Ich glaube, daß die Auslandsverschuldung für besonders dynamische Volkswirtschaften heute nicht dramatischer ist als zu anderen Zeiten starker internationaler Kapitalbewegungen, also etwa kurz vor oder nach dem 1. Weltkrieg.

2. Ich halte die besonders dramatisch aufgemachten Statistiken zur Auslandsverschuldung für korrekturbedürftig und die Katastrophenstimmung im Zusammenhang mit der Auslandsverschuldung für künstlich geschaffen.

3. Ich teile daher auch nicht die Befürchtungen einer drohenden „internationalen Finanzkrise". Der Anteil der Entwicklungsländer-Kredite am Portefeuille der international tätigen Banken ist i. a. viel geringer, als oft vermutet wird; internationale Kredite — auch die an Entwicklungsländer — sind nach allem, was wir darüber wissen, immer noch relativ sichere Anlagen[20].

4. Ich meine, daß die Zunahme der Auslandsverschuldung viel weniger, als oft betont wird, durch Sonderfaktoren, wie die Ölpreise, die Weltkonjunkturlage oder die Anti-Inflationspolitik einzelner Industrieländer, zu erklären ist. Nach meinem Urteil sind dafür weitreichende und längerfristige Wandlungen des Finanzierungssystems verantwortlich: Die Liberalisierung der Finanzmärkte in den meisten Schwellenländern, finanzielle Innovationen, wie die Entstehung der Fremdwährungsmärkte, sowie vor allem die Ausweitung und Intensivierung der finanziellen Intermediation und die damit einhergehende Verlängerung der Kreditketten.

5. Ich beurteile die Ausweitung und Intensivierung der internationalen Finanzintermediation wegen der damit verbundenen Wachstumseffekte eindeutig positiv; m. E. hat die zunehmende nationale und internationale Diversifizierung der Finanzierungssysteme einen gar nicht hoch genug zu bewertenden Beitrag zur allgemeinen wirtschaftlichen Entwicklung geleistet.

---

[20] So berichtet *J. D. Guenther* („The Role of Commercial Banks ...", a.a.O.), daß die Verluste der New York City Bank aus Auslandskrediten in den 70er Jahren nur halb so hoch waren wie die Verluste aus Inlandskrediten. Eine Studie der OECD (vgl. *R. M. Pecchioli*, The Internationalisation of Banking, a.a.O., S. 44 ff.) zeigt ähnliche Ergebnisse auch für andere amerikanische Großbanken.

Kapitalflucht aus Entwicklungsländern: Schätzprobleme und Bestimmungsfaktoren*

Von *Dieter Duwendag*, Speyer

I. Das Problem

Der Begriff „Kapitalflucht" hat einen dramatischen Akzent. Nüchtern betrachtet steht dahinter die Tatsache, daß Wirtschaftssubjekte eines Landes Kapitalanlagen im Ausland erwerben. Sie tauschen inländische Währung in Fremdwährungen um und erwerben damit Auslandsaktiva, z. B. in Form von Bankeinlagen, ausländischen Wertpapieren und Immobilien. Auch das Horten von Fremdwährungen stellt eine ausländische Kapitalanlage dar. An dem Erwerb von Auslandsanlagen sind sowohl der Privatsektor als auch staatliche Stellen beteiligt. Kapitalexporte von Privaten schlagen sich — sofern statistisch registriert (vgl. IV.) — als Zunahme der (privaten) Forderungen gegenüber dem Ausland in der Kapitalbilanz nieder, während eine Aufstockung der offiziellen Währungsreserven in der Devisenbilanz erfaßt wird.

Gegenstand dieser Studie sind insbesondere die *privaten* Kapitalanlagen im Ausland. Dieser Begriff ist aus der Kapitalbilanz heraus vorab zu klären: Der Nettokapitalimport eines Landes (*KBÜ*; Überschuß der lang- und kurzfristigen Kapitalbilanz) ergibt sich als Differenz zwischen den gesamten Kapitalzuflüssen und den gesamten Kapitalabflüssen ins Ausland. Die gesamten Kapitalimporte bestehen aus den Direktinvestitionen im Entwicklungsland ($DIR_{\rightarrow EL}$), den Bruttokrediten des Internationalen Währungsfonds ($VIMF^b$) und der Bruttokreditaufnahme im Ausland sowie bei multilateralen Finanzierungsinstituten (außer *IMF*; VA^b). Die gesamten Kapitalexporte ergeben sich als Summe aus den *DIR* des *EL* im Ausland ($DIR_{\rightarrow A}$), den Rückzahlungen von *IMF*- und Auslandskrediten (RZ_{VIMF} bzw. RZ_{VA}) sowie aus den privaten Kapitalanlagen im Ausland (*KA*). Für *KBÜ* gilt dann:

$$\text{(a)} \quad KBÜ = (DIR_{\rightarrow EL} + VIMF^b + VA^b) - (DIR_{\rightarrow A} + RZ_{VIMF} + RZ_{VA}) - KA$$

---

* Die empirischen Arbeiten erfolgten im Research Department des Internationalen Währungsfonds (Washington, D. C.) während eines Forschungsaufenthalts des Verf., der von der Fritz Thyssen Stiftung finanziell gefördert wurde.

Saldiert man die zusammengehörigen Positionen in den Klammern, so ergeben sich die entsprechenden Nettogrößen für *DIR, VIMF* und *VA*:

(b) $$KB\ddot{U} = DIR + VIMF + VA - KA$$

KA ist danach wie folgt abgegrenzt:

(c) $$KA = (DIR + VIMF + VA) - KB\ddot{U}$$

Die Größe *KBÜ* erfaßt dabei alle Verwendungszwecke von Kapitalimporten außerhalb der Kapitalbilanz, d. h. die Finanzierung von Leistungsbilanzdefiziten, die Aufstockung der offiziellen Währungsreserven sowie die Defizite des Rest- und Ausgleichspostens der Zahlungsbilanz.

KA sind also eine ganz spezielle Form der Kapitalexporte. Aus der Sicht der *gesamten* Auslandsposition eines Landes handelt es sich um „Brutto"-*KA*, da eine Zunahme der Auslandsverbindlichkeiten dieses Landes im gleichen Zeitraum nicht abgesetzt ist. Aus der Sicht der privaten *Kapitalexporteure* hingegen, die — ohne neue Auslandsverbindlichkeiten einzugehen —, inländisches Vermögen gegen ausländische Kapitalanlagen eintauschen, handelt es sich bei *KA* um den Nettoerwerb von Auslandsaktiva.

Das Pendant zu *KA*, nämlich die staatlichen Kapitalanlagen im Ausland, besteht in der Aufstockung der offiziellen Währungsreserven. Auch sie werden nach dem Bruttokonzept, d. h. ohne Berücksichtigung der Veränderungen der Auslandsverbindlichkeiten, ausgewiesen. Die einzige Ausnahme machen Verbindlichkeiten gegenüber dem IMF, da diese Institution nicht als „Ausland" definiert ist. Private und staatliche Kapitalanlagen im Ausland lassen sich allerdings nicht immer eindeutig abgrenzen: Legt z. B. die staatliche Ölgesellschaft eines *EL* Devisenerlöse im Ausland an, so zählt dieser Vorgang nach der hier zugrunde gelegten Abgrenzung zu den (privaten) *KA*, da er sich nicht in einer Veränderung der offiziellen Währungsreserven niederschlägt. Gleichwohl hätten derartige Anlagen die Qualität von „Devisenreserven", auf die die Regierung oder die Notenbank bei Bedarf zurückgreifen könnten.

Bei freiem internationalen Kapitalverkehr ist der Erwerb von Auslandsaktiva durch Private als ganz normaler Vorgang anzusehen. Wann schlägt dieser („ganz normale") Vorgang um in „*Kapitalflucht*"? Zwar besteht jede Kapitalflucht im Erwerb von Auslandsanlagen, aber nicht alle ausländischen Kapitalanlagen sind gleichbedeutend mit Kapitalflucht[1]. Die begrifflichen Grenzen sind also fließend, und eine eindeutige a priori-Abgrenzung erscheint nicht möglich. Einen generellen Hinweis darauf, ob es sich um Kapitalfluchtbewegungen handelt, liefern die Motive der Kapitalexporteure sowie — damit zusammenhängend — auch die Größenordnungen der ausländischen Kapitalanlagen (in Relation zu bestimmten Basisgrößen). Derartige Relationen sind wiederum für Industrieländer anders zu beurteilen als für *EL*. Letztlich läßt sich diese Frage wohl nur am empirischen Einzelfall beantworten, und selbst dann bleibt eine Portion Willkür in der Deutung erhalten.

Das *Problem* der Kapitalflucht ist insbesondere im Zuge des steilen Anstiegs der Auslandsverschuldung der *EL* seit Mitte der 70er Jahre in die öffentliche Diskussion geraten. Ein beachtlicher Teil der kreditweise zugeflossenen Kapitalimporte sei — so wurde und wird vermutet — allein deshalb erforderlich gewesen, um private ausländische Kapitalanlagen der *EL* zu finanzieren. Nicht die Finanzierung von Leistungsbilanzdefiziten (generell: der inländischen Investitions-Ersparnis-Lücke) oder die Stärkung der offiziellen Währungsreserven seien die hauptsächlichen Ursachen für das rasante Tempo der externen Neuverschuldung der *EL* gewesen, sondern die Finanzierung von Kapitalfluchtbewegungen. Sollte dies zutreffen, ergäben sich daraus folgende Schlußfolgerungen:

— Erstens müßte Kapitalflucht als ein maßgeblicher Bestimmungsgrund für die Zuspitzung der internationalen Verschuldungsprobleme der *EL* angesehen werden. Denn einerseits blieb den — zumeist — öffentlichen Stellen der *EL* als hauptsächlichen Schuldnern der Auslandskredite der Zugriff zu den privaten Auslandsaktiva weitgehend versperrt; andererseits hatten sie für den Schuldendienst des überwiegenden Teils der gesamten Auslandsverbindlichkeiten aufzukommen, während die Privaten die Kapitalerträge ihrer Auslandsanlagen jenseits der Grenzen beließen.

— Zweitens wäre ein hohes Volumen an privaten Auslandsaktiva gleichbedeutend mit einer relativ günstigen Netto-Auslandsposition der *EL*. Dies böte zumindest die Chance, Auslandsanlagen in gewissem Umfange zu repatriieren und von daher eine Entlastung bei der Neuverschuldung im Ausland und beim Schuldendienst zu bewirken.

— Drittens würden starke Kapitalfluchtbewegungen den Blick auf die hauptsächlichen Schwachstellen der Wirtschafts- und Währungspolitik des *EL* lenken.

---

[1] Nichts mit Kapitalflucht zu tun hat z. B. die Erhöhung der „Working Balances" der im Auslandsgeschäft tätigen Banken und Unternehmen eines *EL*.

Die Problemskizze zeigt, daß dem *Ausmaß* der Kapitalflucht (wenn es sich denn um eine solche handelt) große Bedeutung zukommt. Dazu gibt es bislang zumeist nur vage Vermutungen, die jedoch allesamt von beträchtlichen Größenordnungen ausgehen. So spricht der *IMF*[2] von „large-scale capital flight" und *Gleske*[3] von einem „Kapital-Exodus" aus Lateinamerika. Präzise Angaben macht die *Argentinische Zentralbank*, in dem sie die Kapitalflucht aus diesem Land von 1976 - 1983 (Sept.) auf 35 Mrd. $ beziffert.[4] Zum Volumen der Kapitalflucht gibt es nur wenige empirische Schätzungen von externer Seite:

1. Die *Morgan Guaranty Trust Co.* kommt für die hochverschuldeten *EL* auf ein Volumen von etwa 100 Mrd. $ (1979 - 1983)[5], nach den Angaben der *Business Week* handelte es sich um 120 Mrd. $ (1975 - 1983).[6]
2. Nach *Wallich* beträgt die Relation zwischen den von 1974 - 1982 kumulierten Kapitalabflüssen und dem Stand der Auslandsverschuldung Ende 1982 in acht hochverschuldeten *EL* zwischen — 5 % (Chile: Repatriierung von Auslandsanlagen) und 91 % (Venezuela).[7]
3. Für die gleiche Ländergruppe und denselben Zeitraum errechnen *Dooley u. a.*[8] das absolute Ausmaß der Kapitalflucht mit 106 Mrd. $.
4. Die *BIZ* schätzt die privaten Kapitalexporte Lateinamerikas von 1978 - 1983 auf etwa 50 Mrd. $.[9]
5. Nach Berechnungen von *Dornbusch*[10] für Argentinien, Brasilien, Chile und Mexiko (1978 - 1982) beliefen sich die privaten und staatlichen Kapitalexporte (d. h. einschl. der Veränderung der offiziellen Währungsreserven) auf ca. 63 Mrd. $.

Es fällt auf, daß sich der *IMF* mit *eigenen* quantitativen Schätzungen zur Kapitalflucht bislang ausgesprochen zurückgehalten hat, obwohl er wahrscheinlich über die dafür erforderlichen umfassendsten statistischen Daten verfügt. Veröffentlicht ist lediglich eine Graphik (!) über eine „Residualgröße" für sämtliche Nicht-Öl-*EL*.[11] Dieses Residuum ist

---

[2] *J. de Larosière* (1984), S. 147.

[3] *L. Gleske* (1984), S. 14.

[4] Nach der Pressemitteilung des „Handelsblatt" vom 2. 11. 1983, S. 11.

[5] Zitiert nach *H. B. Schäfer* (1984), S. 14.

[6] *Business Week* (1983), S. 65.

[7] *H. C. Wallich* (1983), S. 13 b. Vgl. auch den Beitrag von Wallich in diesem Band.

[8] *M. Dooley, W. Helkie, R. Tyron, J. Underwood* (1983), S. 3 A.

[9] *Bank für Internationalen Zahlungsausgleich* (1984), S. 113, 124.

[10] *R. Dornbusch* (1984), S. 5 a.

[11] *International Monetary Fund* (1984 a), S. 64 (Chart IV - 3).

insofern wenig aussagekräftig, als es neben dem Nettoerwerb von Auslandsaktiva durch den Privatsektor ebenfalls noch die Salden des Rest- und Ausgleichspostens der Zahlungsbilanz (letzterer: Bewertungsänderungen der Währungsreserven) umfaßt. Auf einen möglichen Grund für diese Zurückhaltung, nämlich Lücken der Zahlungsbilanzstatistik, wird noch einzugehen sein.

Angesichts der gravierenden Unterschiede zwischen den bisherigen Ergebnissen wird im folgenden versucht, die Größenordnungen der Kapitalflucht umfassender und (etwas) präziser abzuschätzen. Dies geschieht anhand einer weiterentwickelten Schätzmethode und für die 25 am höchsten verschuldeten *EL.* Einige der in der Problemskizze aufgeworfenen Fragen lassen sich anhand dieser Ergebnisse tendenziell beantworten, für andere — insbesondere die Frage nach den Bestimmungsfaktoren der Kapitalabflüsse — können nur recht allgemeine Aussagen getroffen werden. Die praktisch für alle *EL* gegebene unsichere Datenbasis läßt weitergehende ökonometrische Berechnungen als nicht sinnvoll erscheinen.

II. Abgrenzung und Daten

Die Untersuchung erstreckt sich auf die sog. *„Großschuldner"* („major borrowers"); das sind nach der Abgrenzung des *IMF* jene 25 *EL,* deren Auslandsverschuldung Ende 1983 über 10 Mrd. $ lag.[12] Die 25 Großschuldner sind zu vier Gruppen zusammengefaßt:

a) Aus *Lateinamerika* sieben Länder: Argentinien, Brasilien, Chile, Kolumbien, Mexiko, Peru und Venezuela.

b) Aus *Asien* ebenfalls sieben Länder: Indien, Indonesien, Korea, Malaysia, Pakistan, Philippinen und Thailand.

c) Aus *Europa* fünf Länder, und zwar Portugal und Türkei sowie die drei osteuropäischen Staaten Jugoslawien, Rumänien und Ungarn.

d) Aus *Afrika* und dem *Nahen Osten* sechs Länder: Ägypten, Israel, Algerien, Marokko, Nigeria und Südafrika.

Die Aufzählung macht deutlich, daß es sich im einzelnen um sehr heterogene Länder handelt: so sind z. B. vier OPEC-Länder einbezogen (Algerien, Indonesien, Nigeria und Venezuela), und als erdölexportierendes Land ferner Mexiko. Ihnen stehen die 20 anderen Nichtöl-*EL* gegenüber. Ob Südafrika und Israel noch als *„EL"* zu bezeichnen sind,

---

[12] Aus nicht erfindlichen Gründen hat der *IMF* seit Mitte 1984 diese Abgrenzung fallen gelassen; als „Großschuldner" gelten jetzt nur noch sieben hochverschuldete *EL.*

mag dahingestellt bleiben; nach der Nomenklatur des *IMF* zählen sie wenigstens dazu.

Folgende statistische *Materialien* wurden herangezogen:

— Außer der Auslandsverschuldung liegen allen Angaben die „International Financial Statistics“ (*IFS*)[13] und die „Balance of Payments Statistics“ (*BOP*)[14] des *IMF* zugrunde. Die Berechnungen erstrecken sich auf den Zeitraum von 1970 bis 1983, also auf 14 Jahre.[15]

— Nimmt man alle 25 Großschuldner zusammen, so repräsentieren sie mit 630 Mrd. $ Auslandsverbindlichkeiten rd. 80 % der gesamten Auslandsverschuldung aller *EL* per Ende 1983.[16] Allerdings sei bereits an dieser Stelle davor gewarnt, die Ergebnisse als repräsentativ auch für alle anderen *EL* anzusehen, diese Ergebnisse quasi hochzurechnen. Denn die Unterschiede sind von Land zu Land außerordentlich stark, dies auch innerhalb der 25 Großschuldner.

— Zuverlässige und umfassende Zeitreihen über die Entwicklung der *Auslandsverschuldung* zu erhalten, ist ein Kapitel für sich. Weder die *BIZ*- noch die OECD-[17] noch die Weltbank[18]-Statistiken sind umfassend in dem Sinne, daß sie sämtliche Kreditarten von sämtlichen Kreditgebern erfassen. Um das Ergebnis einer mehrmonatigen Suche kurz zusammenzufassen: Die nachfolgenden Berechnungen fußen überwiegend auf den internen Daten des *IMF*, ergänzt um Angaben der Weltbank[19], der Interamerikanischen Entwicklungsbank[20] und des „Institute for International Economics“.[21] Nach allen Vergleichen erscheinen die *IMF*-Daten am umfassendsten und zuverlässigsten, obwohl es sich auch hierbei teilweise noch um Schätzungen handelt, die an der Untergrenze liegen.

— Die *IMF*-Daten sind, wie gesagt, *intern*. Verschuldungsdaten für *Einzel*länder und *Einzel*jahre werden deshalb nicht präsentiert;

---

[13] *International Monetary Fund* (1984 b); Stand: Nov. 1984.

[14] *International Monetary Fund* (1983).

[15] Ausnahme: Indien (1970 - 1981).

[16] *International Monetary Fund* (1984 a).

[17] Beide fußen auf dem „Creditor Reporting System“: Kredite von OECD-Mitgliedern bzw. von an die *BIZ* berichtenden Banken an *EL*.

[18] Sog. „Debtor Reporting System“: Basis sind die von den Schuldner-*EL* erhaltenen Angaben über Auslandskredite.

[19] *The World Bank* (1984). Erfaßt werden überwiegend nur öffentliche und öffentlich garantierte Auslandsschulden der *EL* mit Laufzeiten von mehr als einem Jahr.

[20] *Inter-American Development Bank* (1984). Erfaßt sind sämtliche Kreditarten; die Abweichungen gegenüber den (internen) *IMF*-Daten sind jedoch z. T. beachtlich.

[21] *W. R. Cline* (1983), S. 130 ff.

sehr wohl kann jedoch über daraus abgeleitete Ergebnisse berichtet werden. Der besondere Vorteil der *IMF*-Daten ist im übrigen, daß sie auch die kurzfristigen (Laufzeit von weniger als einem Jahr) und die nicht durch öffentliche Stellen garantierten Auslandskredite enthalten.[22] Stand by-Kredite des *IMF* selbst sind dabei nicht berücksichtigt; sie zählen nicht zur Auslandsverschuldung.

III. Der Rahmen

Ausgangsgleichung für die nachfolgenden Berechnungen der Kapitalabflüsse ist die Zahlungsbilanz-Identität (1):

$$LBS = KBS + EOS + CPS + DBS \tag{1}$$

Danach ist der Saldo (*S*) der Leistungsbilanz (*LB*) stets *betragsmäßig* gleich der Summe der Salden der lang- und kurzfristigen Kapitalverkehrsbilanz (*KB*), der Devisenbilanz (*DB*) und des Rest-(*EO*) sowie des Ausgleichspostens (*CP*)[23] der Zahlungsbilanz. Dabei gehen in Gleichung (1) ein: mit positivem Vorzeichen alle Überschüsse (positive Salden), mit negativem Vorzeichen alle Defizite (negative Salden) der einzelnen Teilbilanzen. Für Erhöhungen der offiziellen Währungsreserven (*DB*) gilt ein negatives, für deren Verringerung ein positives Vorzeichen.

Da sich die Betrachtung auf internationale Zahlungsbilanzstatistiken stützt (*IFS* und *BOP*; s. o.), werden im folgenden einige der in Gleichung (1) genannten Begriffe der international üblichen Terminologie angepaßt. Ferner wird (1) in der Weise umgestellt, daß — mit Bezug auf die für hochverschuldete *EL typische* Situation — links die Devisenquellen (-Herkunft) und rechts die Devisenverwendung (-Zwecke) erscheinen. Unter Beachtung der Vorzeichen für die einzelnen Teilbilanzen (s. o.) läßt sich Gleichung (1) dann wie folgt schreiben:

$$KBS = LBS + EOS + CPS + DBS \tag{2}$$

„Typische" Zahlungsbilanzkonstellationen für hochverschuldete *EL* sind: Nettokapitalimporte (*KBÜ*, Überschuß der gesamten Kapitalbilanz), Leistungsbilanzdefizite (*LBD*), Defizite des Rest- und des Ausgleichspostens (*EOD* bzw. *CPD*), letztere hauptsächlich aufgrund von Bewertungsabschlägen der Währungsbestände, sowie eine Aufstockung der offiziellen Währungsreserven der zentralen Währungsbehörde

---

[22] Als Kreditgeber werden unterschieden: Internationale Institutionen, ausländische Regierungen, Banken und sonstige Gläubiger sowie die nicht durch öffentliche Stellen garantierten Auslandskredite (Stand der *IMF*-Outprints: Juli 1984).

[23] *EO:* „Errors and Omissions" (Restposten); *CP:* „Counterpart Items" (Ausgleichsposten).

(ΔR).[24] Bei expliziter Formulierung dieser Überschuß-/Defizit-Positionen geht (2) über in (3):

$$KB\ddot{U} = LBD + EOD + CPD + \Delta R \tag{3}$$

Die rechte Seite der Gleichung (3) spezifiziert unter den für hochverschuldete *EL* typischen Annahmen (s. o.) die verschiedenen *Verwendungszwecke* des Nettokapitalimports. Diese Größe (*KBÜ*) ist in den *IFS*- und *BOP*-Statistiken nach verschiedenen Komponenten untergliedert. Legen wir die *IFS* (Monatsangaben) zugrunde, so werden im einzelnen folgende *Finanzierungsquellen* erfaßt:

$$KB\ddot{U} = DIR + PI + KL + KS + EF + LR + VIMF \tag{4}$$

Es bezeichnen:[25]

DIR = Direktinvestitionen (netto) im *EL*

PI = Portfolioinvestitionen (netto), nahezu ausschließlich in Form des Nettoabsatzes von Staatsschuldtiteln des *EL* im Ausland

KL = „Sonstige" *langfristige* Kapitalbewegungen (Saldo; langfristige Kreditaufnahme des *EL* im Ausland abzüglich Tilgungsleistungen und Kapitalanlagen im Ausland)

KS = „Sonstige" *kurzfristige* („short-term) Kapitalbewegungen (Saldo; Transaktionen wie unter *KL*)

EF = „Exceptional Financing": Stundung oder Umwandlung von Zinsrückständen in Kredite, aufgelaufene Zahlungsrückstände für Importe u. ä.

LR = „Liabilities Constituting Foreign Authorities' Reserves": Veränderung der Verbindlichkeiten des *EL* gegenüber ausländischen Währungsbehörden, aus deren Sicht diese Forderungsveränderung als Bestandteil der Währungsreserven angesehen wird (netto, d. h. Kreditaufnahme abzüglich Tilgungszahlungen)

VIMF = Netto-Neuverschuldung des *EL* gegenüber dem *IMF*

Die Zusammenführung von (3) und (4) ergibt die grundlegende *Finanzierungsgleichung*, aus der im folgenden die Schätzgleichung für das Volumen der Kapitalabflüsse aus *EL* abgeleitet wird:

$$\underbrace{DIR + PI + KL + KS + EF + LR + VIMF}_{\text{Finanzierungsquellen}} = \underbrace{LBD + EOD + CPD + \Delta R}_{\text{Finanzierungszwecke}} \tag{5}$$

---

[24] *Hinweis:* In den *IFS*- und *BOP*-Statistiken werden Kredittransaktionen des *EL* mit dem *IMF* in der Weise erfaßt, daß *IMF*-Kredite („Use of Fund Credit") — für sich genommen — die offiziellen Währungsreserven reduzieren (= Zunahme der Verbindlichkeiten des *EL* gegenüber dem *IMF*), und umgekehrt für Kreditrückzahlungen an den *IMF*. Obige Größe ΔR ist um derartige *IMF*-Kredite bereinigt, d. h. ΔR entspricht der Veränderung der (monetären) Gold-, *SZR*- und Devisenbestände sowie der Veränderung der Reserveposition des *EL* beim *IMF* und der „sonstigen" Auslandsforderungen der Währungsbehörde.

[25] Im einzelnen vgl.: *International Monetary Fund* (1977).

Zuvor ist jedoch auf eine „Beobachtung“ einzugehen, aus der überhaupt erst die Notwendigkeit für die Ableitung einer Schätzgleichung deutlich wird.

IV. Die Beobachtung

Bei den auf der linken Seite der Gleichung (5) dargestellten Finanzierungsquellen handelt es sich um Nettopositionen, d. h. sämtliche Größen sind bereits saldiert (Bruttokapitalzuflüsse abzüglich Bruttokapitalabflüsse). Will man dagegen, wie hier angestrebt, eine Aussage über das Ausmaß der privaten Kapitalanlagen im Ausland treffen, so muß man bis zu den nicht-saldierten Größen der Kapitalbilanz vordringen. Dabei kommt es vor allem darauf an, die Nettokapitalimporte in zwei Hauptkomponenten aufzuspalten, nämlich in die ausländische Nettokreditaufnahme der *EL* einerseits und in die privaten Kapitalanlagen der *EL* im Ausland andererseits. Dies ist, zumindest näherungsweise, anhand der *BOP*-Statistik möglich. Unterzieht man sich dieser (mühevollen) Kleinarbeit, so ergibt sich eine (überraschende?) *Beobachtung:* Zwischen den in der Zahlungsbilanzstatistik *registrierten* Größen der Nettokreditaufnahme der *EL* im Ausland und den hierzu vorliegenden internen *IMF-Daten* bestehen erhebliche Abweichungen. Diese Tatsache impliziert, daß auch bei den Verwendungszwecken der Kapitalzuflüsse entsprechende Diskrepanzen auftreten müssen.

Um diese Beobachtung nachvollziehbar zu gestalten, wird im folgenden das Beispiel Argentinien zugrunde gelegt. Sämtliche statistischen Angaben beziehen sich auf den Zeitraum 1977 - 1982 (in Mrd. $).[26] Ausgangspunkt ist zunächst wieder die Gleichung (5) mit den lt. *IFS* registrierten Nettopositionen der einzelnen Finanzierungsquellen bzw. dem gesamten registrierten Nettokapitalimport ($KB\ddot{U}^r$), denen die Verwendungszwecke gegenübergestellt sind:

$$\text{(5 a)}\qquad \frac{DIR + PI + KL + KS + EF + LR + VIMF = (KB\ddot{U}^r)}{(2{,}7 + 4{,}6 + 16{,}1 - 14{,}9 + 2{,}9 + 0{,}2 - 0{,}5 = 11{,}1)}$$

$$= \frac{LBD + EOD + CPD + \Delta R}{(9{,}5 + 0{,}4 + 0{,}2 + 1{,}1 = 11{,}2)}$$

Der nächste Schritt besteht, wie erwähnt, darin, anhand der tiefer gegliederten *BOP*-Statistik bei einigen Nettopositionen der Finanzierungsquellen (Gleichung 5a) bis zu den Bruttogrößen vorzustoßen.[27] Da

---

[26] Quelle: *International Monetary Fund* (1984 b), Nr. 7, 1983, S. 84/85. Differenzen in den Summen durch Runden der Zahlen.

[27] Die den *IFS* entnommenen empirischen Werte der Gleichung (5 a) sind im übrigen mit den Ergebnissen der *BOP*-Statistik identisch (nach Umrechnung von *SZR* in $).

als *Vergleichsgröße* die internen *IMF*-Daten über die ausländische Nettokreditaufnahme Argentiniens zugrunde gelegt werden, geht es darum, die damit korrespondierenden Größen aus den verschiedenen Finanzierungsquellen der *BOP*-Statistik herauszurechnen und in geeigneter Weise in den Ansatz für den registrierten Nettokapitalimport ($KBÜ^r$) einzubauen. Dabei wird konkret wie folgt vorgegangen:

a) Die Größen *DIR* und *VIMF* können direkt aus Gleichung (5a) übernommen werden; sie zählen *nicht* zur Auslandsverschuldung.

b) Die Größe *PI* besteht nahezu ausschließlich aus dem *Nettoabsatz* von argentinischen Staatsschuldtiteln im Ausland; sie entspricht inhaltlich der *IMF*-Referenzgröße („ausländische Nettokreditaufnahme") und kann deshalb ebenfalls übernommen werden.

c) Die Nettopositionen der Gleichung (5a) *KL, KS, EF* und *LR* ergeben sich prinzipiell aus zwei Komponenten: Bruttokreditaufnahmen im Ausland abzüglich Bruttokapitalexporte. Letzere sind wiederum nach Tilgungszahlungen und Kapitalanlagen im Ausland zu differenzieren. Um zu vergleichbaren Daten mit der *IMF*-Referenzgröße zu gelangen, ist daher aus den *KL*-, *KS*-, *EF*- und *LR*-Positionen der *BOP*-Statistik die Nettokreditaufnahme herauszurechnen; wir bezeichnen sie als VA^r (*registrierte Nettoneuverschuldung* im Ausland). ($VA^r + PI$) ergeben zusammen die gesamte statistisch erfaßte ausländische Nettokreditaufnahme.

d) Es verbleibt somit jener Teil der Kapitalexporte, der nicht als Tilgungszahlungen bereits in *PI* und VA^r berücksichtigt wurde, nämlich die *registrierten* (privaten) *Kapitalanlagen* Argentiniens im *Ausland* (KA^r). Diese Größe ist hauptsächlich in den *KL*- und *KS*-Positionen der *BOP*-Statistik erfaßt.[28]

Die Zuordnung dieser Komponenten in Gleichung (6) ergibt den Ansatz für den *registrierten Nettokapitalimport* ($KBÜ^r$); er erlaubt zugleich einen Vergleich mit den *IMF*-Referenzgrößen:

$$(6) \qquad \frac{KBÜ^r = DIR + VIMF + (PI + VA^r) - KA^r}{(11{,}4 = 2{,}7 \quad - 0{,}5 \quad + 4{,}6 + 8{,}3 \quad - 3{,}7)}$$

Die rechnerische Differenz zu Gleichung (5a) mit $KBÜ^r = 11{,}1$ beruht darauf, daß eine zweifelsfreie Trennung nach „Kreditrückzahlungen" und „ausländischen Kapitalanlagen" anhand der *BOP*-Statistik nicht immer möglich ist.

---

[28] Ausländische Kapitalanlagen Argentiniens tauchen auch in den Positionen *DIR* und *PI* auf; lt. *BOP*-Statistik handelt es sich jedoch um marginale Beträge.

In einem weiteren Schritt erfolgt nun die *Gegenüberstellung* mit den *IMF*-Daten zur ausländischen Nettokreditaufnahme Argentiniens. Sie belief sich im betrachteten Zeitraum auf 35,2 Mrd. $; wir bezeichnen sie als „geschätzte“ (*s*) Nettoneuverschuldung im Ausland (VA^s) und konfrontieren sie mit dem vergleichbaren Ausdruck ($PI + VA^r$) der Gleichung (6). Dies führt zum *„geschätzten Nettokapitalimport“* ($KBÜ^s$):

$$KBÜ^s = DIR + VIMF + VA^s - KA^r \qquad (7)$$

$$(33{,}7 = 2{,}7 \quad - 0{,}5 \quad + 35{,}2 \quad - 3{,}7)$$

Die Gegenüberstellung der Ergebnisse der Gleichungen (7) und (6) zeigt, daß auf dem Kreditwege zugeflossene Kapitalimporte (Nettokreditaufnahme im Ausland) in Höhe von 22,3 Mrd. $ in den offiziellen *IMF*-Statistiken nicht registriert wurden $[VA^s - (PI + VA^r)]$ bzw. $(KBÜ^s - KBÜ^r)$. Das bedeutet, daß sich dieser „Überhang“ auch in irgendwelchen *Verwendungszwecken* niedergeschlagen haben muß. In der offiziellen Zahlungsbilanzstatistik finden sich dafür freilich keine Anhaltspunkte. Als „Gegenposten“ zu den nicht registrierten Kapitalimporten kommen prinzipiell in Betracht:

— Sämtliche auf der rechten Seite der Gleichungen (5) und (5a) genannten Verwendungszwecke wegen zu niedriger Erfassung von *LBD, EOD, CPD* und ΔR, und/oder

— in der Kapitalbilanz eine lückenhafte Registrierung der Bruttokapitalexporte, hier speziell der ausländischen Kapitalanlagen Argentiniens (*KA*). Geht man von realitätsnahen Werten der *BOP*-Statistik für *LBD, EOD, CPD* und ΔR aus, so entfiele der Gesamtbetrag der nicht registrierten Kapitalimporte auf *KA* („Kapitalflucht“); zusammen mit KA^r (3,7) handelte es sich im betrachteten Zeitraum um *KA* in Höhe von insgesamt 26,0 Mrd. $ (3,7 + 22,3). Diese Aussage ist zwar später noch zu relativieren, in der Grundtendenz dürfte sie jedoch feststehen.

Die geschilderte Beobachtung gilt im übrigen auch für zahlreiche andere *EL*-Großschuldner, für die entsprechende Berechnungen durchgeführt wurden. Diese Tatsache unterstreicht zweierlei: erstens, daß die *IFS*- und *BOP*-Statistiken unter diesen Aspekten denkbar ungeeignet, weil höchst lückenhaft sind, zweitens die Notwendigkeit, zur Überprüfung der Frage der Kapitalflucht einen eigenständigen Schätzansatz heranzuziehen.

V. Der Ansatz

Zur Schätzung des Volumens der privaten Kapitalabflüsse ins Ausland (*KA*) wird im folgenden auf eine Methode zurückgegriffen, die bereits von *Dooley u. a.* (1983) und Dornbusch (1984) in Umrissen entwickelt und angewandt wurde.[29] Im Prinzip handelt es sich wieder um eine „Finanzierungsgleichung" der Zahlungsbilanz analog zu Gleichung (5). Der Ansatz wurde hier insbesondere unter folgenden Aspekten verfeinert:

— Die Nettokreditaufnahme beim *IMF* (*VIMF*) wurde als mögliche Finanzierungsquelle für *KA* explizit berücksichtigt.

— Die privaten und staatlichen Kapitalexporte wurden dadurch (zumindest weitgehend) getrennt, daß letztere in Form der Veränderung der offiziellen Währungsreserven (ΔR) gesondert erfaßt wurden.

— Die (i. d. R. negativen) Salden des Rest- und Ausgleichspostens der Zahlungsbilanz (*EOD; CPD*) wurden ebenfalls gesondert ausgewiesen. Da beide Positionen in z. T. erheblichen Größenordnungen auftraten, bedeutete ihre Einbeziehung in *KA* als „Residualgröße" (so z. B. bei *Dooley u. a.* sowie *Dornbusch*) eine entsprechende Verzerrung.

Unter Berücksichtigung dieser Modifikation lautet die den nachfolgenden Berechnungen zugrunde gelegte *Finanzierungsgleichung* wie folgt:

(8) $$DIR + VIMF + VA - KA = LBD + EOD + CPD + \Delta R$$

Mit Ausnahme von *VA* und *KA* wurden die Angaben für sämtliche Größen den *IFS*- bzw. *BOP*-Statistiken entnommen. *VA* ist die ausländische Nettokreditaufnahme; sie basiert hauptsächlich auf den (internen) Schätzungen des *IMF* (Stand der Outprints: Juli 1984), teilweise ergänzt um Daten der Weltbank, der Interamerikanischen Entwicklungsbank und von *Cline* (1983). *KA* wurde implizit, d. h. im Wege der *Restrechnung,* aus Gleichung (8) ermittelt. Daraus ergibt sich die eigentliche *Schätzgleichung:*

(9) $$KA = (DIR + VIMF + VA) - (LBD + EOD + CPD + \Delta R)$$

Bei diesem Vorgehen ist es zwangsläufig, daß alle *Ungenauigkeiten* der vorgegebenen Daten in die Restgröße *KA* eingehen. Absolut zuverlässig dürfte in diesem Zusammenhang nur die Größe *VIMF* sein. Für *VA* gilt, daß sie auf einer soliden Grundlage stehen dürfte, allerdings eher mit einer Tendenz zur Unterschätzung, wie die Heraufsetzung der Daten zur Auslandsverschuldung im Zuge wiederholter Revisionen der (internen) *IMF*-Schuldenstatistik gezeigt hat. Auf die Zu-

---

[29] Auch die *BIZ* (1984, S. 113) bedient sich grundsätzlich dieses Verfahrens, indem sie die ausländische Neuverschuldung dem „Finanzierungsbedarf" der *EL* gegenüberstellt.

verlässigkeit der anderen Größen in Gleichung (9) wird noch bei der Kommentierung der Ergebnisse einzugehen sein.

In einer der nachfolgenden Ergebnistabellen wird *VA* als *Bezugsgröße* gewählt, d. h. sämtliche Positionen der Finanzierungsgleichung werden — z. T. zusammengefaßt — in % von *VA* ausgedrückt (Gleichung (10)):

$$(10)\quad \frac{VA}{VA} = \frac{(LBD + EOD)}{VA} + \frac{(CPD + \Delta R)}{VA} + \frac{KA}{VA} - \frac{DIR}{VA} - \frac{VIMF}{VA}$$

VI. Schätzergebnisse

1. Finanzierungsstruktur

Vorangestellt ist ein Überblick über das Gewicht der drei hauptsächlichen Finanzierungsquellen *VA* (87,3 %), *DIR* (9,6 %) und *VIMF* (3,1 %) in den 25 Großschuldner-*EL* von 1970 - 1983 (vgl. *Tab. 1*). Mit rd. 590 Mrd. $ (87,3 %) wird die herausragende Bedeutung der *Nettoauslandskredite* und damit die Abhängigkeit dieser Länder von ausländischen finanziellen Ressourcen unterstrichen. Andere Finanzierungsquellen spielten nur in sechs Ländern eine (geringe) Rolle (zu Einzelangaben vgl. Anmerkungen zu *Tab. 1*), nämlich

— die Repatriierung von ausländischen Kapitalanlagen (in Chile, Pakistan und Türkei; vgl. auch *Tab. 2*),

— Leistungsbilanzüberschüsse in Venezuela,

— der Abbau der offiziellen Währungsreserven in Portugal und Südafrika.

Hinsichtlich der Netto-Auslandskredite liegen die vier Ländergruppen eng beisammen (mit Anteilen zwischen 86 und 91 %), während die beiden anderen Komponenten z. T. stark variieren. So lag der Finanzierungsanteil der *Netto-Direktinvestitionen* in Lateinamerika bei 12 %, in den fünf europäischen Ländern dagegen nur bei gut 3 %, letzteres dadurch bedingt, daß für die drei osteuropäischen Staaten überhaupt keine *DIR* ausgewiesen sind. (Für Jugoslawien, Rumänien und Ungarn gilt stets, daß nur Transaktionen und Verschuldungen in konvertiblen Währungen berücksichtigt sind.) Umgekehrt betrug der Finanzierungsanteil der *IMF-Nettokredite* in den europäischen Ländern knapp 9 %, in Afrika/Nahost und in Lateinamerika dagegen nur zwischen 1,5 und 2 %.

In den *einzelnen* Ländern der vier Gruppen gibt es nun deutliche *Unterschiede.* Hinsichtlich des Finanzierungsanteils der Auslandsver-

Tabelle 1: **Finanzierungsstruktur der Großschuldner 1970 - 1983: Nettoauslandskredite (VA), Nettodirektinvestitionen (DIR) und IMF-Nettokredite (VIMF); in Mrd. $ und in %**

	DIR[a)]		*VA*		*VIMF*[b)]		*DIR + VA + VIMF*	
	abs.	%	abs.	%	abs.	%	abs.	%[c)]
1. Argentinien	2,9	6,2	43,1	91,5	1,1	2,3	47,1	100
2. Brasilien	19,6	18,1	85,7	79,3	2,8	2,6	108,1	100
3. Chile[d)]	1,1	6,6	12,6	75,4	0,6	3,6	14,3	(85,6)
4. Kolumbien	1,3	12,3	9,5	89,6	– 0,2	– 1,9	10,6	100
5. Mexiko	12,6	12,5	86,6	86,2	1,3	1,3	100,5	100
6. Peru	1,0	7,4	11,7	86,7	0,8	5,9	13,5	100
7. Venezuela[e)]	.	.	34,5	79,9	0	0	34,5	(79,9)
Lateinamerika	38,5	11,7	283,7	86,3	6,4	1,9	328,6	99,9
1. Indien[f)]	.	.	11,7	95,9	0,5	4,1	12,2	100
2. Indonesien	2,7	8,7	27,9	90,0	0,4	1,3	31,0	100
3. Korea	0,7	1,8	37,5	94,2	1,6	4,0	39,8	100
4. Malaysia	8,1	33,6	15,6	64,7	0,4	1,7	24,1	100
5. Pakistan[d)]	0,4	3,6	7,0	63,6	1,6	14,5	9,0	(81,7)
6. Philippinen	1,2	4,7	23,5	91,4	1,0	3,9	25,7	100
7. Thailand	1,9	11,2	14,0	82,8	1,0	5,9	16,9	99,9
Asien	15,0	9,5	137,2	86,4	6,5	4,1	158,7	100

1. Jugoslawien	0	0	16,0	87,9	2,2	12,1	18,2	100
2. Rumänien	0	0	8,0	88,9	1,0	11,1	9,0	100
3. Ungarn	.	.	7,7	92,8	0,6	7,2	8,3	100
4. Portugal[g)]	1,1	6,8	13,8	85,2	0,4	2,5	15,3	(94,5)
5. Türkei[d)]	1,2	6,3	15,6	81,7	1,8	9,4	18,6	(97,4)
Europa	2,3	3,3	61,1	88,0	6,0	8,6	69,4	99,9
1. Ägypten	4,4	16,4	22,5	83,6	.	.	26,9	100
2. Israel	0,5	2,2	22,3	97,8	.	.	22,8	100
3. Algerien	1,1	7,8	13,0	92,2	0	0	14,1	100
4. Marokko	0,4	3,1	11,4	89,1	1,0	7,8	12,8	100
5. Nigeria	3,7	17,4	17,6	82,6	0	0	21,3	100
6. Südafrika[g)]	– 1,0	– 4,6	21,0	96,3	0,8	3,7	20,8	(95,4)
Afrika/Nahost	9,1	7,7	107,8	90,8	1,8	1,5	118,7	100
25 *Großschuldner*	64,9	9,6	589,8	87,3	20,7	3,1	675,4	100

. Statistische Angaben unter 50 Mio. $.

a) –: Netto-*DIR im* Ausland. — b) –: Nettotilgung von *IMF*-Krediten. — c) Abweichungen von 100 % durch Runden der Zahlen (außer Klammerangaben). — d) Als zusätzliche Finanzierungsquelle Repatriierung von ausländischen Kapitalanlagen; Chile: 2,4 Mrd. $ (= 14,2 %); Pakistan: 2,0 Mrd. $ (= 18,2 %); Türkei: 0,5 Mrd. $ (= 2,6 %). — e) Als zusätzliche Finanzierungsquelle Leistungsbilanzüberschüsse: 8,7 Mrd. $ (= 20,1 %). — f) Angaben nur für 1970 - 1981. — g) Als zusätzliche Finanzierungsquelle Abbau der offiziellen Währungsreserven; Portugal: 0,9 Mrd. $ (= 5,6 %); Südafrika: 1,0 Mrd. $ (= 4,6 %).

Quellen: *IFS*, *BOP*, *IMF*-Schätzungen, Weltbank, Inter-American Development Bank, Institute for International Economics (vgl. Text und Literaturverzeichnis). — Eigene Berechnungen.

schuldung weisen neun Großschuldner Prozentsätze von 90 und mehr Prozent auf, nämlich:

Argentinien, Indien, Indonesien, Korea, Philippinen, Ungarn, Israel, Algerien und Südafrika.

Den mit Abstand niedrigsten Finanzierungsanteil der Auslandskredite stellen Pakistan und Malaysia mit je knapp 65 %. Für alle anderen 14 Großschuldner liegen die entsprechenden Anteile zwischen 75 und 90 %. Absoluter Spitzenreiter in dieser Hinsicht ist Israel mit fast 98 %. Über weitere Details informiert *Tab. 1.*

2. Kapitalflucht-Schätzungen

Die Ergebnisse der Schätzgleichung (9) sind in der nachstehenden *Tab. 2* zusammengefaßt. Bezugsgröße ist die ausländische Nettokreditaufnahme (*VA*) der 25 Großschuldner in den letzten 14 Jahren (1970 bis 1983) in Höhe von rd. 590 Mrd. $. Nach den Resultaten der Schätzgleichung haben davon 183 Mrd. $ (= 31 %) die Schuldnerländer in Form von privaten ausländischen Kapitalanlagen (*KA*) wieder verlassen. *183 Mrd. $ bzw. 31 %:* Ist das *„Kapitalflucht"?*

Zunächst dürfte die Größenordnung als solche bemerkenswert sein, liegt sie doch weit über jenen Schätzungen, die bereits von anderer Seite hierzu angestellt wurden, wenn auch für kürzere Zeiträume und weniger Länder (vgl. Abschnitt I). Ein Vergleich der vier *Ländergruppen* zeigt folgende Tendenzen:

— Mit gut 35 % liegt die durchschnittliche *KA/VA*-Quote der lateinamerikanischen Länder am höchsten. Sie übersteigt den entsprechenden Anteil der asiatischen Länder um 60 %, die mit 21,9 % die niedrigste Quote aufweisen, gefolgt von den Staaten aus Europa (28,2 %) und Afrika/Nahost (33,4 %).

— Die absolut (100 Mrd. $) wie auch relativ herausragende *KA*-Position Lateinamerikas, die sich schon in anderen Untersuchungen abzeichnete, gilt allerdings nur mit Blick auf die Durchschnittsquote.

Aussagekräftiger als derartige Durchschnittsquoten sind die Ergebnisse für die *einzelnen Länder*. Zieht man — absolut willkürlich — die kritische Grenze, von der ab Schuldnerländer als „Kapitalfluchtländer" anzusehen sind, bei einer *KA/VA-Quote von 50 %,* so haben folgende fünf Länder in den letzten 14 Jahren mehr als die Hälfte ihrer Nettoauslandskredite wieder ins Ausland zurücktransferiert:

Tabelle 2

25 Großschuldner: Private Kapitalabflüsse ins Ausland (KA), Stand der Auslandsverschuldung (VAB) Ende 1983 und Nettoauslandskredite (VA) von 1970 - 1983 (in Mrd. $)

	VAB Ende 1983	*VA* 1970 - 1983	*KA*[a)] 1970 - 1983	$\frac{KA}{VA}$ (%)
1. Argentinien	44,4	43,1	33,2	77,0
2. Brasilien	88,0	85,7	8,6	10,0
3. Chile	14,1	12,6	– 2,4	– 19,0
4. Kolumbien	10,7	9,5	1,9	20,0
5. Mexiko	89,4	86,6	24,4	28,2
6. Peru	12,4	11,7	3,4	29,1
7. Venezuela	35,1	34,5	30,7	89,0
Lateinamerika	294,1	283,7	99,8	35,2
1. Indien[b)]	22,5	11,7	4,7	40,2
2. Indonesien	30,4	27,9	7,3	26,2
3. Korea	38,9	37,5	3,6	9,6
4. Malaysia	15,9	15,6	8,4	53,8
5. Pakistan	9,7	7,0	– 2,0	– 28,6
6. Philippinen	24,0	23,5	7,3	31,1
7. Thailand	14,2	14,0	0,7	5,0
Asien	155,6	137,2	30,0	21,9
1. Jugoslawien	16,9	16,0	4,1	25,6
2. Rumänien	8,0	8,0	3,4	42,5
3. Ungarn	7,7	7,7	3,0	39,0
4. Portugal	14,4	13,8	7,2	52,2
5. Türkei	17,5	15,6	– 0,5	– 3,2
Europa	64,5	61,1	17,2	28,2
1. Ägypten	24,0	22,5	14,2	63,1
2. Israel	22,6	22,3	5,2	23,3
3. Algerien	13,6	13,0	1,7	13,1
4. Marokko	12,1	11,4	0,2	1,8
5. Nigeria	17,8	17,6	5,1	29,0
6. Südafrika	22,0	21,0	9,6	45,7
Afrika/Nahost	112,1	107,8	36,0	33,4
25 *Großschuldner*	626,3	589,8	183,0	31,0

a) –: Repatriierung von privaten Kapitalanlagen aus dem Ausland.
b) Angaben nur für 1970 - 1981.

Quellen: Vgl. Anmerkungen zu Tab. 1. — Eigene Berechnungen.

1. Venezuela (89,0 %), 2. Argentinien (77,0 %), 3. Ägypten (63,1 %), 4. Malaysia (53,8 %), 5. Portugal (52,2 %).

Setzt man, wieder willkürlich, die Grenzlinie auf eine *KA/VA-Quote von 25 %* herab, so kommen folgende zehn Länder hinzu:

— Südafrika, Rumänien, Indien und Ungarn mit Quoten zwischen 39 und 46 %,

— Philippinen, Peru, Nigeria, Mexiko, Indonesien und Jugoslawien mit Quoten zwischen 26 und 31 %.

Nach diesem 25 %-Kriterium zählen also 15 der insgesamt 25 Großschuldner zum „harten Kern der Kapitalfluchtländer" mit einer durchschnittlichen KA/VA-Quote von 46 %, zumal der Abstand zu den anderen Ländern dann doch recht deutlich ist. Freilich ist damit die eingangs gestellte Frage, wann der „normale" Vorgang von privaten Kapitalexporten in Kapitalflucht „umschlägt", nicht beantwortet. Jegliche Grenzziehung bleibt arbiträr; Größenordnungen und Quoten können nur gewisse Hinweise liefern. Nähere Aufschlüsse sind in diesem Zusammenhang nur von einer Untersuchung der spezifischen Bestimmungsfaktoren für private Kapitalabflüsse ins Ausland in *jedem Einzelfall* zu erwarten. Diese Aufgabe kann im Rahmen dieser Untersuchung nicht geleistet werden.

Drei Ergebnisse der *Tab. 2* seien noch hervorgehoben:

1. Kapitalfluchtprobleme (wenn es sich denn um solche handelt) existierten auch in den drei *osteuropäischen* Ländern (Jugoslawien, Rumänien, Ungarn) mit *KA/VA*-Quoten zwischen 25,6 und 42,5 %. Offensichtlich gibt es also auch hier „Schlupflöcher" für konvertible Währungen in beträchtlichem Ausmaß. Angesichts der dort üblichen Restriktionen für den *privaten*, grenzüberschreitenden Kapitalverkehr gibt diese Tatsache Anlaß zu der Vermutung, daß an den Kapitalabflüssen aus diesen Ländern auch (oder vor allem) *staatliche* Stellen beteiligt gewesen sind. Anders formuliert: das hier gewählte Kriterium, wonach sich staatliche Kapitalexporte hauptsächlich in Erhöhungen der offiziellen Währungsreserven niederschlagen, greift — in diesen Staaten — offensichtlich zu kurz.

2. Auch das Gegenteil von „Kapitalflucht", nämlich die *Rückführung* von privaten Kapitalanlagen aus dem Ausland, spielte in einigen Großschuldnerländern eine Rolle. So ist es Chile, Pakistan und der Türkei per Saldo in den letzten 14 Jahren gelungen, Auslandsanlagen zu repatriieren. In der Nähe dieser Gruppe befinden sich ferner noch Marokko und Thailand mit *KA/VA*-Quoten zwischen 2 und 5 %.

3. Die häufig getroffene Qualifizierung *Lateinamerikas* als „Kapitalfluchtregion“ läßt sich im Lichte der Ergebnisse der *Tab. 2* in dieser pauschalen Form nicht aufrecht erhalten. Vielmehr zeigt sich, daß die hohe durchschnittliche *KA/VA*-Quote dieser Ländergruppe allein durch zwei Staaten, Venezuela und Argentinien, zustande gekommen ist, während die anderen Länder dieser Region eher moderate und z. T. sogar negative Quoten aufweisen.

Fazit: Hinsichtlich des Kapitalfluchtphänomens gibt es in den betrachteten 25 Großschuldnerländern ausgeprägte Unterschiede; Pauschalaussagen für ganze Regionen sind fehl am Platze.

3. Schätzprobleme

Es wurde schon gesagt, daß wegen der impliziten Errechnung von *KA* die Schätzungen dieser Größe nur so realistisch sein können, wie es sämtliche vorgegebenen anderen Daten sind. Die hauptsächlichen Fehlerquellen seien kurz angesprochen:

1. Die errechneten *KA*-Beträge sind dann zu *hoch,* wenn statistisch nicht registrierte *Rüstungsimporte* stattgefunden haben, sofern sie nicht durch entsprechende, in *LBD* nicht erfaßte Militärexporte und/oder durch — in *VA* — nicht registrierte Militärhilfekredite finanziert wurden. Darüber gibt es aus externer Sicht nur Vermutungen. Feststehen dürfte nur, daß die genannten Größen nicht unbedeutend sind. *Dornbusch* (1984) schätzt z. B. für Argentinien 7 Mrd. $ nicht erfaßte Militärimporte von 1978 - 1982. Diese von *KA* abgesetzt, verblieben in diesem Zeitraum aber immer noch 19 Mrd. $ an privaten Kapitalabflüssen.

   In der Untersuchung von *Dooley u. a.* (1983) werden ferner die ausländischen Kapitalanlagen seitens der *Banken* der Schuldnerländer von *KA abgesetzt.* Der Gedanke ist insofern richtig, als die Banken in den meisten der hier betrachteten Schuldnerländer verstaatlicht und damit dem direkten Zugriff der Regierungen ausgesetzt sind. Aber: Erstens handelt es sich lt. Ausweis der *IFS* bei diesen Größen um sehr geringe Beträge. Zweitens stellt sich die Frage, warum die staatlichen Stellen — anstelle neuer Auslandsschulden — nicht schon längst auf diese quasi „privaten“ Währungsreserven zurückgegriffen haben. Ein Grund mag sein, daß die ausländischen Kapitalanlagen der *EL*-Banken weder verfügbar noch mobilisierbar sind.

2. Demgegenüber gibt es eine Reihe von Gründen, aus denen die hier errechneten *KA*-Beträge *eher zu niedrig* erscheinen:

   — Zum einen enthält der *Restposten* der Zahlungsbilanz in einem gewissen Umfange stets auch statistisch nicht weiter aufgliederbare Transaktionen des Kapitalverkehrs, u. a. also auch Kapitalanlagen im Ausland, die den Schätzgrößen insoweit *hinzuzurechnen* wären. Dieser Restposten (netto) ist für nahezu alle Großschuldner defizitär (*EOD*) und weist — in Relation zum Leistungsbilanzdefizit — in einigen Ländern beachtliche Prozentsätze auf: Indien: 140 %; Südafrika: 90 %; Malaysia: 57 %; Mexiko: 55 %; Indonesien: 47 %; Philippinen: 23 %; Korea: 15 %.

— Zum anderen stecken in den statistisch erfaßten *Leistungsbilanzdefiziten* möglicherweise in erheblichem Umfange *versteckte* KA-Beträge, dann nämlich, wenn die Exporte bewußt zu niedrig fakturiert sind mit dem Ziel, einen Teil der Exporterlöse im Ausland zu belassen (das sog. *„Underinvoicing"*), oder wenn die Importe zu hoch fakturiert sind, ebenfalls in der Absicht, höhere Devisenbeträge ins Ausland zu transferieren (das sog. *„Overinvoicing"*). Leider gibt es auch darüber nur wenige konkrete Anhaltspunkte, aber derartige Pratiken als solche sind unbestritten. So schätzt z. B. *Gupta*[30] anhand von „educated guesses" für Indien, daß die unterfakturierten Exporte bzw. die überfakturierten Importe bis zu 8 bzw. 5 % der offiziellen Exporte bzw. Importe ausmachen.

Die genannten Fehlerquellen verdeutlichen, daß es sich bei den hier errechneten *KA*-Beträgen nur um grobe Schätzungen handeln kann. Die Tatsache jedoch, daß die vom *IMF* verfügbaren (internen) Angaben zu den Nettoauslandskrediten „vorsichtig" veranschlagt sind, rechtfertigt — zusammen mit den zuletzt genannten Punkten — die Annahme, daß die errechneten *KA*-Beträge eher *Untergrenzen* darstellen.

3. Neben der finanziellen „Kapitalflucht" gibt es auch noch so etwas wie eine *„Flucht in Importgüter"*, und zwar zusätzlich oder ersatzweise: Erwarten z. B. die Unternehmen und Haushalte eines Schuldnerlandes eine größere Abwertung der inländischen Währung (und wann hätten sie das nicht getan?), so werden sie — bei Vorliegen strikter Kapitalverkehrskontrollen — verstärkt Investitions- und dauerhafte Konsumgüter importieren, um nach erfolgter Abwertung Währungs- bzw. Vorratsgewinne zu realisieren. Ein solches Verhalten treibt das Leistungsbilanzdefizit hoch, ähnlich wie das gerade erwähnte Under- bzw. Oberinvoicing. *Dornbusch* (1984) hat ein

[30] *S. Gupta* (1984), S. 83. Gupta nennt als weitere Transaktionen, die das offizielle Leistungsbilanzdefizit als zu hoch ausweisen, nicht erfaßte Exporte durch Schmuggel und im Reise-Service, desweiteren Remittances (unentgeltliche private Übertragungen).

solches Verhalten z. B. für Chile nachgewiesen, und es ist sicher kein Zufall, daß dieses Land zu den ganz wenigen gehört, in denen nach unseren Berechnungen keine finanzielle „Kapitalflucht" stattgefunden hat.

4. Absorption der Auslandskredite

Private Kapitalabflüsse ins Ausland (*KA*) sind nur einer unter zahlreichen anderen *Verwendungszwecken* der Nettoauslandskredite (*VA*). Hinzu kommen regelmäßig Leistungsbilanzdefizite einschl. negativer Salden des Restpostens (*LBD* + *EOD*) und die Aufstockung der offiziellen Währungsreserven einschl. negativer Salden der Ausgleichsposten (ΔR + *CPD*). In Einzelfällen spielt ferner die Finanzierung von Nettodirektinvestitionen (*DIR*) im *Ausland* und von Nettotilgungen[31] von *IMF*-Krediten (*VIMF*) eine Rolle. Andererseits treten neben *VA* als zusätzliche *Finanzierungsquellen* in den meisten Fällen noch *DIR* (in *EL*) und *VIMF* (*IMF*-Nettokredite) sowie in Einzelfällen Leistungsbilanzüberschüsse (Venezuela) und die Repatriierung von *KA* (Chile, Pakistan, Türkei).

In einem Gesamtüberblick sind diese Zahlungsbilanzpositionen kumuliert für die letzten 14 Jahre in *Tab. 3* dargestellt. Die Kopfzeile entspricht Gleichung (10); da sämtliche Größen auf *VA* bezogen werden, sind die Finanzierungsbeiträge aller anderen Größen zu substrahieren.

Zunächst interessiert die *Beziehung* zwischen den *VA-Absorptionsquoten* von *KA* und (*LBD* + *EOD*). Der Grund ist, daß Auslandskredite der *EL* primär dem Ziel der Finanzierung von Leistungsbilanzdefiziten dienen (sollten). Ist dies nicht der Fall, wird hier von einer *„Entkopplung"* zwischen den Größen *VA* und (*LBD* + *EOD*) gesprochen. Die Berechnungen führten zu folgenden Ergebnissen: Lag die *KA*/*VA*-Quote („Kapitalflucht-Quote") in 15 der 25 Großschuldnerländer *über 25 %*, so errechnet sich eine (*LBD* + *EOD*)/*VA*-Quote („Finanzierungsquote des Leistungsbilanzdefizits") von *weniger als 75 %* für 14 dieser Länder, dabei sind 12 Länder identisch.

Das Ergebnis kann nicht überraschen, handelt es sich doch um *konkurrierende* Verwendungszwecke. Willkürlich gesetzt ist indessen (wie bei *KA*) das „Entkopplungs-Kriterium" (75 %); gleichwohl dürfte es einige brauchbare Hinweise für die hier interessierende Beziehung liefern. Aber es gibt Ausnahmen: Drei Länder konnten *beide* Kriterien [*KA*/*VA* > 25 % bei gleichzeitig (*LBD* + *EOD*)/*VA* > 75 %] übersprin-

[31] Sie können dann auftreten, wenn im Betrachtungszeitraum (1970 - 83) hohe *IMF*-Kredite fällig wurden, die vor 1970 aufgenommen wurden.

gen, nämlich Mexiko, Malaysia und Nigeria wegen überdurchschnittlich hoher *DIR*. Ähnliches gilt für Jugoslawien dank beträchtlicher *IMF*-Nettokredite. Als extreme Entkopplungsfälle sind Argentinien, Venezuela und Indien anzusehen. Mit Absorptionsquoten von nur etwa 50 % kommen Ungarn, Ägypten und Südafrika hinzu. Zu weiteren Details vgl. *Tab. 3*.

Ein kurzer Seitenblick sei noch auf die Absorption von *VA* durch die *Reservekomponente* ($\Delta R + CPD$) geworfen. *Tab. 3* zeigt, daß 23 der insgesamt 25 Großschuldner ihre offiziellen Währungsreserven per Saldo in den letzten 14 Jahren aufgestockt haben. Nur in zwei Ländern (Portugal und Südafrika) kam es zu einem geringfügigen Abbau der Reservebestände. Während sich für die Länder Lateinamerikas, Europas und aus Afrika/Nahost eine durchschnittliche „Reservequote" [$(\Delta R + CPD)/VA$] zwischen 6,7 und 8,4 % errechnete, lag die entsprechende Quote in den *asiatischen* Ländern (18,1 %) etwa bei dem 2,5-fachen. Für Indien lautet sie sogar auf 45 und für Pakistan auf 30 % (in die Nähe dieser Relation kommen aus den anderen Ländergruppen nur noch Venezuela und Kolumbien). Die interessante Frage, welche Gründe die asiatischen Länder zu diesem ungewöhnlichen Reserveverhalten bewogen haben mögen, kann hier nur aufgeworfen, aber nicht beantwortet werden.

5. Gegenpositionen zum Fluchtkapital

Die Antwort auf die Frage, wo sich die privaten Kapitalabflüsse (*KA*) aus *EL* niedergeschlagen haben, ist alles andere als eindeutig (wüßte man dies, ergäbe sich auch von hier aus ein Ansatzpunkt für Kapitalfluchtschätzungen). Die *BIZ* (1984, S. 97) vermutet, daß zwischen der Entwicklung der Kapitalabflüsse aus Lateinamerika und der Überschußposition des Restpostens der Zahlungsbilanz der USA („Net Errors and Omissions"; *EOÜ*) ein Zusammenhang bestanden haben könnte. Da die *EO*-Position eines Empfängerlandes von *KA* eben auch statistisch nicht weiter aufgliederbare Kapitaltransaktionen wenigstens zum Teil erfaßt, mag dies in der Tat ein plausibler Hinweis sein, ebenso die USA als bevorzugtes Anlageland.

Geht man dieser Spur nach und erweitert sie um die *Schweiz*, so ergibt sich der in *Abb. 1* dargestellte Zusammenhang: Insbesondere seit 1978, dem Beginn der „Hochphase" der Kapitalfluchtbewegungen, verlaufen die Zeitreihen (Indices) der *EOÜ* (USA *und* Schweiz) und der *KA* aus den 15 Großschuldnerländern, für die hier eine *KA*/*VA*-Quote von mehr als 25 % errechnet wurde, ausgeprägt parallel. Der Zusammenhang ist lockerer, wenn man allein auf die *EOÜ* der USA abstellt.

Tabelle 3

Absorption der Nettoauslandskredite (VA) in 25 Großschuldnerländern 1970 - 1983 (in %)

	a) $\frac{VA}{VA}$ =	b) $\frac{(LBD + EOD)}{VA}$	c) + $\frac{(\Delta R + CPD)}{VA}$	d) + $\frac{KA}{VA}$	e) − $\frac{DIR}{VA}$	f) − $\frac{VIMF}{VA}$
1. Argentinien	99,9	31,3	0,9	77,0	6,7	2,6
2. Brasilien ..	99,9	114,1	2,0	10,0	22,9	3,3
3. Chile	100,1	117,5	15,1	− 19,0	8,7	4,8
4. Kolumbien	100	69,5	22,1	20,0	13,7	+ 2,1
5. Mexiko	100,2	85,6	2,5	28,2	14,6	1,5
6. Peru	100,1	70,1	16,2	29,1	8,5	6,8
7. Venezuela ..	100	− 19,4	30,4	89,0	.	0
Lateinamerika	100	73,4	7,3	35,2	13,6	2,3
1. Indien[g)] ...	100	18,8	45,3	40,2	.	4,3
2. Indonesien	99,7	67,4	17,2	26,2	9,7	1,4
3. Korea	99,9	79,2	17,3	9,6	1,9	4,3
4. Malaysia ..	99,9	81,4	19,2	53,8	51,9	2,6
5. Pakistan ...	99,9	127,1	30,0	− 28,6	5,7	22,9
6. Philippinen	100	71,1	7,2	31,1	5,1	4,3
7. Thailand ..	100	105,0	10,7	5,0	13,6	7,1
Asien	100	75,6	18,1	21,9	10,9	4,7
1. Jugoslawien	100	74,4	13,8	25,6	0	13,8
2. Rumänien ..	100	70,0	.	42,5	0	12,5
3. Ungarn	100	54,5	14,3	39,0	.	7,8
4. Portugal ...	100,1	62,3	− 3,6	52,2	7,9	2,9
5. Türkei	100	114,1	8,3	− 3,2	7,7	11,5
Europa	100	78,7	6,7	28,2	3,8	9,8
1. Ägypten ...	100	51,6	4,9	63,1	19,6	.
2. Israel	100	62,8	16,1	23,3	2,2	.
3. Algerien ...	100	83,1	12,3	13,1	8,5	0
4. Marokko ..	100,1	108,8	1,8	1,8	3,5	8,8
5. Nigeria	100	76,1	15,9	29,0	21,0	0
6. Südafrika ..	100	54,3	− 1,0	45,7	+ 4,8	3,8
Afrika/Nahost	100	68,3	8,4	33,4	8,4	1,7
25 *Groß-schuldner* ..	100	73,5	10,0	31,0	11,0	3,5

. Größenordnungen unter 50 Mio. $.
a) Abweichungen von 100 % durch Runden der Zahlen.
b) −: Leistungsbilanzüberschuß (einschl. Restposten).
c) −: Verringerung der offiziellen Währungsreserven (einschl. Ausgleichsposten).
d) −: Rückführung von ausländischen Kapitalanlagen.
e) +: Nettodirektinvestitionen *im* Ausland.
f) +: Nettotilgung von *IMF*-Krediten.
g) Angaben nur für 1970 - 1981.

Quellen: Vgl. Anmerkungen zu Tab. 1. — Eigene Berechnungen.

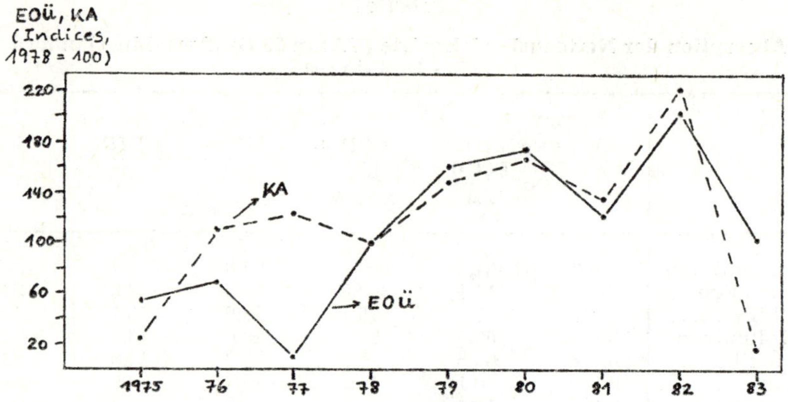

Abb. 1: Positive Salden des Restpostens der Zahlungsbilanz (*EOÜ;* USA und Schweiz) und private Kapitalabflüsse aus 15 Großschuldnerländern[a)] ins Ausland (*KA*)[b)]

a) Venezuela, Argentinien, Ägypten, Malaysia, Portugal, Südafrika, Rumänien, Indien, Ungarn, Philippinen, Peru, Nigeria, Mexiko, Indonesien, Jugoslawien.
b) Eigene Berechnungen; Quelle für Grunddaten: Tab. 2 zu *KA*, *IMF* (1984) zu *EOÜ*.

VII. Bestimmungsfaktoren

Hohe Kapitalabflüsse ins Ausland signalisieren im allgemeinen politische und wirtschaftliche Instabilitäten im Inland. Beide Bestimmungsfaktoren sind oft untrennbar miteinander verbunden. Bei Kapitalfluchtbewegungen aus *politischen* Gründen dominiert die Absicht, inländisches Vermögen im Ausland „in Sicherheit" zu bringen, z. B. vor Regierungswechseln oder in der Erwartung von Verstaatlichungen oder Kapitalverkehrskontrollen. *Ökonomische* Einflußfaktoren der Kapitalflucht sind, generell gesehen, die Furcht vor Verlusten oder Risiken im Inland bzw. die Realisierung von höheren Renditen im Ausland (Realzinsgefälle, unrealistische Wechselkurse, hohe inländische Inflationsraten und Budgetdefizite, Erwartung restriktiver Anpassungsmaßnahmen)[32].

Kapitalfluchtbewegungen weisen damit gleichzeitig darauf hin, wo die Schwachstellen der Wirtschaftsentwicklung und die Anpassungsdefizite der Wirtschafts- und Währungspolitik liegen könnten. Praktisch jedes der hier betrachteten 25 Großschuldnerländer hatte und hat mit mehreren der genannten Probleme zu kämpfen. Trotzdem: Jedes Land hat seine eigene Story, und es übersteigt die Möglichkeiten dieses Papers, die ganze Palette möglicher Bestimmungsfaktoren für jedes einzelne Land zu untersuchen. Wir beschränken uns daher im folgenden

[32] Vgl. dazu *H. Schlesinger* (1984), insbes. S. 352 ff.

auf zwei Einflußgrößen, nämlich die „Kreditquote“ und die Wechselkurse. Von ökonometrischen Berechnungen wurde Abstand genommen; sie könnten eine Erklärungsschärfe vortäuschen, die in der Realität nicht gegeben ist. Zu unsicher und unvollständig sind letztlich die verfügbaren Zeitreihen der offiziellen Zahlungsbilanzstatistik, aber auch der *IMF*-Schätzungen der Auslandskredite.

1. Auslandskredite und Leistungsbilanzen

Betrachtet man jene 15 Großschuldner, für die hier hohe Kapitalabflüsse nachgewiesen wurden, so zeigt sich für die meisten Länder folgendes Bild: Zwischen der Entwicklung der (jährlichen) Nettokreditaufnahme (*VA*) und den Kapitalabflüssen ins Ausland (*KA*) bzw. zwischen den Veränderungsraten des Auslandsschuldenstandes und des Bestandes an ausländischen Kapitalanlagen besteht ein ausgeprägter Parallelverlauf, der auf eine enge Korrelation zwischen beiden Größen hindeutet. M. a. W., Tempo und Richtung von *VA* haben zu gleichgerichteten Veränderungen von *KA* geführt. Angesichts des hohen *KA*-Volumens und des dominierenden Gewichts von *VA* als Finanzierungsquelle (vgl. *Tab. 1* und *2*) kann dieses Ergebnis nicht überraschen.

Hohe oder niedrige Wachstumsraten der Auslandsverschuldung sind — für sich genommen — natürlich noch keine eigenständige Determinante für Kapitalfluchtbewegungen. Aber dahinter könnten bestimmte *Verhaltensweisen* und *Reaktionen* der Kapitalexporteure stehen, die mit hohen oder niedrigen Raten der Auslandsverschuldung assoziiert sind. Um dies zum Ausdruck zu bringen. ist *VA* auf eine möglichst aussagekräftige Basisgröße zu beziehen. Wir haben hier die Relation von *VA* zu Leistungsbilanzdefizit einschl. Restposten (*LBD* + *EOD*) gewählt; diese Relation wird kurz als „Kreditquote“ bezeichnet. Ihr gegenübergestellt ist die „Kapitalfluchtquote“ (*KA*/*VA*).

Die Kombination beider Quoten ist in *Abb. 2* für den Zeitraum 1970 - 1983 (kumuliert) in 24 Großschuldnern als *Querschnittsvergleich* dargestellt. In grober Annäherung ergäbe sich daraus eine (lineare) Funktion

$$\frac{KA}{VA} = -a + b\left(\frac{VA}{LBD + EOD}\right),$$

auf deren Berechnung aus den o. g. Gründen jedoch verzichtet wird. *Abb. 2* läßt folgende Tendenzaussagen im Ländervergleich zu:

- Länder mit niedrigen (hohen) Kreditquoten haben ebenfalls niedrige (hohe) Kapitalfluchtquoten, m. a. W., mit zunehmender Kreditquote steigt auch (unterproportional) die Kapitalfluchtquote.

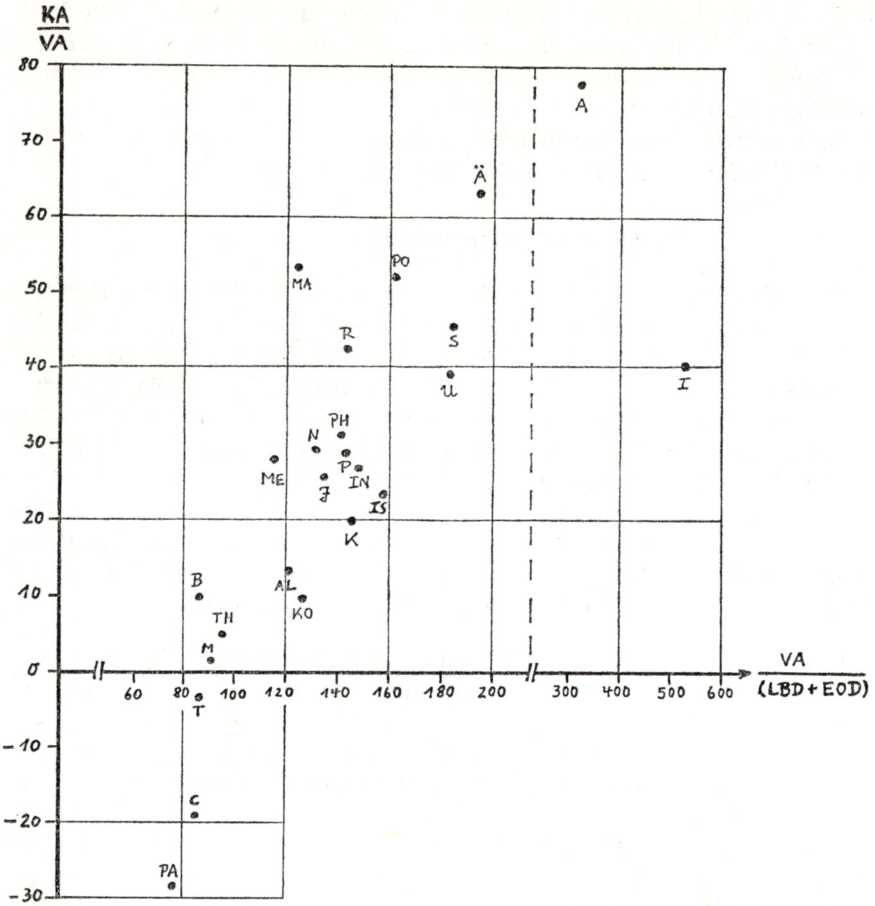

Abb. 2: Zusammenhang zwischen „Kapitalfluchtquote" (*KA/VA*) und „Kreditquote" [*VA*/(*LBD* + *EOD*)] in 24 Großschuldnerländern 1970 - 1983[a), b)]

a) Ohne Venezuela (*LBÜ*); Angaben für Indien nur von 1970 - 1981.
b) *KA:* private Kapitalabflüsse ins Ausland; *VA:* Nettoauslandskredite; (*LBD* + *EOD*): Leistungsbilanzdefizite plus defizitäre Restposten der Zahlungsbilanz; negative *KA* entsprechen Repatriierungen von Auslandsanlagen.

Quellen: Vgl. Angaben der Tab. 2 und 3. — Eigene Berechnungen.

Länderabkürzungen: Argentinien (*A*); Brasilien (*B*); Chile (*C*); Kolumbien (*K*); Mexiko (*ME*); Peru (*P*); Indien (*I*); Indonesien (*IN*); Korea (*KO*); Malaysia (*MA*); Pakistan (*PA*); Philippinen (*PH*); Thailand (*TH*); Jugoslawien (*J*); Rumänien (*R*); Ungarn (*U*); Portugal (*PO*); Türkei (*T*); Ägypten (*Ä*); Israel (*IS*); Algerien (*AL*); Marokko (*M*); Nigeria (*N*); Südafrika (*S*).

— Die Wahl der Bezugsgröße zu *VA*, nämlich (*LBD* + *EOD*), könnte folgende Erklärungshinweise für dieses Phänomen liefern: Hohe (und die Erwartung auf weiter steigende) Kreditquoten signalisieren den privaten Kapitalexporteuren eines Landes, daß die Auslandsverschuldung (zukünftig) nicht mehr in Einklang mit der wirtschaftlichen Leistungskraft steht (stehen wird). Befürchtungen unterschiedlichster Art mögen darin zum Ausdruck kommen: die Belastung mit Zinszahlungen und von daher die Verschlechterung der Leistungsbilanz; notwendige Kürzungen der Importe mit negativen Effekten auf den Wachstums- und Entwicklungsprozeß; Abbau des Budgetdefizits durch Reduzierung von Subventionen und Transferleistungen; erforderliche Einschränkungen im Lebensstandard; Erwartungen einer realen Abwertung der inländischen Währung; Erfahrungen mit einer falschen („unproduktiven") Verwendung von Auslandskrediten. Kurz: Hohe Kreditquoten könnten bei den privaten Kapitalexporteuren zu der Erwartung führen, daß gravierende Anpassungsschritte der Regierung früher oder später unumgänglich sind. Sie reagieren darauf mit der Substitution von inländischem Vermögen durch Kapitalanlagen im Ausland.

Mit diesem Versuch eines sehr allgemeinen Erklärungsansatzes wird zugleich unterstellt, daß die privaten Kapitalexporteure der Schuldnerländer Anpassungsdefizite in der Wirtschafts- und Währungspolitik ihrer Regierungen schon viel frühzeitiger wahrgenommen haben — wenigstens lange bevor der tatsächliche Umschwung und die krisenhafte Zuspitzung der Verschuldungslage einsetzte.

2. Unrealistische Wechselkurse

Für alle Großschuldner mit hohen Kapitalabflüssen ins Ausland (relativ zu *VA*) gilt die Beobachtung, daß sie jahrelang an *überhöhten* Wechselkursen festgehalten und rechtzeitige reale Abwertungen ihrer Währungen verhindert haben, wie auch immer man den Abwertungsbedarf mißt.[33] Hauptsächliche Gründe für das Festhalten an Überbewertungen sind zum einen, die importierte Inflationskomponente niedrig zu halten (mit Bezug auf die „offiziellen" Importe), zum anderen, einen Anstieg des Budgetdefizits zu verhindern. Erhöhungen des Defizits ergäben sich dadurch, daß der reale Schuldendienst — gemessen in Einheiten des inländischen Output — für die zumeist öffentlichen Schuldner der Auslandskredite als Folge einer realen Abwertung steigen würde.

Vor allem für die Währungen der lateinamerikanischen Staaten hatte sich über viele Jahre ein enormer Abwertungsbedarf aufgestaut, der durch die fast überall existierenden Parallelmärkte für Devisen augen-

---

[33] Berechnungen des realen effektiven Wechselkursindex von 1970 - 1982 für sieben der hier betrachteten Länder mit hohen Kapitalabflüssen finden sich bei *M. Holthus, K. Stanzel* (1984), S. 279.

fällig zutage trat. Trotz gelegentlicher, sehr drastischer Abwertungsschritte haben jedoch die offiziellen Wechselkurse mit jenen der Parallelmärkte in vielen Ländern bis heute nicht Schritt halten können. *Permanente Erwartungen* auf Abwertungen wirken aber geradezu wie eine Aufforderung zu einer ebenso permanenten spekulativen Kapitalflucht („Einladung zur Kapitalflucht“[34]). Der Bestimmungsfaktor „überhöhte Wechselkurse“ ließe sich, zumindest phasenweise, für die meisten der hier betrachteten 15 Großschuldner mit hohen Kapitalabflüssen demonstrieren. Stellvertretend für sie werden im folgenden drei *exemplarische Fälle* herausgegriffen.

In *Abb. 3* sind für *Ägypten, Argentinien* und *Mexiko* folgende Zeitreihen dargestellt:

— Die Veränderungsraten der gesamten Auslandsverschuldung (Δ *VAB*) und der Bestände an (privaten) Kapitalanlagen im Ausland (Δ *KAB*), jeweils in % gegenüber dem Vorjahr. (Über weite Phasen besteht zwischen beiden Zeitreihen ein Parallelverlauf.)

— Die Entwicklung des realen effektiven Wechselkursindex (WKI^r) in Ägypten und Mexiko bzw. der Relation von Importpreisen zu Inlandspreisen als Maßstab für den realen Wechselkurs in Argentinien. Sinkende reale Wechselkurse zeigen eine Überbewertungstendenz der inländischen Währung an.

Die Beobachtung für *Argentinien* zeigt eine in großen Schritten zunehmende Überbewertung des Peso von 1976 bis 1980, in deren Verlauf die Zuwachsraten der Kapitalflucht immer höhere Werte annehmen. Die reale Abwertung des Jahres 1981 erwies sich offenbar als zu gering, um den aufgestauten Abwertungsbedarf zu beseitigen — Δ KAB sinkt deshalb nur geringfügig.

Erst mit der starken realen Abwertung 1982 (und 1983) gehen die Kapitalabflüsse ins Ausland stark zurück bzw. tendieren gegen Null (1983).

Für *Mexiko* gilt, daß die höchsten Zuwachsraten der Kapitalflucht stets (kurz) vor den drastischen realen Abwertungen des Peso in den Jahren 1977 und 1982 stattfanden. In den jeweils folgenden Jahren beruhigten sich die spekulativen Kapitalbewegungen. Starke Schwankungen von Δ *KAB* von 1979 - 1981 deuten darauf hin, daß die Kapitalexporteure wechselkurspolitische Maßnahmen der Regierung — die immer weiter hinausgezögert wurden — nicht richtig antizipiert haben. Möglicherweise kommt in diesen Schwankungen aber auch zum Ausdruck, daß *öffentliche* Unternehmen (z. B. staatliche Ölgesellschaften), die hier den privaten Kapitalexporteuren zugerechnet wurden, in jenen Jahren verstärkt ausländische Kapitalanlagen repatriiert haben[35]. Dieser Fall könnte auch für die Phase 1975/76 zutreffen.

---

[34] *K. O. Pöhl* (1984), S. 2.

[35] Darauf weist z. B. *H.-P. Nissen* (1984), S. 156 ff., am Beispiel Venezuelas hin.

In *Ägypten* hatte sich (bereits seit 1970) bis 1978 sukzessive ein beträchtlicher Abwertungsbedarf aufgestaut, der dann insbesondere 1977/78 zu einem steilen Anstieg der Kapitalfluchtraten führte. Die starke reale Pfund-Abwertung 1978 machte dieser Entwicklung ein ebenso plötzliches Ende (1979). Die Kapitalabflüsse klangen bis 1981 langsam aus bzw. schlugen 1982 sogar in geringfügige Rückführungen von Auslandsanlagen um. Im Zuge der zwischenzeitlich erfolgten Überbewertung stieg die Kapitalfluchtrate 1983 allerdings wieder an.

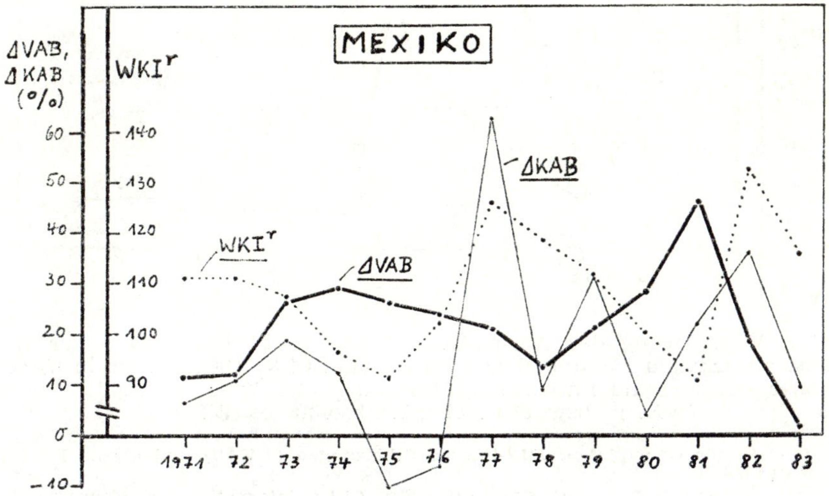

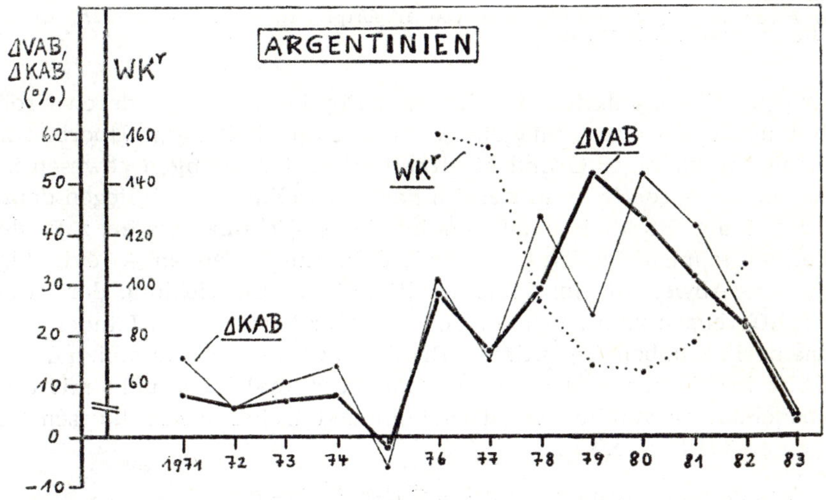

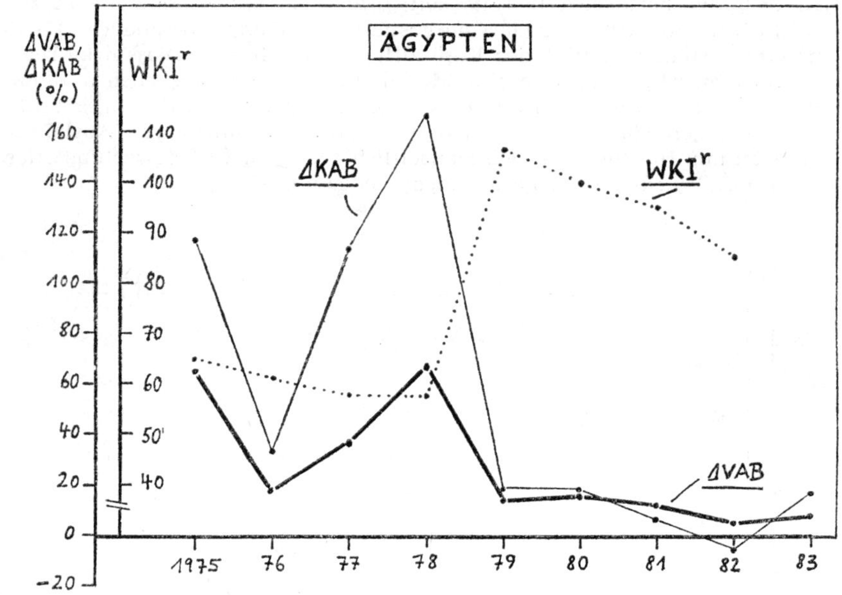

Abb. 3: Veränderung der Auslandsverschuldung (Δ *VAB*)a) sowie der Bestände an privaten Kapitalanlagen im Ausland (Δ *KAB*)a), jeweils in % gegenüber Vorjahr, und Entwicklung des realen effektiven Wechselkursindex (*WKI*^{r})b) bzw. des realen Wechselkurses (*WK*^{r})c)

a) Quellen für Grunddaten: *IMF*-interne Schätzungen (Δ *VAB*) und eigene Berechnungen (Δ *KAB*).

b) 1980 = 100; $WKI^r = [CPI^i / CPI^d] \cdot (WKI^n)$; CPI^i: internationaler Konsumpreisindex; CPI^d: inländischer Konsumentenpreisindex; WKI^n: nominaler Wechselkursindex. Quellen: *M. Holthus, K. Stanzel* (1984), S. 279; *L. Solis, E. Zedillo* (1984), S. 7 (für Mexiko 1983).

c) Index 1978 - 1983 = 100; Relation von Importpreisen zu Inlandspreisen; Quelle: *R. Dornbusch* (1984), S. 27 a/28.

Wie bereits erwähnt, ließe sich auch für die meisten anderen Großschuldner nachweisen, daß das künstliche Festhalten an Überbewertungen ein wichtiger Grund für Kapitalfluchtbewegungen gewesen ist. Die Anpassungsdefizite im Bereich der Wechselkurspolitik liegen damit klar auf der Hand. Maßnahmen in dieser Richtung wären z. B. der Übergang zum *aktuellen „Pegging“*, d. h. zur laufenden — evtl. täglichen — Abwertung im Gleichschritt mit der Entwicklung der Inflationsdifferenzen zum Ausland. Von den hier betrachteten Ländern Lateinamerikas haben Argentinien, Brasilien, Chile und Kolumbien diesen Schritt inzwischen vollzogen, Mexiko, Peru und Venezuela mit dem Nebeneinander von festen (offiziellen) und freien Wechselkursen dagegen erst teilweise.[36]

[36] Vgl. dazu für Mexiko: *E. Gerken* (1984), S. 106 - 108.

Zahlreiche andere Bestimmungsfaktoren wurden eingangs dieses Abschnitts kursorisch genannt, können hier aber nicht näher behandelt werden. Erwähnt seien lediglich noch zwei Maßnahmen aus dem Bereich der Währungspolitik, die häufig gegen Kapitalfluchtbewegungen eingesetzt werden: So wird mit der Schaffung von zinsattraktiven Märkten für *Fremdwährungsguthaben* versucht, die Devisen im Inland zu halten. Der sog. „Mex-Dollar-Markt" in Mexiko ist ein Beispiel dafür, mit dem seit Jahren experimentiert wird. Der hauptsächliche Konflikt besteht darin, einerseits keine vollständige Zinsliberalisierung im Inland zuzulassen, andererseits aber für Fremdwährungsanlagen Realverzinsungen bieten zu müssen, die jenen auf Kapitalanlagen im Ausland nicht nachstehen.[37]

Häufig praktiziert werden zweitens *Kapitalverkehrskontrollen*.[38] Sie sind ein zweischneidiges Instrument mit — wie die Erfahrungen zeigen — durchaus unterschiedlichen „Erfolgen": In Brasilien und Chile z. B. werden sie seit Jahren eingesetzt mit dem Effekt, daß dort das Problem der *finanziellen* (!) Kapitalflucht nicht existiert (vgl. *Tab. 2*). In Mexiko dagegen konnte die 1982 erfolgte Einführung von umfassenden Kapitalverkehrskontrollen Kapitalfluchtbewegungen nicht wesentlich eindämmen.[39] Neben den negativen Auswirkungen auf den internationalen Handel besteht die Kehrseite derartiger Kontrollen vor allem darin, daß sie — selbst wenn eine Reduzierung von Kapitalabflüssen fortan gelänge — evtl. noch bestehende Hoffnungen auf eine freiwillige Rückkehr von im Ausland vorhandenen Fluchtkapital wohl vollends zunichte machen dürften.

VIII. Zusammenfassung

1. *Ziel* der Arbeit war es, das quantitative Ausmaß der privaten Kapitalabflüsse („Kapitalflucht") aus 25 Großschuldnerländern ins Ausland abzuschätzen und einigen Bestimmungsfaktoren nachzugehen. Über beides bestehen derzeit nur recht vage Vermutungen. Ließe sich Kapitalflucht in größerem Stile nachweisen, müßte sie als maßgeblicher Grund für die Zuspitzung der internationalen Verschuldungslage angesehen werden; andererseits bestünde im Prinzip die Chance einer Repatriierung von Auslandsanlagen und von daher ein Entlastungseffekt.

2. Für die *Zeitreihen* der Nettoauslandskredite standen vor allem *IMF*-interne Schätzung zur Verfügung; für alle anderen Daten wurden die offiziellen Zahlungsbilanzstatistiken (*IFS* und *BOP*) herangezogen. Die Untersuchungen erstrecken sich auf die letzten 14 Jahre (1970 - 1983).

---

[37] Vgl. *G. Ortiz* (1983), S. 174 ff.

[38] Zur theoretischen Analyse vgl. *I. Otani, S. Tiwari* (1984).

[39] Vgl. *A. Buira* (1983), S. 51 ff.

3. Der *analytische Rahmen* bewegt sich innerhalb der Zahlungsbilanzidentität, umgestellt in Form einer „Finanzierungsgleichung“ und zugeschnitten auf die typische Zahlungsbilanzkonstellation hochverschuldeter Entwicklungsländer.

4. Diverse *Beobachtungen* zeigen, daß die Kapitalbilanzen der offiziellen Zahlungsbilanzstatistiken zur Ermittlung des Kapitalfluchtvolumens ungeeignet sind. Zwischen den tatsächlichen und den statistisch registrierten Werten der Nettoauslandskredite bestehen erhebliche Abweichungen, die sich — bei vorgegebenen Daten aller anderen Teilbilanzen — in entsprechend hohen Kapitalexporten niedergeschlagen haben müssen.

5. Der empirischen Schätzung des Kapitalfluchtvolumens wird deshalb ein weiterentwickelter *Schätzansatz* zugrunde gelegt, der neben den Nettodirektinvestitionen und den *IMF*-Nettokrediten die tatsächliche Auslandsverschuldung (netto) als Finanzierungsquelle einbezieht. Das Ausmaß der privaten Kapitalabflüsse ins Ausland wird im Wege der Restrechnung ermittelt.

6. In einem ersten Ergebnis wird das dominierende Gewicht der *Nettoauslandskredite* an der Zahlungsbilanzfinanzierung nachgewiesen (Durchschnitt: 87 %; Anteile zwischen 64 und 96 %).

7. Das Ergebnis der *Kapitalflucht-Schätzungen* lautet, daß sämtliche 25 Großschuldner von 1970 - 1983 insgesamt 590 Mrd. $ an Nettoauslandskrediten aufgenommen haben, wovon *183 Mrd.* $ diese Länder als Kapitalanlagen im Ausland wieder verlassen haben (Kapitalfluchtquote: *31 %*). Für jene 15 Großschuldner mit Kapitalfluchtquoten von mehr als 25 % lauten die entsprechenden Angaben: 361 Mrd. $ Nettoauslandskredite; 166 Mrd. $ Kapitalabflüsse; Kapitalfluchtquote: 46 %. Hinsichtlich der Kapitalfluchtbewegungen gibt es in den einzelnen Ländern ausgeprägte Unterschiede; Pauschalaussagen sind daher nicht angebracht. Das Phänomen der Kapitalflucht existiert ebenso wie in den OPEC- und sonstigen Ölländern wie in den osteuropäischen Staaten. Demgegenüber sind in drei Ländern per Saldo auch Repatriierungen von Auslandsanlagen zu verzeichnen gewesen.

8. Probleme der *Überschätzung* des Kapitalfluchtvolumens bestehen vor allem insofern, als nicht registrierte Militärimporte stattgefunden haben, Probleme der *Unterschätzung* dann, wenn die (in der Regel) defizitären Restposten der Zahlungsbilanz der Großschuldner weitere Kapitalexporte enthalten und die Leistungsbilanzdefizite durch Unterfakturierung der Exporte bzw. Überfakturierung der Importe zu hoch ausgewiesen werden. Neben dieser finanziellen gibt es auch noch eine „Flucht in Importgüter“.

9. Im Kontext der Verwendung der Auslandskredite zeigt sich, daß wegen des großen Volumens der privaten Kapitalexporte in 14 Großschuldnerländern eine *Entkopplung* zwischen den Leistungsbilanzdefiziten und der Auslandsverschuldung stattgefunden hat. Hinsichtlich des *Reserveverhaltens* weisen die (7) asiatischen Großschuldner eine ungewöhnlich hohe Absorption der Auslandskredite durch Aufstockung der Währungsreserven auf. Bei den anderen Finanzierungsquellen gibt es deutliche Unterschiede zwischen den einzelnen Ländern.

10. Die privaten Kapitalabflüsse aus den 15 „Kapitalfluchtländern“ dürften sich überwiegend in den Überschußpositionen des Restpostens der Zahlungsbilanz der Schweiz und der USA *niedergeschlagen* haben, worauf der seit 1978 extrem enge Parallelverlauf beider Zeitreihen hindeutet.

11. Aus der Vielzahl möglicher *Bestimmungsfaktoren* für Kapitalflucht werden zwei ökonomische Faktoren herausgegriffen: Aus einem Querschnittsvergleich der Großschuldner ergibt sich, daß mit zunehmender *„Kreditquote“* (Nettoauslandskredite zu Leistungsbilanzdefizit einschl. Restposten) auch die *„Kapitalfluchtquote“* (private Kapitalabflüsse zu Nettoauslandskrediten) steigt. Darin könnten sinkendes Vertrauen der Kapitalexporteure in die wirtschaftliche Leistungskraft ihres Landes und Befürchtungen unumgänglicher restriktiver Anpassungsmaßnahmen zum Ausdruck gekommen sein, die wiederum Anlaß zu Kapitalflucht gaben.

12. Als zweiter wichtiger Einflußfaktor wird das Festhalten an künstlich *überhöhten Wechselkursen* angesehen und für drei Großschuldner exemplarisch nachgewiesen. Abwertungserwartungen wirken wie eine Aufforderung zur Kapitalflucht. Das Phänomen von Überbewertungen, d. h. nicht rechtzeitig erfolgten realen Abwertungen, läßt sich auch für die meisten anderen Kapitalfluchtländer zumindest phasenweise belegen. Kurz diskutiert werden in diesem Zusammenhang drei Ansatzpunkte gegen Kapitalfluchtbewegungen: das „Pegging“, die Schaffung von zinsattraktiven Märkten für Fremdwährungsanlagen im Inland und Kapitalverkehrskontrollen.

13. Kapitalfluchtbewegungen in den hier geschätzten Größenordnungen sind angesichts der Devisenknappheit der Großschuldner eine *gravierende Fehlentwicklung*, weil falsche Verwendung von Auslandskrediten. Derartige Kapitalabflüsse bedeuten den Zwang zu überhöhter (und insoweit vermeidbarer?) Auslandsverschuldung und Schuldendienstbelastung, sollen wirtschafts- und entwicklungspolitische Ziele ohne Abstriche realisiert werden.

14. Für die Länder mit hohen privaten Kapitalabflüssen stellt sich deren *Nettoauslandsposition* — als Ganzes gesehen — relativ günstig dar. Wären diese Kapitalexporte alternativ für „unproduktive“ Inlandsprojekte verwendet worden, ergäbe sich möglicherweise sogar ein positiver Aspekt, solange die Chance für eine spätere *Repatriierung* der Auslandsanlagen unter günstigeren Verwendungsbedingungen besteht. Das *Schuldendienst-Problem* bleibt jedoch akut, denn die Regierungen haben die (zumeist öffentlichen) Schulden, und die Privaten halten die Zinserträge ihrer Auslandsanlagen jenseits der Grenzen.

15. Fest steht, daß sich die Kapitalflucht-Beträge irgendwo in der Welt als Kapitalanlagen niedergeschlagen haben müssen. Diese Tatsache erklärt z. T. mit, warum die Finanzierung der Schuldnerländer jahrelang so reibungslos funktioniert hat. So war der rapide Anstieg der internationalen Verschuldung der *EL* zu einem großen Teil Anlaß und Gegenstand eines erneuten monetären *Recycling-Prozesses*, der Auslandskredite an *EL* teilweise wieder in die Geberländer bzw. zu den internationalen Banken zurückschleuste, dort das Mittelaufkommen erhöhte und für erneute Kredite an *EL* zur Verfügung stand. Die Frage, ob es ohne derartige Karussellgeschäfte überhaupt zu einem Ausbruch der Schuldenkrise gekommen wäre, kann nur gestellt, aber nicht beantwortet werden.

Literaturverzeichnis und statistische Quellen

Bank für Internationalen Zahlungsausgleich, 54. Jahresbericht, Basel 1984.

Buira, A., The Exchange Crisis and the Adjustment Program in Mexico, in: Prospects for Adjustment in Argentina, Brazil and Mexico (hrsg. von J. Williamson), Washington, D. C. 1983, S. 51 ff. (Institute for International Economics, Washington, D. C.)

Business Week, An Exodus of Capital is Sapping the *LDC* Economies, Oct. 3, 1983, S. 65 ff.

Cline, W. R., International Debt and the Stability of the World Economy, Cambridge, London 1983. (Institute for International Economics, Washington, D. C.)

Dooley, M., W. *Helkie,* R. *Tyron,* J. *Underwood,* An Analysis of External Debt Positions of Eight Developing Countries Through 1990, in: International Finance Discussion Papers, No. 227, August 1983.

Dornbusch, R., External Debt, Budget Deficits and Disequilibrium Exchange Rate (unveröff. Paper eines am 17. 5. 1984 gehaltenen Referats; revidierte Fassung vom April 1984).

Gerken, E., Auslandsverschuldung und interne Anpassungsprozesse: Das Beispiel Mexiko, in: Externe Verschuldung — interne Anpassung, Entwicklungsländer in der Finanzkrise (hrsg. U. E. Simonis), Schriften des Vereins für Sozialpolitik, N. F. Bd. 144, Berlin 1984, S. 103 ff.

Gleske, L., Erfolgreiches Krisenmanagement, in: Zeitschrift für das gesamte Kreditwesen, H. 1, 1984, S. 13 ff.

Gupta, S., Unrecorded Trade at Black Exchange Markets: Analysis, Implications, and Estimates, in: Außenwirtschaft, H. I/II, 1984, S. 75 ff.

Holthus, M., K. *Stanzel,* Kriterien zur Einschätzung von Verschuldungslagen — Die „Bonität" von Entwicklungsländern, in: Externe Verschuldung — interne Anpassung ..., a.a.O., (vgl. E. Gerken), Berlin 1984, S. 255 ff.

Inter-American Development Bank, External Debt and Economic Development in Latin America; Background and Prospects, Washington, D. C. 1984 (Statistical Appendix, S. 83 - 97).

International Monetary Fund, World Economic Outlook; Occasional Paper No. 27, Washington, D. C. 1984 (a).

— International Financial Statistics: Yearbook, Washington, D. C. 1984 (b); div. Jge. der Monatsausgaben (zuletzt: Nov. 1984).

— Balance of Payments Statistics, Vol. 34, Yearbook 1983 (Part I u. II), Washington, D. C. 1983.

— Balance of Payments Manual, 4. Aufl., Washington, D. C. 1977.

de Larosière, J., Adjustment Burden is Manageable With Needed Finance and Recovery, in: IMF-Survey, 21. 5. 1984.

Nissen, H.-P., Auslandsverschuldung und interne Anpassungsprozesse: Das Beispiel Venezuela, in: Externe Verschuldung — interne Anpassung ..., a.a.O. (vgl. E. Gerken), Berlin 1984, S. 131 ff.

Ortiz, G., Currency Substitution in Mexico, The Dollarization Problem, in: Journal of Money, Credit and Banking, Vol. 15, No. 2, 1983. S. 174 ff.

Otani, I., S. *Tiwari,* Capital Controls, Interest Rate Parity, and Exchange Rates: A Theoretical Approach (IMF-Paper DM/84/36), Washington, D. C., 1984.

Pöhl, K. O., Bewältigung der Schuldenkrise: Nicht zum Nulltarif! Wiederabdruck in: Deutsche Bundesbank, Auszüge aus Presseartikeln, Nr. 81 vom 9. 10. 1984, S. 1 ff.

Schäfer, H.-B., Jenseits des Krisenmanagements; Internationale Schuldenkrise und IWF-Kredite (hrsg. vom Forschungsinstitut der Friedrich-Ebert-Stiftung), Bonn 1984.

Schlesinger, H., Kapitalexport als Entwicklungshilfe?, in: International Capital Movements, Debt and Monetary System (hrsg. von W. Engels, A. Gutowski, H. C. Wallich), Mainz 1984, S. 333 ff.

Solis, L., E. *Zedillo,* A Few Considerations on the Foreign Debt of Mexico (unveröff. Paper), April 1984.

Wallich, H. C., Financing Developing Countries (unveröff. Paper eines am 17. 2. 1983 gehaltenen Referats); Veröffentlichung vorgesehen in: International Debt and the World Economy: A Discussion (Proceedings of a Conference, New York).

The World Bank, World Debt Tables; External Debt of Developing Countries, 1983 - 84 Edition, Washington, D. C. 1984.

Internationale Kredite mit undurchsetzbaren Forderungen

Von *Jürg Niehans*, Bern

Einleitung

Was man die „internationale Schuldenkrise" zu nennen pflegt, hat, wie jedes komplexe Problem, viele verschiedene Seiten. Der vorliegende Aufsatz konzentriert sich auf eine von ihnen, während andere im Hintergrund bleiben. Das Bild der internationalen Verschuldung der Entwicklungsländer, das sich daraus ergibt, ist zwangsläufig unvollständig, aber es ist nichtsdestoweniger konsistent, aufschlußreich und teilweise neuartig.[1]

Die vorherrschenden Auffassungen über die internationale Schuldenkrise gehen von der Vorstellung aus, daß die fraglichen Auslanddarlehen in ihrem Wesen privaten Inlanddarlehen ähnlich seien. Insbesondere pflegt angenommen zu werden, daß die Schuldner ihren Verpflichtungen bis zur Grenze ihrer Zahlungsfähigkeit nachkommen werden. Unter dieser Voraussetzung erscheint die jüngste Krise als die Konsequenz verringerter Zahlungsfähigkeit, teils infolge höherer Zinssätze, teils infolge einer verschlechterten Wirtschaftslage. Diese Betrachtungsweise erweckt die Hoffnung, daß ein Rückgang der Zinssätze und ein Konjunkturaufschwung zu einer Lösung der Krise führen werden.

Im vorliegenden Aufsatz wird die Meinung vertreten, daß die herkömmliche Auffassung einen grundlegenden Unterschied zwischen privaten Inlandkrediten und den fraglichen Auslandkrediten außer acht läßt. Das volkswirtschaftliche Denken über den Kreditmarkt geht gemeinhin vom Paradigma von Forderungen aus, die mit rechtlichen Zwangsmitteln durchgesetzt werden können. Bei einem Barkauf wird Zug um Zug getauscht; der Vertrag erfüllt sich automatisch. Bei einem Kreditgeschäft fallen die beiden Seiten des Tausches zeitlich ausein-

---

[1] Dieser Aufsatz erscheint in englischer Sprache in der „Economic Review" der Bundesreservebank von San Francisco, Winter 1985. Seine Grundzüge finden sich zusammengefaßt in *Niehans* (1984). Der Verfasser schrieb den Aufsatz als Gastprofessor der Federal Reserve Bank von San Francisco. Für diese Unterstützung seiner wissenschaftlichen Arbeit, für die wertvollen Bemerkungen von Mitgliedern der volkswirtschaftlichen Abteilung der Bank und für die Mithilfe seiner Assistentin Paula *Crosswright* spricht der Verfasser seinen Dank aus.

ander. Damit werden Verfahren erforderlich, um die Erfüllung des Vertrags zu gewährleisten; die Ethik genügt gewöhnlich nicht, die Durchsetzung wird zu einem Problem. Zur Lösung dieses Problems hat die abendländische Zivilisation ein weitverästeltes System des Vertrags- und Konkursrechts entwickelt. Wenn ein Schuldner seinen Verpflichtungen nicht nachkommt, verliert er seine Pfänder und seine Vermögenswerte können mit Beschlag belegt und letzten Endes durch den Konkursrichter an den Gläubiger übertragen werden. Durch solche Vorkehren wird auf den Schuldner ein starker Druck ausgeübt, seinen Verpflichtungen bis zur Grenze seiner Zahlungsfähigkeit nachzukommen, so schwer ihn dies auch belasten mag. Ohne diese rechtlichen Durchsetzungsinstrumente hätte sich das moderne Kreditsystem nicht entwickeln können.

Bei den internationalen Bankkrediten an Entwicklungsländer steht es völlig anders. Bei den meisten dieser Darlehen ist der Schuldner der Staat oder eine Körperschaft mit Staatsgarantie. Soweit sie von privaten Unternehmungen aufgenommen werden, sorgen Devisenkontrollen dafür, daß für sie ähnliche Überlegungen maßgebend sind wie für Staatskredite. In der Regel gibt es keine Sicherheiten und, jedenfalls in der Praxis, keine Anrufung des Konkursrichters. Obgleich die Beschlagnahmung von Vermögenswerten denkbar ist, ist sie selten praktikabel. Dadurch werden solche Darlehen rechtlich undurchsetzbar. Gewiß können Befürchtungen über „politische" Rückwirkungen, über „Kanonenbootdiplomatie" oder Handelsstörungen in einem gewissen Maße an die Stelle von Rechtsmitteln treten, aber die Wirksamkeit solcher Rücksichten scheint verhältnismäßig gering. Die öffentliche Meinung pflegt heute eher auf der Seite der Schuldner als auf jener der Gläubigerbanken zu stehen.[2]

Dieser Aufsatz geht von der Annahme aus, daß es solche Sanktionen überhaupt nicht gibt. Sein spezifischer Beitrag besteht in der Entwicklung eines „unorthodoxen" Modells, in dem die Sorge um die zukünftige Verfügbarkeit von Krediten das *einzige* Abschreckungsmittel gegen die Zahlungseinstellung darstellt. Ohne Zweifel wird diese radikale Annahme der komplexen Wirklichkeit in manchen Zügen nicht gerecht. Mindestens Spuren der Durchsetzbarkeit sind häufig vorhanden, und selbst die Grundsätze der Ethik mögen mitunter helfen. Es gibt denn

---

[2] Trotz härtestem Druck, bis zur teilweisen Besetzung, konnte das besiegte Deutschland nach dem Ersten Weltkrieg, alles in allem, nicht gezwungen werden, die Last von Reparationen auf sich zu nehmen. Im Gegenteil erlangte Deutschland durch die Zahlungseinstellung auf seinen Auslandsschulden, die etwa doppelt so hoch waren wie die kumulativen Reparationsleistungen, einen bedeutenden Ressourcentransfer zu seinen Gunsten (*Schmidt*, 1934, S. 82 f.).

auch in der Tat Beispiele von Regierungen, die jahrzehntelang getreulich ihre Auslandschulden abbezahlt haben. Die neuere Entwicklung deutet jedoch darauf hin, daß es am Platze sein könnte, die Bedingungen zu untersuchen, unter denen das internationale Kreditsystem selbst unter dieser radikalen Annahme funktionsfähig bleibt.

In den letzten Jahren haben die Implikationen der Nichtdurchsetzbarkeit zunehmende Aufmerksamkeit gefunden.[3] Der vorliegende Aufsatz entstand unter dem Eindruck, daß diese Implikationen nichtsdestoweniger noch nicht völlig geklärt sind. Abschnitt I beschreibt die statistischen Umrisse des Problems. In Abschnitt II wird gezeigt, daß nichtdurchsetzbare Forderungen nicht zwangsläufig zu einer Krise zu führen brauchen. Die Abschnitte III und IV analysieren die Zielsetzungen rationaler Schuldner bzw. Gläubiger. Aufgrund eines besonderen Modells der Gläubigerstrategie lenkt Abschnitt V die Aufmerksamkeit auf die nötige Beziehung zwischen dem Zinssatz und der Wachstumsrate. Abschnitt VI bezieht ein anfängliches „Überschießen" des langfristigen Kreditniveaus in die Untersuchung ein. Die Darstellung bedient sich verbaler, graphischer und mathematischer Mittel. Ein Leser, dem nicht an mathematischer Genauigkeit gelegen ist, kann dem hauptsächlichen Gedankengang anhand der verbalen und graphischen Erklärungen folgen.

Durchwegs wird vorausgesetzt, daß internationale Kredite, so wichtig sie für den Stand von Produktion und Konsum in jedem Zeitpunkt sein mögen, keinen nennenswerten Einfluß auf die wirtschaftliche Wachstumsrate von einem Jahrzehnt zum anderen haben, da letztere vornehmlich von der Bevölkerung, den natürlichen Ressourcen und dem technischen Fortschritt abhängt. Obgleich diese Annahme nicht streng gültig sein mag, scheinen die resultierenden Fehler nicht derart zu sein, daß die Schlußfolgerungen entkräftet würden. Ebenso wird die Ungewißheit über die zukünftige Entwicklung, so wesentlich sie in Wirklichkeit ist, in diesem Aufsatz vernachlässigt. Die Untersuchung erhebt somit keinesfalls den Anspruch, eine vollständige Theorie des internationalen Kredits bei nichtdurchsetzbaren Forderungen zu liefern, sondern beschränkt sich auf Gesichtspunkte, die im Hinblick auf die hängigen Verschuldungsprobleme besonders wichtig zu sein scheinen.

---

[3] Zu den aufschlußreichsten Beiträgen gehören jene von *Aliber* (1980); *Eaton* und *Gersovitz* (1981 a, b); *Sachs* und *Cohen* (1982); *Sachs* (1983); *Cline* (1983) und *Swoboda* (1984). Wesentliche Anregungen finden sich bei Wallich (1982).

Tabelle 1: **Entwicklungsländer: Staatliche und staatlich garantierte Schulden gegenüber privaten Gläubigern durch die Finanzmärkte, 1973 - 1982 (Mia. $)**

	1973	1975	1977	1978	1979	1980	1981	1982
Auszahlungen ...	8 652,0	14 225,7	25 349,0	39 188,4	47 995,8	40 708,0	47 134,7	42 770,3
Zinszahlungen ...	1 064,9	2 651,9	4 136,2	6 287,9	10 703,9	16 317,9	21 021,7	24 149,8
Amortisationen ..	2 487,6	3 104,4	6 808,6	13 853,7	18 081,2	16 002,6	17 754,0	16 880,3
Schuldendienst, insgesamt	3 552,6	5 756,3	10 944,8	20 141,6	28 785,1	32 320,5	38 775,7	41 030,1
Nettoübertragungen	5 099,5	8 469,4	14 404,2	19 046,7	19 210,7	8 387,4	8 359,0	1 740,2

Quelle: World Bank, World Debt Tables: External Debt of Developing Countries, 1983 - 84 and First Supplement, Washington 1984.

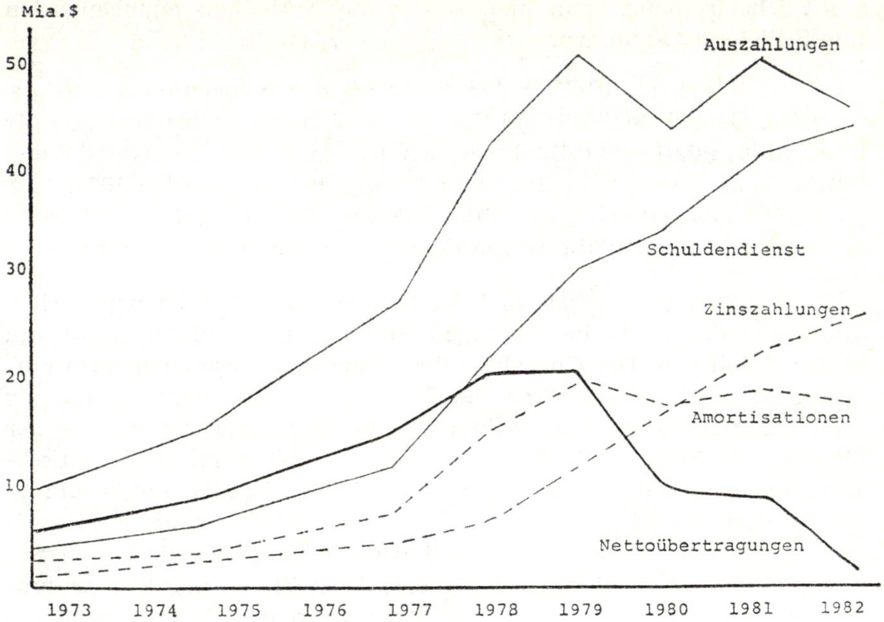

Fig. 1

I. Statistische Umrisse

Als Hintergrund der theoretischen Analyse werden in diesem Abschnitt die statistischen Umrisse der gegenwärtigen Schuldenkrise dargestellt. Diese Umrisse sollen zeigen, daß die hier vorgetragene Interpretation, obgleich sie stellenweise radikale Annahmen zugrundelegt, in wesentlichen Zügen mit den „stilisierten Tatsachen" im Einklang steht. Die statistischen Unterlagen sind den „World Debt Tables" (External Debt of Developing Countries) der Weltbank, 1983 - 84 und erstes Ergänzungsheft, entnommen.

Wie Tab. 1 und Fig. 1 zeigen, bewegten sich die Auszahlungen privater Kredite durch die Finanzmärkte an öffentliche Schulder und Schuldner mit Statsgarantie von 1978 bis 1982 zwischen \$ 39 und \$ 48 Mia. Die Rückzahlungen beliefen sich, grob gesprochen, auf \$ 14 - 18 Mia. Keiner dieser Ströme wies einen ausgeprägten Trend auf. Die Zinszahlungen hingegen stiegen dramatisch, Jahr für Jahr, von \$ 6 Mia. im Jahre 1978 auf \$ 24 Mia. im Jahre 1982. Infolgedessen gingen die Nettoübertragungen an die Regierungen der Entwicklungsländer durch das internationale Bankensystem, also die Netto-Cash Flows an die Schuldner, von \$ 19 Mia. auf weniger als \$ 2 Mia. zurück. Ohne große Übertreibung kann man sagen, die Nettoübertragungen seien zum Stillstand gekommen.

Darauf folgte unmittelbar der Ausbruch der internationalen Schuldenkrise. Gemäß der Zeittafel des Internationalen Währungsfonds für Umschuldungsfälle von Bankschulden (International Monetary Fund, 1983) gab es je drei Fälle 1978 und 1979, je 6 Fälle wurden 1980, 1981 und 1982 abgeschlossen, 20 Fälle wurden 1983 bis anfangs Oktober abgeschlossen und 8 Fälle waren damals noch unter Verhandlung.[4]

Es ist schwer zu glauben, daß das Zusammentreffen des praktischen Stillstands der Nettoübertragungen und der Umschuldungswelle ein bloßer Zufall war. Der Charakter ihres kausalen Zusammenhangs hingegen ist nicht offensichtlich. So könnte man sich denken, daß die Schuldner deshalb um Umschuldung nachsuchten, weil der Anstieg der Zinssätze, verbunden mit der Verschlechterung ihres realen Austauschverhältnisses und dem weltweiten Konjunkturrückschlag, die Schuldenlast ins Unerträgliche ansteigen ließ. Vor dem Hintergrund der statistischen Umrisse ist diese Argumentation nicht überzeugend. Zwar ist es richtig, daß der Schuldendienst, bestehend aus Zinsen und Rückzahlungen, einen hohen Betrag erreichte. Maßgehend für die Last der Auslandschulden ist aber die Nettoübertragung, also der Saldo des Schuldendienstes nach Abzug der neuen Darlehen. Da letztere ebenfalls hoch waren, gab es bis 1982 kein einziges Jahr mit einer negativen Nettoübertragung. Weit davon entfernt, eine unerträgliche Schuldenlast zu tragen, flossen den Schuldnern Jahr für Jahr positive Nettoleistungen zu, wenn auch in einem rasch sinkenden Betrag.

Dem vorstehenden Gedankengang lagen Gesamtzahlen für sämtliche Entwicklungsländer zugrunde. Ein feineres Bild erhält man, indem man den Blick auf Lateinamerika und die Karibik konzentriert. Tab. 2 und die zugehörige Fig. 2 stellen die Nettoübertragungen von 1973 bis 1982 dar. Es ist bemerkenswert, daß deren Betrag, nachdem er 1978 mit $ 11 Mia. seinen Höhepunkt überschritten hatte, im Jahre 1982 in der Tat negativ wurde. Ebenso bemerkenswert ist jedoch der Umstand, daß der negative Saldo keineswegs von alarmierender Höhe war. Insgesamt kann die Schuldenlast nicht allzu schwer gewesen sein.

Die lateinamerikanischen Länder lassen sich einteilen je nachdem, ob sie zwischen 1974 und 1982 umschuldeten oder nicht. Der Unterschied

[4] Für das Deutschland der zwanziger Jahre sind die Umrisse auffallend ähnlich. Vor 1929 überstiegen die neuen Auslandkredite, abgesehen von 1926, die Zins- und Reparationszahlungen bei weitem. 1929 wurden die Nettozahlungen negativ, und 1931 erfolgte die Zahlungseinstellung (*Schmidt*, 1934, S. 111).

Tabelle 2: **Lateinamerika und Karibik: Nettoübertragungen von privaten Gläubigern an öffentliche Schuldner durch die Finanzmärkte, 1973 - 1982 (in Mia. $)**

	1973	1975	1977	1978	1979	1980	1981	1982
Alle Länder	2 779,2	4 403,0	8 975,5	11 004,0	9 940,4	1 699,6	3 990,8	— 2 317,7
Umschuldungsländer	2 573,0	4 261,9	8 605,6	10 549,1	9 609,1	1 405,7	3 538,1	— 2 791,6
Länder ohne Umschuldung	206,2	141,2	369,8	455,1	331,3	294,1	452,9	473,6

Quelle: World Bank, World Debt Tables: External Debt of Developing Countries, 1983 - 84 and First Supplement, Washington 1984.

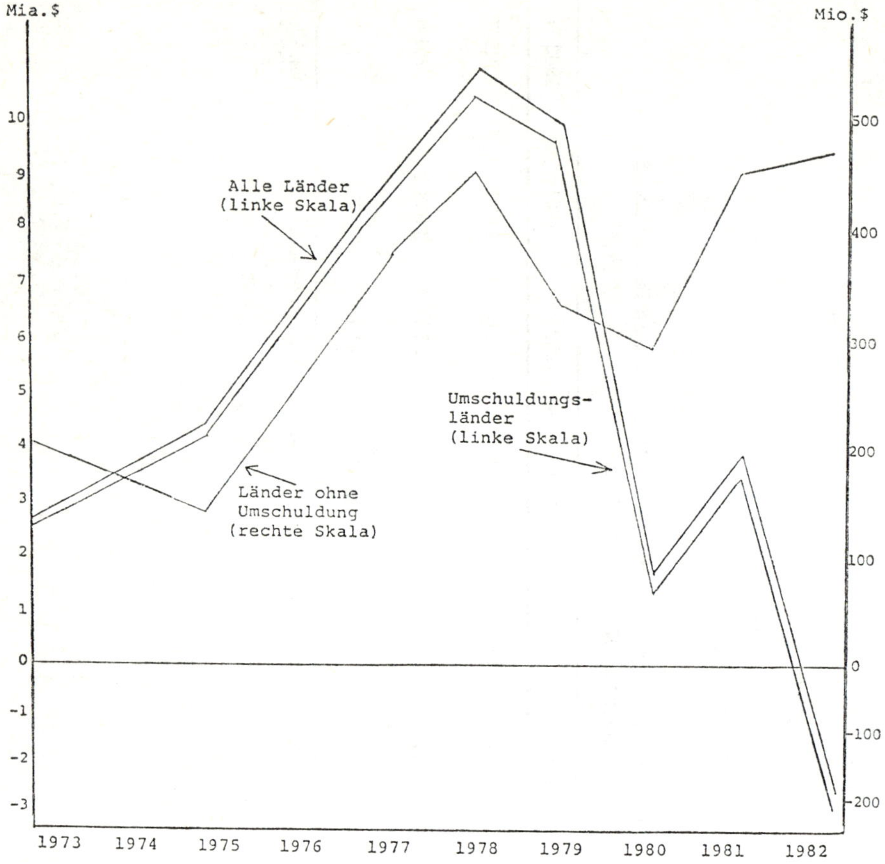

Fig. 2

ist aufschlußreich. Die 15 Länder mit Umschuldung bieten, wenn auch auf einem etwas niedrigeren Niveau, das gleiche Bild wie Lateinamerika im Ganzen. Die 10 „guten" Schuldner hingegen weisen seit 1977 stabile und positive Transfers auf, und in den letzten drei Jahren nahmen ihre Nettoübertragungen sogar zu. Diese Beobachtung fügt sich sauber ins Gesamtbild ein.[5]

[5] Es ist jedoch anzumerken, daß sich Mexiko und Uruguay von der Gesamtheit der umschuldenden Länder insofern unterscheiden, als sie sich in den letzten Jahren ansehnlicher positiver Nettoübertragungen erfreuten. Durch die Umschuldung vermochten offenbar diese Länder ihren Vorteil aus der Kreditaufnahme zu erhöhen, lange bevor dieser Vorteil den Nullpunkt erreicht hatte.

Gemäß einer anderen Interpretation war eben die *Aussicht* auf negative Transfers für die Auslösung der Schuldenkrise verantwortlich. Diese Interpretation steht mit der Undurchsetzbarkeit der meisten solchen Forderungen in Einklang, gehört es doch zu den Kennzeichen der Undurchsetzbarkeit, daß der Schuldner nicht zu negativen Transfers gezwungen werden kann. Wenn (und weil) solche am Horizont erscheinen, stellt er den Schuldendienst ein. Der vorliegende Aufsatz vertritt die Hypothese, daß diese Interpretation weitgehend der Wahrheit entspricht.

Gewiß sind die meisten Umschuldungsgesuche von Erklärungen begleitet, denen zufolge akute Zahlungsbilanzschwierigkeiten dem Schuldner die Erfüllung seiner Verpflichtungen unmöglich machen. Solche Erklärungen sollten jedoch nicht zum Nennwert genommen werden. Zahlungsbilanzschwierigkeiten sind in erster Linie auf die eigene Politik eines Landes zurückzuführen. Sie können nach Belieben, gleichsam über Nacht, herbeigeführt werden, indem man einfach einen überhöhten Wechselkurs aufrecht erhält.[6] Daß die Kreditgewährung des Internationalen Währungsfonds, trotz dem Zusammenbruch des Systems von Bretton Woods, zum großen Teil noch immer an die Voraussetzung einer Zahlungsbilanzkrise geknüpft ist, gibt einem Land einen starken Anreiz, sich in eine Zahlungsbilanzkrise gleiten zu lassen, wenn immer es eine solche Kreditgewährung anstrebt.[7]

Obgleich die groben statistischen Umrisse, die in diesem Abschnitt vorgeführt wurden, von einer schlüssigen Beweisführung weit entfernt sind, legen sie den Schluß nahe, daß die Nettoübertragungen, definiert als der Unterschied zwischen den neuen Krediten und dem Schuldendienst auf den bisherigen Krediten, von ausschlaggebender Bedeutung für die internationale Solvenz sein dürften. In den folgenden Abschnitten wird die Theorie, die hinter diesem Gedanken steht, näher ausgearbeitet.

II. Verschuldung ohne Budgetrestriktion

In diesem Abschnitt wird untersucht, ob ein Kreditsystem mit undurchsetzbaren Forderungen auf lange Frist überhaupt lebensfähig sein kann. Güter, die auf dem Markt gegeneinander getauscht werden, haben, zu Marktpreisen veranschlagt, gleiche Werte. Nichtsdestoweniger gereicht der Austausch beiden Partnern zum Vorteil, da die Güter,

---

6 Dies wird von *Aliber* (1980) zu Recht hervorgehoben.

7 Der „Moral Hazard“, der mit der Kreditpolitik des IWF verbunden ist, wird in *Vaubel* (1983) untersucht. Wenn die Schuldendienstzahlungen mit den Exporten verknüpft würden, wie mitunter vorgeschlagen wird, würde ein zusätzlicher „Moral Hazard“ geschaffen.

ungeachtet ihrer Gleichwertigkeit, für den Käufer und den Verkäufer verschiedenen Nutzen haben. Ähnlich haben die zukünftigen Zahlungen, zu denen sich ein Schuldner verpflichtet, gebührend abgezinst, einen Barwert, der dem geborgten Betrag gleich ist; der Barwert seiner sämtlichen Zahlungsströme ist Null. Dies ist die intertemporale Budgetrestriktion für Darlehen. Trotz dieser Restriktion betrachten beide Parteien das Darlehen für vorteilhaft, da ein Dollar je nach dem Zeitpunkt, zu dem er verfügbar ist, einen verschiedenen Wert haben kann.

Es gehört zu den wesentlichen Implikationen einer intertemporalen Budgetrestriktion, daß der Barwert eines Darlehens, sobald es ausbezahlt worden ist, für den Schuldner negativ wird. Wenn beispielsweise ein Hausbesitzer seinen Hypothekarkredit einmal erhalten hat, hat er der Bank jahrelang seine Zahlungen zu entrichten. Rein wirtschaftlich besteht deshalb für ihn ein unwiderstehlicher Anreiz, die Zahlungen einzustellen. Um diesem Anreiz entgegenzuwirken, müssen die Darlehensverträge durch Pfänder und Konkursgerichte (und in früheren Zeiten etwa auch durch Schuldtürme und Geiseln) gesichert werden.

Solch eine intertemporale Budgetrestriktion, in Analogie zu individuellen Darlehen, wird häufig auch für die Gesamtwirtschaft postuliert (McDonald, 1982; Sachs, 1983; Sachs/Cohen, 1982). Die Undurchsetzbarkeit von Forderungen bedeutet, daß es, in Tat und Wahrheit, nicht möglich ist, dem Schuldner diese Restriktion aufzuerlegen. Das Paradigma undurchsetzbarer Forderungen bedeutet somit, daß die Verschuldung nicht der gewöhnlichen intertemporalen Budgetrestriktion unterliegt. Die Restriktionen, die ihre Stelle einnehmen, sind der hauptsächliche Gegenstand dieses Aufsatzes.

Wo eine Budgetrestriktion fehlt, kann ein Land auf ewige Zeiten Jahr für Jahr mehr borgen als es braucht, um die ausstehenden Verpflichtungen zu erfüllen. Das internationale Kreditsystem beginnt, wie ein „Ponzisystem" (nach dem Schwindler der zwanziger Jahre) auszusehen. Nationalökonomen, die auf das Paradigma durchsetzbarer Forderungen eingestellt sind, pflegen in einem solchen Zustand den Keim des Zusammenbruchs zu sehen. In Wahrheit kann er unter Umständen durchaus dauerhaft sein, wenn auch nur unter restriktiven Bedingungen. Selbst bei privaten Unternehmungen ist es, wenn sie schnell genug wachsen, denkbar, daß sie letzten Endes ihre Schulden insgesamt nie zurückzahlen. Dasselbe gilt für wachsende Volkswirtschaften. Während die Budgetrestriktion für jedes einzelne Darlehen getreulich erfüllt wird, kann der Barwert aller Zahlungen für den Schuldner sehr wohl positiv und sogar unendlich sein.

Die Möglichkeit eines solchen Falles für eine unbegrenzte Zeitdauer hängt in erster Linie von der Beziehung zwischen der Wachstumsrate eines Landes und dem Zinssatz ab.[8] Man stelle sich ein Land in gleichgewichtigem Wachstum mit einer wirtschaftlichen Wachstumsrate g und einer ausländischen Nettoverschuldung A vor. Die Schuld nimmt mit der Rate $\alpha = (dA/dt)\ (1/A)$ zu. Offenbar gibt es keinen Grund, weshalb α in einer solchen Volkswirtschaft nicht für einen unbegrenzten Zeitraum positiv bleiben soll. Insbesondere gibt es in einer gleichmäßig wachsenden Weltwirtschaft einen fortdauernden Kapitalstrom von den Gläubiger- zu den Schuldnerländern, und zwar wächst dieser exponentiell mit dem gleichen Satz wie die Schuld. Die Gesamtschuld wird niemals zurückbezahlt.

Der Nettozahlungsstrom zum Schuldnerland hängt vom Unterschied zwischen der jährlichen Neuverschuldung und den Zinsen auf der ausstehenden Schuld ab. Er entspricht den Nettoübertragungen in Abschnitt I. Bei einem einheitlichen Weltzinssatz i ist der Zahlungsstrom

$$c = dA/dt - iA = (\alpha - i)\, A \ . \tag{1}$$

Unter Vernachlässigung anderer Posten der Dienstleistungsbilanz ist dieser dem Handelsbilanzdefizit gleich. Je nach der Höhe von α und i kann c positiv oder negativ sein, was bedeutet, daß Schuldnerländer entweder Handelsbilanzüberschüsse oder -defizite haben können.

Ist es denkbar, daß eine Schuldenzuwachsrate, die vom Zins verschieden ist, für immer aufrechterhalten werden kann? Die Antwort hängt vor allem von der Beziehung zwischen α und g ab. Eine Schuldenzuwachsrate, die sich von der wirtschaftlichen Wachstumsrate merklich unterscheidet, würde bedeuten, daß die Schulden im Vergleich zum Volkseinkommen entweder über alle Grenzen zunehmen oder praktisch verschwinden. Sie wird deshalb kaum sehr lange aufrechterhalten bleiben. Im Rahmen gleichmäßigen Wachstums ist man ohnehin gezwungen, $\alpha = g$ vorauszusetzen. Obige Frage reduziert sich damit auf die Beziehung zwischen der wirtschaftlichen Wachstumsrate und dem Zinssatz.

Bei gleichgewichtigem Wachstum mit $g = i$ ist der Nettozahlungsstrom jederzeit Null und dasselbe gilt für die Handelsbilanz. Zinserträge werden fortwährend reinvestiert. Wenn $g < i$, muß der Schuldner einen Ausfuhrüberschuß erzielen, um den Überschuß der Zinsverpflichtungen über die neuen Darlehen finanzieren zu können. Die Zahlungsströme sind für den Schuldner negativ und ihr Barwert ist der ausstehenden Schuld gleich.[9] Im Falle $g > i$ erfreut sich der Schuldner

[8] Inflation wird in diesem Aufsatz nicht berücksichtigt; die nominellen Zinssätze sind somit durchwegs den realen gleich.

[9] Wenn sich die Schuld in der Periode t auf $e^{gt} A_0$ beläuft, ist der zugehörige Zahlungsstrom, auf den Anfangszeitpunkt abgezinst, $(g - i)\, e^{(g-i)\,t} A_0$.

fortwährend eines positiven Zahlungsstromes, der einen dauernden Einfuhrüberschuß finanziert. Der Barwert der Zahlungsströme ist unendlich.

Es scheint keinen allgemeingültigen Grund zu geben, eine dieser Möglichkeiten auszuschließen. Insbesondere braucht an sich ein Zustand, in dem eine wachsende Wirtschaft ihre internationale Verschuldung praktisch auf alle Ewigkeit um mehr als die Zinszahlungen erhöht und so ein permanentes Handelsdefizit finanziert, keineswegs dem Zusammenbruch geweiht zu sein.[10] Werden in einem solchen Falle die Gläubiger durch die Schuldner übervorteilt? Diese Analogie zum betrügerischen Konkurs wäre fehl am Platz. In jeder der aufeinanderfolgenden Generationen erhält jeder einzelne Schuldner vollständige Rückzahlung. Von einer Generation zur anderen nimmt einfach die Zahl solcher Gläubiger fortgesetzt zu. Wenn die Welt plötzlich unterginge, würde die letzte Generation natürlich bereuen, diese Darlehen gewährt zu haben, aber jene, die ihr Vermögen anders anlegten, würden ihre Anlagen dann kaum weniger bedauern.

III. Das Kalkül des Schuldners

Die Vorstellung gleichmäßigen Wachstums trägt zur Klärung der Gedanken über Schuldenprobleme bei. Die Welt befindet sich jedoch nicht in gleichmäßigem Wachstum. Damit erhebt sich die Frage, unter welchen Voraussetzungen sich eine Schuldenkrise, trotz der Undurchsetzbarkeit der Forderungen, selbst in allgemeineren Fällen vermeiden läßt. In diesem Abschnitt wird diese Frage vom Gesichtspunkt des Schuldners aus betrachtet. Dabei wird angenommen, daß der Zinssatz vom Markt vorgeschrieben ist, daß aber die verfügbaren Kreditbeträge begrenzt sein können. Risikoprämien, die von der Kreditstrategie des jeweiligen Schuldners abhängen, werden, obgleich sie unter Umständen wichtig sein können, beiseite gelassen.

Sofern ein Land mit undurchsetzbaren Schulden jederzeit einen positiven Zahlungsstrom aufrechterhalten kann, ist seine Kreditaufnahme in ihrer Gesamtheit nicht den üblichen Wirtschaftlichkeitskriterien unterworfen, denen zufolge der Grenzertrag der Investitionen nicht

Der Barwert der Zahlungsströme ist somit

$$\int_0^\infty (g-i)\, e^{(g-i)t} A_0\, dt = -A_0 \, .$$

[10] In diesem Zusammenhang sei angemerkt, daß für ein Schuldnerland in gleichgewichtigem Wachstum die „Goldene Regel“ für die Maximierung des Prokopfkonsums einen Überschuß der Wachstumsrate über den Zinssatz erfordert. Für ein Gläubigerland gilt das Umgekehrte. (Für die Welt im Ganzen wären unterschiedliche Wachstumsraten natürlich unvereinbar mit gleichgewichtigem Wachstum.)

geringer sein darf als der Zinssatz. Wenn Darlehen sich faktisch in Geschenke verwandeln, können sie für den Schuldner nie zu groß sein. Zum beherrschenden Ziel der Kreditaufnahme wird die Maximierung des Barwerts der künftigen Zahlungsströme.

Dieses Ziel läßt sich durch das Postulat formalisieren, daß der Finanzminister des Schuldnerlandes, wenn er im Zeitpunkt Null das Schuldenprofil $A(t)$ wählt, den Ausdruck

$$\int_0^\infty [dA/dt - iA(t)]\, e^{-it}\, dt \tag{2}$$

so groß wie möglich zu machen sucht. Wenn dieser Ausdruck für mehrere Profile unendlich wird, wird der Finanzminister vermutlich jenes Profil wählen, das gewissermaßen am schnellsten gegen Unendlich strebt.

In der Verfolgung dieses Ziels ist der Schuldner Beschränkungen unterworfen, jedoch nicht durch die Kosten des zukünftigen Schuldendienstes, sondern durch die Kreditwilligkeit der Gläubiger. Wenn man sich den Zinssatz durch den Weltmarkt bestimmt denkt, drückt sich diese Beschränkung in einer mengenmäßigen Begrenzung des Kreditangebots aus. Die Natur dieser Restriktion kommt im folgenden Abschnitt zur Sprache.

Der springende Punkt liegt darin, daß zur optimalen Strategie des Schuldners sehr wohl die Zahlungseinstellung gehören kann.[11] Genauer gesprochen wird eine „Krise" eintreten, wenn (und weil) der Barwert der zukünftigen Zahlungsströme über Zeitspannen jeglicher Länge negativ wird.[12] In mehr formaler Ausdrucksweise werden im Zeitpunkt T die Zahlungen eingestellt, wenn

$$\int_T^\Theta [dA/dt - iA(t)]\, e^{-i(t-T)}\, dt < 0 \tag{3}$$

für jedes Θ von T bis unendlich. Nichtdurchsetzbarkeit bedeutet eben, daß der Schuldner nicht gezwungen werden kann, für eine unbestimmte Zukunft die Aussicht auf negative Zahlungsströme auf sich zu nehmen.[13]

---

[11] Die Optimalität des Bankrotts ist auch in der finanztheoretischen Literatur erörtert worden (siehe z. B. *Van Horne*, 1976), aber die Optimalität wird dort, bei durchsetzbaren Forderungen, vom Standpunkt des Gläubigers betachtet, während sie sich hier, bei undurchsetzbaren Forderungen, auf den Schuldner bezieht.

[12] Grundsätzlich dasselbe Kriterium für die Zahlungseinstellung wird von *Eaton* und *Gersovitz* (1981 b, S. 11/12) verwendet.

[13] *Sachs* und *Cohen* (1982) postulieren eine Strafe für die Zahlungseinstellung in der Höhe eines bestimmten Prozentsatzes des Bruttosozialprodukts. Es liegt indessen im Wesen der Undurchsetzbarkeit, daß es wirksame Strafen dieser Art nicht gibt.

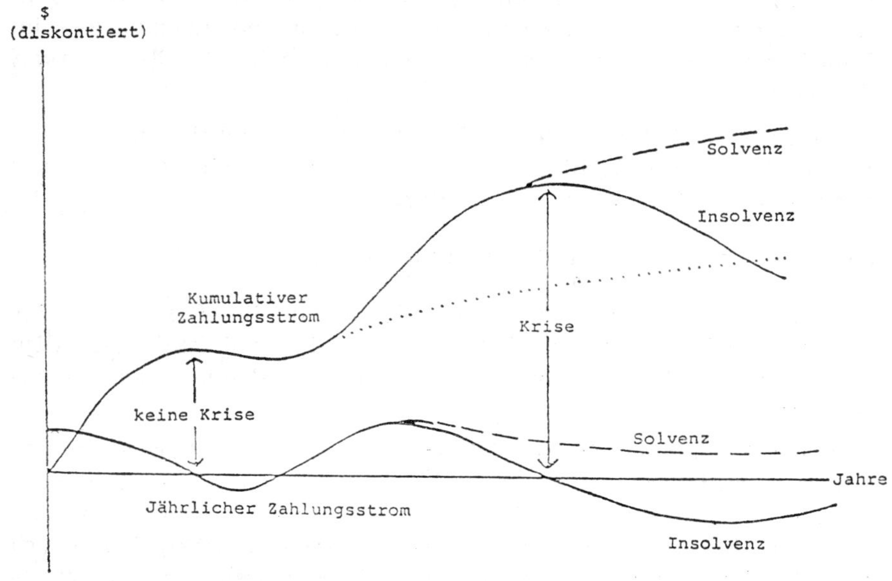

Fig. 3

Der vorstehende Gedankengang ist in Fig. 3 veranschaulicht. Die untere Kurve beschreibt einen Pfad der erwarteten künftigen Zahlungsströme von jetzt bis in eine ferne Zukunft. Diese Zahlungsströme entsprechen begrifflich den Nettoübertragungen in Tab. 1 und 2 und Fig. 1 und 2, doch beziehen sie sich auf zukünftige Perioden und man muß sich den Dollarbetrag für jedes Jahr zum maßgebenden Zinssatz auf die Gegenwart abgezinst denken. Die obere Kurve ist von der unteren abgeleitet, indem die jährlichen Zahlungsströme vom Zeitpunkt Null bis zu einem gegebenen Zukunftsjahre aufsummiert wurden. Diese Kurve stellt somit den Barwert aller zukünftigen Zahlungsströme über eine bestimmte zukünftige Zeitperiode dar. Für den Augenblick mag man sich vorstellen, der Verlauf dieser Kurven sei dem Schuldner von außen auferlegt.

Unter welchen Umständen wird der Schuldner, wenn er im Zeitpunkt Null diesen Kurven gegenübersteht, einen künftigen Zeitpunkt T entdecken, in dem sich die Zahlungseinstellung lohnt? Die beiden Fälle der Solvenz und der Zahlungseinstellung werden durch zwei Varianten jeder Kurve dargestellt. Im Solvenzfall, dargestellt durch die gebrochenen Linien, hat die obere Kurve kein (globales) Maximum. Für jeden Barwert der künftigen Zahlungsströme in einem bestimmten Zeitpunkt gibt es einen späteren Zeitpunkt, der einen noch höheren Barwert verspricht. Gewiß können Unterperioden mit negativen Zahlungsströmen vorkommen, wie an einem Beispiel links dargestellt, aber diese lösen keine Zahlungseinstellung aus, da der Schuldner positive Zahlungsströme von noch größerer Höhe in der weiteren Zukunft voraussieht.[14] Im anderen Fall, dargestellt durch die ausgezogene Linie, hat die obere Kurve ein Maximum, das später nie mehr überschritten wird. In jenem Zeitpunkt wird der rationale Schuldner seine Zahlungen einstellen.[15] Jeglicher weitere Schuldendienst würde seinen gesamten Vorteil nur verringern.

In Wirklichkeit ist der Verlauf dieser Kurven dem Schuldner nicht einfach auferlegt, sondern hängt teilweise von seiner eigenen Politik ab. Es liegt im Interesse des Schuldners, seine Politik so zu wählen, daß die obere Kurve so hoch wie möglich hinaufgedrückt wird. Insbesondere ist ein Verschuldungsprofil mit unendlichem Barwert stets besser als die Zahlungseinstellung, da der Barwert im letzteren Fall endlich bleibt. Dies bedeutet, daß der Schuldner häufig sein Bestes tun wird, der Zahlungseinstellung zu entgehen. Andererseits ist aber ein Solvenzprofil nicht notwendigerweise besser als die Zahlungseinstellung, denn obgleich es nie in den Abstieg übergeht, erreicht es möglicherweise niemals die Höhe des Insolvenzprofils im Zeitpunkt der Krise. Diese Möglichkeit wird durch das punktierte Solvenzprofil im Vergleich zum ausgezogenen Insolvenzpfad veranschaulicht. Dies bedeutet, daß es möglicherweise für den Schuldner keinen Anreiz gibt, solvent zu bleiben.

Der Verlauf dieser Kurven hängt außerdem von Umständen ab, auf die der Schuldner keinen Einfluß hat. So kann es geschehen, daß ein Steigen der Zinssätze ein Sinken der Kurven herbeiführt, wo ein solches vorher nicht vorausgesehen wurde. Noch wichtiger ist, daß der Kurvenverlauf maßgeblich von der Kreditpolitik der Gläubiger mitbestimmt wird. Diese Seite des Problems wird in Abschnitt IV aufgenommen.

Im allgemeinen wird eine Zahlungseinstellung nicht in der Form einer offenen Repudiation der bestehenden Schuldverpflichtungen erscheinen. Vielmehr wird der rationale Schuldner die Drohung mit dem

---

14 Darauf haben *Eaton* und *Gersovitz* (1981 b) hingewiesen.

15 *Eaton* und *Gersovitz* argumentieren, der Vorteil der künftigen Kreditaufnahme sei um so größer, und die Wahrscheinlichkeit der Zahlungseinstellung somit um so geringer, je stärkere Schwankungen man im zukünftigen Einkommen erwarte. Ihre Nutzen/Kosten-Erwägungen beziehen sich somit auf die traditionellen Verschuldungskriterien. Vom Gesichtspunkt der vorliegenden Untersuchung sind diese Kriterien nicht maßgebend. Wenn sich die Richtung des Zahlungsstromes einmal umgekehrt hat, könnten Nettovorteile im Sinne von *Eaton* und *Gersovitz*, und seien sie noch so hoch, den Schuldner nicht davon abhalten, die Zahlungen auf seinen undurchsetzbaren Forderungen einzustellen.

Bankrott dazu verwenden, seine Gläubiger zu einer Neuregelung des Schuldendienstes, zu einer Herabsetzung der Zinssätze und zur Gewährung neuer Darlehen zu veranlassen. Ziel solcher Verhandlungen ist eine zusätzliche Erhöhung der Zahlungsströme zum Schuldner, womit deren Maximum weiter nach oben gedrückt wird. Wie Sachs (1982) hervorhob, ist mit einem offenen Bankrott dann am ehesten zu rechnen, wenn die Gläubiger nicht an den Verhandlungstisch gebracht werden können. Dies steht im Einklang mit der Beobachtung, daß der Bankrott relativ häufig war, als die Kreditgewährung in der Form von Obligationen erfolgte, deren zahlreiche Besitzer keinen Verhandlungspartner abgaben. Heute, da die Kreditgewährung größtenteils durch Banken erfolgt, erscheint die Insolvenz meist in der Form von Umschuldungsverhandlungen (wobei Umschuldungsverhandlungen allerdings auch ohne Insolvenz vorkommen können).

IV. Strategische Planung für Gläubiger

Wenn die Schuldner, angesichts der Undurchsetzbarkeit ihrer Verpflichtungen, eine, grob gesprochen, unendliche Kreditnachfrage haben, welches ist dann die richtige Strategie für die Gläubiger? Um Insolvenz zu vermeiden, müssen die Gläubiger die Kreditgewährung insgesamt so planen, daß der Barwert der zukünftigen Zahlungsströme für den Schuldner stets positiv ist. Diese notwendige Bedingung für fortgesetzte Solvenz kann als

$$\int_T^\infty [dA/dt - iA(t)]\, e^{-i(t-T)}\, dt > 0 \tag{4}$$

für alle T formalisiert werden. Diese Bedingung wird im folgenden als Solvenzrestriktion bezeichnet.[16] Insolvenz darf sich niemals bezahlt machen. Je größer in einem gegebenen Augenblick der Barwert der Zahlungsströme, um so größer ist die Sicherheitsmarge gegen die Insolvenz.

Der Kreditgewährung in irgend einem einzelnen Zeitpunkt auferlegt diese Restriktion keine Beschränkung. Sie bezieht sich vielmehr auf das Gesamtprofil der Kreditgewährung. Insbesondere verlangt sie, daß die Kurve der kumulativen Zahlungsströme in Fig. 3 niemals einen absoluten Höhepunkt überschreitet. Je rascher man die Verschuldung in der Anfangsphase ansteigen läßt, um so eher droht, im großen Ganzen, eine spätere Insolvenz. Je langsamer die Verschuldung

[16] Im vorliegenden Zusammenhang ist Solvenz im Sinne der Aufrechterhaltung des Schuldendienstes gemeint. Im Sinne eines positiven Eigenkapitalwerts ist der Begriff im Falle undurchsetzbarer Staatsschulden ohne Belang.

in der Anfangsphase zunimmt, um so besser ist die Aussicht auf die Vermeidung einer Krise. Dieser intuitive Gedankengang wird unten näher ausgearbeitet.[17]

Die Solvenzrestriktion ist für die Vermeidung einer Schuldenkrise zwar nötig, aber nicht hinreichend. Darüber hinaus muß jeder Gläubiger das Vertrauen haben, daß die übrigen Gläubiger in fortgesetzt steigendem Maßstab Darlehen gewähren werden. Es ist nicht leicht, die Voraussetzungen zu präzisieren, unter denen diese Bedingung erfüllt sein wird. Im vorliegenden Zusammenhang genügt es, die Aufmerksamkeit auf zwei Gesichtspunkte zu lenken. Erstens wird das Vertrauen der Gläubiger schwerlich aufrechtzuerhalten sein, wenn man den Pfad der ausstehenden Schulden nicht in einen Pfad gleichgewichtigen Wachstums einmünden sieht. Ein „explosives“ Schuldenprofil, das die Schuld im Verhältnis zum Volkseinkommen über jegliche Grenze steigen läßt, wäre offensichtlich unannehmbar. Eine Schuldenquote hingegen, die asymptotisch einer endlichen Obergrenze zustrebt, mag Vertrauen erwecken.[18] Dieser Gedanke läßt sich in das Erfordernis zusammenfassen, daß sich die Zuwachsrate der Schulden früher oder später der volkswirtschaftlichen Wachstumsrate nähern sollte.

Abgesehen von der Zuwachsrate der Schulden werden die Gläubiger auch den Stand der Schulden in einem gegebenen Zeitpunkt berücksichtigen wollen. Dieser bestimmt die Größe der Nettozahlungsströme, seien sie positiv oder negativ, relativ zu den Volkseinkommen der Schuldner- und Gläubigerländer entlang einem gegebenen Wachstumspfad. Mit durchsetzbaren Forderungen besteht das hauptsächliche Kriterium in der Bedingung, daß der soziale Grenzertrag eines Darlehens mindestens den Zinssatz erreichen soll. Mit undurchsetzbaren Forderungen ist dieses Kriterium offensichtlich nicht maßgebend. In Tat und Wahrheit gibt es für undurchsetzbare Forderungen keine anerkannten Kriterien für ein optimales Schuldenniveau. Der maßgebende Gesichtspunkt scheint der Anteil ihrer Vermögenswerte zu sein, den die Gläubiger in der Form von undurchsetzbaren Forderungen zu halten bereit sind. Er wird im folgenden der „annehmbare“ Schuldenstand genannt. Vom Gesichtspunkt der Lebensfähigkeit des internationalen Kreditsystems ist die genaue Bestimmung des annehmbaren Schulden-

---

17 *Eaton* und *Gersovitz* (1981 b, S. 13) argumentieren, undurchsetzbare Forderungen würden auf einem suboptimalen Niveau rationiert. Unter dem Gesichtspunkt der vorliegenden Untersuchung gibt es dafür keinen allgemeingültigen Grund. Sogar Kreditgewährung von ineffizienter Höhe kann die Solvenzrestriktion erfüllen.

18 Zwischen dem vorliegenden Problem und jenem von „Spekulationsblasen“ in Finanzmärkten liegt offenbar eine Analogie vor.

niveaus von geringer Bedeutung. Wesentlich ist, daß es nicht heftigen Schwankungen unterliegt.

Eine Kreditgewährungsstrategie dieser Art erfordert koordinierte Planung.[19] Mit durchsetzbaren Forderungen führen dezentralisierte Entscheidungen wahrscheinlich zu einer Krise. Dies liegt daran, daß die Aufrechterhaltung des Schuldendienstes für jedes einzelne Darlehen entscheidend von der fortgesetzten Kreditgewährung durch *sämtliche* Gläubiger abhängt. Dadurch wird eine Externalität geschaffen, die einem Verkehrsstauproblem ähnlich ist. Selbst vollkommene Information aller Marktteilnehmer vermag, für sich allein, einem Versagen des Marktes in solchen Fällen nicht vorzubeugen. Ohne ein abgestimmtes Vorgehen steht die internationale Kreditgewährung bei undurchsetzbaren Forderungen unter dem Motto „Den Letzten beißen die Hunde".

Dies ist wahrscheinlich der letzte Grund, weshalb die bekannten Indikatoren der Länderrisiken den Banken in ihrer Kreditgewährung so schlechte Dienste leisteten. Entwickelt in Analogie zu inländischen Risikokennziffern, legten sie das Gewicht auf die Zahlungs*fähigkeit* des Schuldners. Für durchsetzbare Forderungen ist das ganz in Ordnung, denn wenn der Schuldner fähig ist zu zahlen, sorgt das Recht dafür, daß er auch willens ist. Bei undurchsetzbaren Forderungen hingegen verliert die Zahlungsfähigkeit ihre ausschlaggebende Bedeutung für die Solvenz, denn der rationale Schuldner, gleichgültig wie zahlungsfähig er sein mag, wird nur zahlen, wenn er die erforderlichen Mittel borgen kann. Zum entscheidenden Faktor wird damit die Kreditwilligkeit der Gläubiger.[20]

Aus dem gleichen Grunde kann es sein, daß selbst bedeutende Verbesserungen in der Wirtschaftslage, im Realaustauschverhältnis des Schuldners oder in seiner Exportentwicklung nicht aus der Schuldenkrise herausführen. Wenn die Insolvenz in der wirtschaftlichen Not im Interesse des Schuldners war, kann sie es in der Prosperität immer noch sein, gleichgültig wie sehr sich seine Zahlungsfähigkeit verbessert haben mag. Bei undurchsetzbaren Forderungen hängt die Solvenz vom gemeinsamen Vorgehen der Gläubiger und nicht von der wirtschaftlichen Stärke des Schuldners ab.

---

[19] Darauf haben *De Grauwe* und *Fratianni* (1984) nachdrücklich aufmerksam gemacht.

[20] Ein Land mit Papierwährung und flexiblen Wechselkursen ist, streng genommen, stets in der Lage, seine Schulden zu bezahlen, da es (1) sein eigenes Geld drucken kann und (2) immer einen Wechselkurs findet, zu dem es dieses Geld gegen ausländische Währung tauschen kann, wenn auch vielleicht zu sehr ungünstigen Bedingungen (ähnlich *Sachs* und *Cohen, 1982,* S. 22). Ein historisches Beispiel bieten die deutschen Reparationszahlungen von 1921, denen die Zahlungseinstellung allerdings auf dem Fuße folgte (*Bresciani-Turroni,* 1937, S. 93 f.; *Graham,* 1930, S. 30 f.; *Stolper* et al., 1967, Kap. IV).

V. Wachstumsrate und Zinssatz

Anhand besonderer Schuldenprofile kann dem vorstehenden Gedankengang größere Bestimmtheit verliehen werden, allerdings um den Preis geringerer Allgemeinheit. Dieser Abschnitt konzentriert sich auf die Bedeutung des Zinssatzes in seinem Verhältnis zur wirtschaftlichen Wachstumsrate.

Um diese Erörterung mit jener in Abschnitt II zu verknüpfen, beginnt man am besten mit einem analytisch anspruchslosen Fall. Man stelle sich vor, zur Zeit $t = 1$ habe ein Land mit Wachstumsrate g noch keine Auslandschulden. Bei einem Weltzinssatz von i werde nunmehr erkannt, sowohl im In- wie im Ausland, daß der annehmbare Schuldenstand, wie er in Abschnitt IV beschrieben wurde, unter den herrschenden wirtschaftlichen Verhältnissen $A(1) = A_0 e^g$ wäre. Außerdem wird erkannt, daß die Expansionsrate der Schulden auf die Dauer nicht von der volkswirtschaftlichen Wachstumsrate abweichen kann. Infolgedessen gibt es für die annehmbare Schuld einen Wachstumspfad

$$A(t) = A_0 e^{gt} . \tag{5}$$

Zunächst sei angenommen, zur Zeit $t = 1$ könne dieses Land Kredite im vollen Betrag von $A_0 e^g$ aufnehmen, und somit mit einem „Sprung" den Wachstumspfad erreichen. In diesem Fall werden die neuen Kredite jedes Jahr dem jährlichen Zuwachs in A, also

$$dA/dt = gA_0 e^{gt} \tag{6}$$

gleich sein, während sich die Zinszahlungen auf der ausstehenden Schuld auf

$$iA = iA_0 e^{gt} \tag{7}$$

belaufen. Der Nettozahlungsstrom ist somit

$$c(t) = (g - i) A_0 e^{gt} . \tag{8}$$

Wenn die Wachstumsrate den Zinssatz übersteigt, ist der Zahlungsstrom auf alle Zeiten positiv. So lange die Parameter unverändert bleiben, wird es keine Schuldenkrise geben. Wenn die beiden Sätze einander gleich sind, ist die Lage knapp haltbar. Bleibt die Wachstumsrate hinter dem Zinssatz zurück, ist der Zahlungsstrom andauernd negativ; das Schuldnerland wird sofort die Zahlungen einstellen.

Dieser letzte Fall ist in Fig. 4 dargestellt. Von den beiden Kurven beschreibt die eine den Wachstumspfad der neuen Darlehen, die andere den Wachstumspfad der Zinszahlungen. Im Falle von $g < i$ verläuft die erste Kurve durchwegs unterhalb der zweiten. Die schattierte Fläche zwischen den Kurven stellt die (negativen) Zahlungsströme dar.

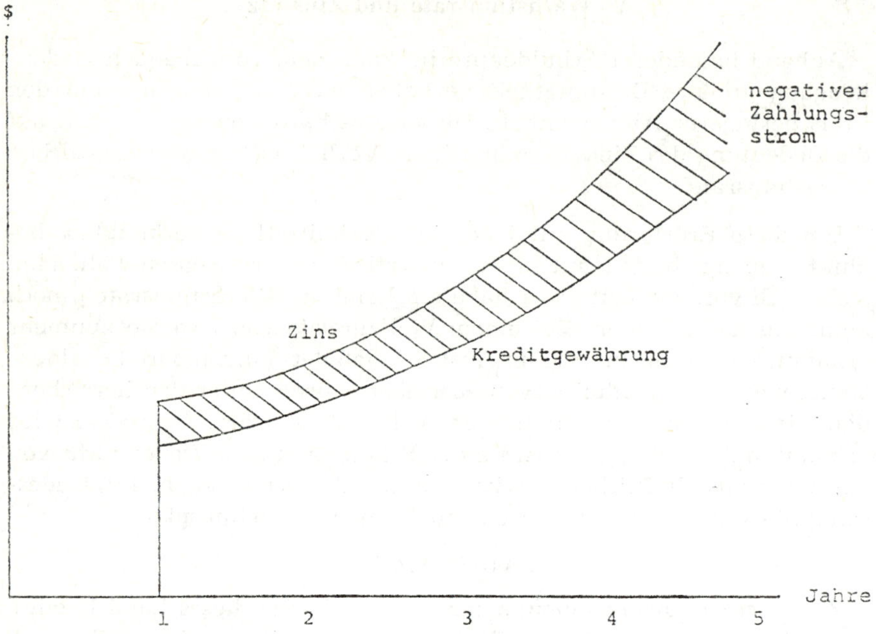

Fig. 4

Dieser Fall läßt, trotz seiner Einfachheit, die Folgen einer Zinserhöhung erkennen. Stellen wir uns vor, die Zinssätze seien bisher deutlich niedriger gewesen als die Wachstumsraten, doch steigen sie nun an, während die Wachstumsraten unverändert bleiben. Infolgedessen seien Gläubiger und Schuldner nun mit dem Fall $g < i$ konfrontiert, und zwar mit der Erwartung, daß dies lange so bleiben werde. Mit undurchsetzbaren Forderungen wäre das Ergebnis eine unmittelbare Schuldenkrise mit vielfachen Zahlungseinstellungen. Dasselbe wäre zu erwarten, wenn bei unveränderten Zinssätzen die Wachstumsaussichten sich plötzlich verschlechtern würden.

In Wirklichkeit pflegt die Anpassung der Verschuldung an ein höheres annehmbares Niveau eine erhebliche Zeit zu erfordern. Diesem Umstand läßt sich formal Rechnung tragen, indem man den Verlauf der Verschuldung etwa durch

(9) $$A(t) = A_0 e^{gt} - \frac{a}{t}$$

beschreibt, wobei $a = A_0 e^g$ dem Stand der annehmbaren Schuld zum Zeitpunkt $t = 1$ gleichgesetzt wird, so daß $A(1) = 0$. Der Anpassungs-

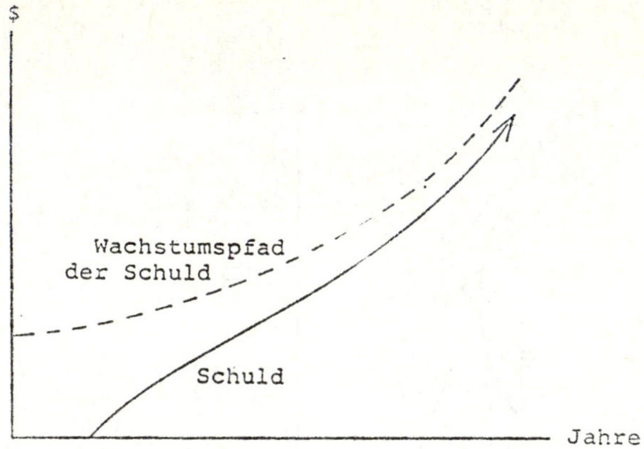

Fig. 5

term a/t wurde hier willkürlich gewählt. Der wesentliche Punkt liegt darin, daß die tatsächliche Schuld, nachdem sie auf dem Stande von Null begonnen hat, asymptotisch ihrem annehmbaren Stand zustrebt (vgl. Fig. 5).

Die neuen Kredite erhält man durch Ableitung von $A(t)$, also

$$\frac{dA}{dt} = gA_0\, e^{gt} + \frac{a}{t^2}\,. \tag{10}$$

Anfänglich, zur Zeit $t = 1$, stehen die neuen Kredite weit oberhalb ihres Wachstumspfades, $gA_0\, e^{gt}$, und sie nähern sich diesem Pfad in einer U-förmigen Kurve, ohne ihn zu überqueren. Die Zinszahlungen hingegen, beschrieben durch

$$iA(t) = iA_0\, e^{gt} - i\,\frac{a}{t}\,, \tag{11}$$

beginnen mit Null und nähern sich ihrem Wachstumspfad von unten.

Der Zahlungsstrom ist die Differenz zwischen den neuen Krediten und den Zinszahlungen, also

$$c(t) = (g - i)\, A_0\, e^{gt} + i\,\frac{a}{t} + \frac{a}{t^2}\,. \tag{12}$$

Das Profil der Zahlungsströme hängt entscheidend vom Unterschied zwischen g und i ab. Man richte den Blick zunächst auf den Fall $g = i$, der in Fig. 6 links dargestellt ist. In diesem Fall stimmen die Wachstumspfade der Kreditgewährung und der Zinszahlungen überein. Die tatsächliche Kreditgewährung, dargestellt durch den oberen Pfeil, nä-

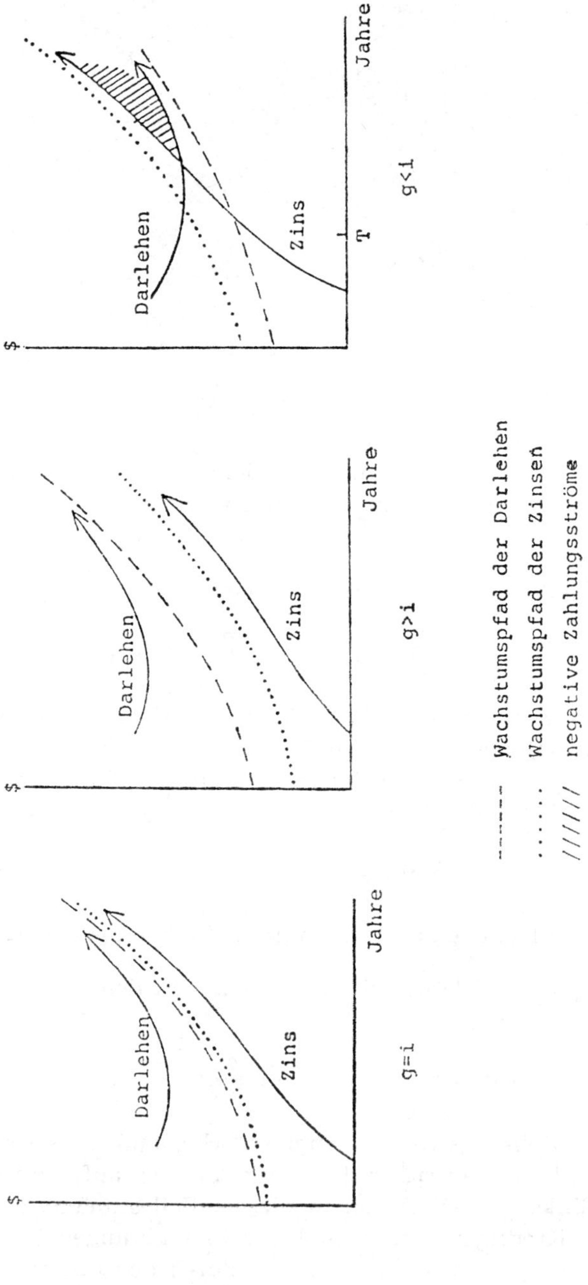
$
Darlehen
Zins
Jahre
T
g<i
g>i
g=i
------- Wachstumspfad der Darlehen
.... Wachstumspfad der Zinsen
////// negative Zahlungsströme

Fig. 6

hert sich ihrem Wachstumspfad asymptotisch von oben, während sich die Zinszahlungen, dargestellt durch den unteren Pfeil, ihrem Wachstumspfad von unten nähern. Die Zahlungsströme, die sich im vertikalen Abstand der beiden Pfeile äußern, werden niemals negativ, obwohl sie mit der Zeit abnehmen. Ihr Barwert bleibt somit durchwegs positiv. Die Zahlungseinstellung ist für den Schuldner niemals von Vorteil.

Dies gilt erst recht, wenn $g > i$. In diesem Fall, dargestellt in der Mitte von Fig. 6, verläuft der Wachstumspfad der Kreditgewährung oberhalb des Wachstumspfades der Zinszahlungen. Infolgedessen müssen sich die Kurven der Kreditgewährung und der Zinszahlungen, nach anfänglicher Annäherung, früher oder später wieder auseinanderbewegen. Nachdem die Zahlungsströme ein Minimum überschritten haben, wachsen sie über alle Grenzen. In einem solchen Fall sind selbst undurchsetzbare Forderungen durchaus sicher.

Im entgegengesetzten Fall mit $g < i$ ist dies anders. Wie aus dem rechten Teil von Fig. 6 hervorgeht, verläuft der Wachstumspfad der Kreditgewährung in diesem Fall unterhalb des Wachstumspfades der Zinszahlungen. Obgleich die Kreditgewährung anfänglich den Zinsendienst übersteigt, muß sie deshalb früher oder später unter dessen Niveau fallen. In der Anfangsphase geben positive Zahlungsströme den Schuldnern einen starken Anreiz, den Schuldendienst aufrechtzuerhalten. Im Laufe der Zeit wird aber der Zahlungsstrom anhaltend negativ. Mit undurchsetzbaren Forderungen gereicht die Zahlungseinstellung deshalb dem Schuldner zum Vorteil. Daraus ergibt sich eine klare Richtlinie für die Gläubigerbanken: Man erwerbe keine undurchsetzbaren Forderungen, wenn die Wachstumsrate der Wirtschaft nicht deutlich höher ist als der Zinssatz. Selbstverständlich gilt diese Schlußfolgerung nur innerhalb der Voraussetzungen, welche dieser Untersuchung zugrundeliegen.

Welche Strategie sollen die Gläubiger befolgen, wenn undurchsetzbare Forderungen bereits zu Buche stehen und das Kreditsystem bereits an einem Punkt wie T im Diagramm für $g < i$ angelangt ist? Wenn die Gläubiger, unter dem Druck des steigenden Insolvenzrisikos, der Versuchung erliegen, die Zinssätze heraufzusetzen und die Kreditgewährung einzuschränken, werden sie dadurch nur die Krisis beschleunigen, statt sich vor ihr zu schützen. Der einzige Weg, um einer Krisis vorzubeugen, scheint darin zu bestehen, den Zinssatz auf das Niveau der volkswirtschaftlichen Wachstumsrate zu senken und fortgesetzt etwas mehr an neuen Krediten auszuleihen als was an Zinszahlungen eingeht. Die Kosten einer solchen Strategie für die Gläubiger wären gegen die Kosten der Zahlungseinstellung abzuwägen.

VI. Überschießen der Schulden

Die vorstehend besprochenen Fälle waren dadurch gekennzeichnet, daß sich die Schulden, wenn ihr Ausgangspunkt unterhalb des annehmbaren Niveaus liegt, diesem monoton von unten nähern. Im Vergleich zu ihrem Wachstumspfad ist die Schuld nie zu hoch. In Wirklichkeit kann die Schuld anfänglich so schnell anwachsen, daß sie über ihren Wachstumspfad hinausschießt, und die Vermutung liegt nahe, daß dies in den späten siebziger Jahren unter dem Druck der Konkurrenz der Kreditgeber in der Tat geschah. Es wird nunmehr gezeigt, daß dies selbst dann zu einer Schuldenkrise führen kann, wenn der Zinssatz die Wachstumsrate keineswegs übersteigt.

Um der Argumentation größere Bestimmtheit zu verleihen, sei angenommen, daß die Kreditgeber ihre Darlehen gemäß

$$A(t) = A_0 e^{gt} + \frac{b-a}{t} - \frac{b}{t^2} \tag{13}$$

anwachsen lassen, wobei $b - a > 0$. In diesem Fall verläuft das Schuldenprofil entsprechend Fig. 7. Zur Zeit $t = b/(b-a)$ überschreitet die Kurve den Wachstumspfad, erreicht das Höchstmaß des Überschießens bei $t = 2\,b/(b-a)$ und nähert sich nachher allmählich wieder dem Wachstumspfad. Vorübergehend können die Schulden sogar absolut zurückgehen, doch ist dies nicht notwendig.

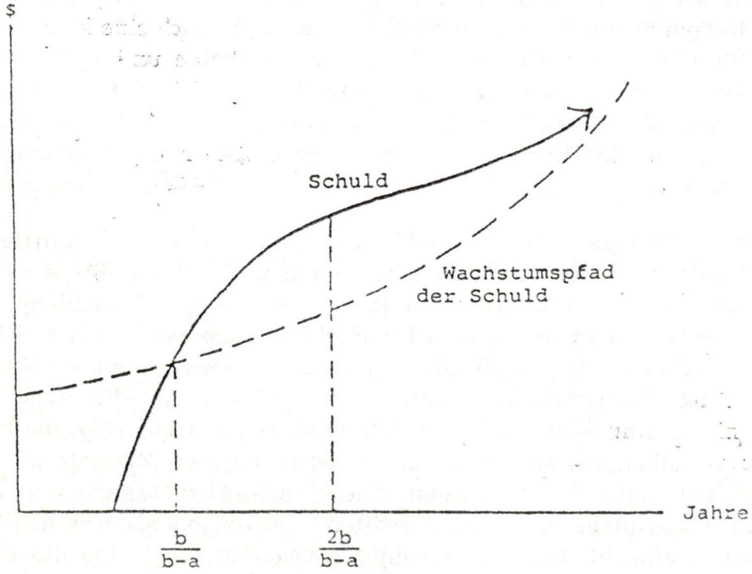

Fig. 7

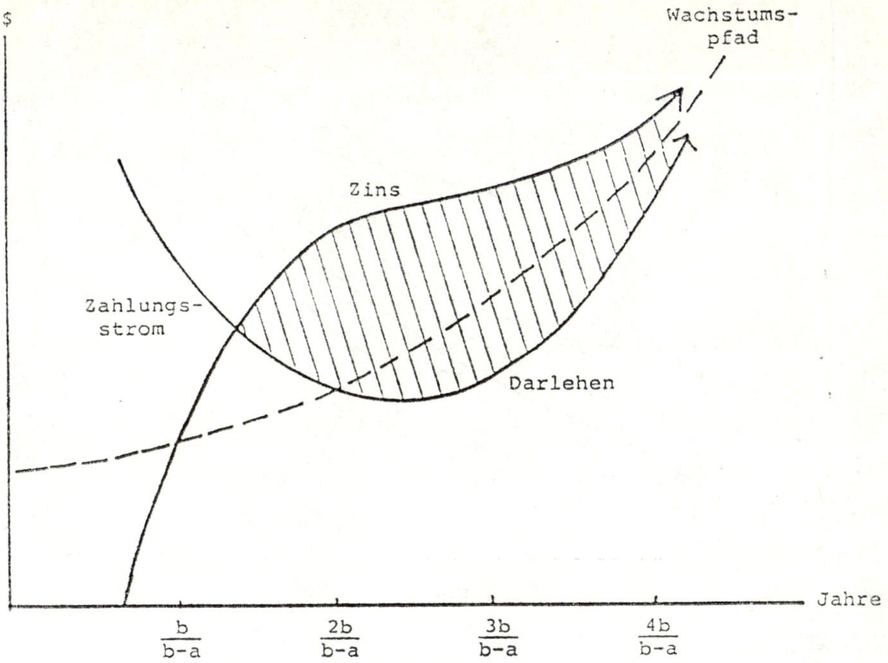

Fig. 8

Die folgende Erörterung der Implikationen überschießender Schulden für die Zahlungsströme beschränkt sich auf den Fall $g = i$. Die neuen Darlehen sind dann

$$\frac{dA}{dt} = gA_0 \, e^{gt} - \frac{b-a}{t^2} + \frac{2\,b}{t^3} \,. \tag{14}$$

Man kann sich leicht vergewissern, daß die neuen Darlehen am Anfang, d. h. bei $t = 1$, oberhalb des Wachstumspfades liegen, wobei letzterer durch $gA_0 \, e^{gt}$ bestimmt ist. Bei $t = 2\,b/(b - a)$ unterschreitet die Darlehenskurve den Wachstumspfad und erreicht ihren Tiefstand relativ zum Wachstumspfad bei $t = 3\,b/(b - a)$. In der Folge nähert sie sich von unten allmählich dem Wachstumspfad (siehe Fig. 8). Entscheidend ist, daß die neuen Kredite im Falle des Überschießens früher oder später unterhalb ihres Wachstumspfades verlaufen.

Der Pfad der Zinsverpflichtungen

$$iA = gA = gA_0 \, e^{gt} + g \, \frac{b-a}{t} - g \, \frac{b}{t^2} \tag{15}$$

hat die gleiche Gestalt wie der Schuldenpfad, wobei alle Beträge mit $g = i$ multipliziert sind. Er überschreitet seinen Wachstumspfad zur

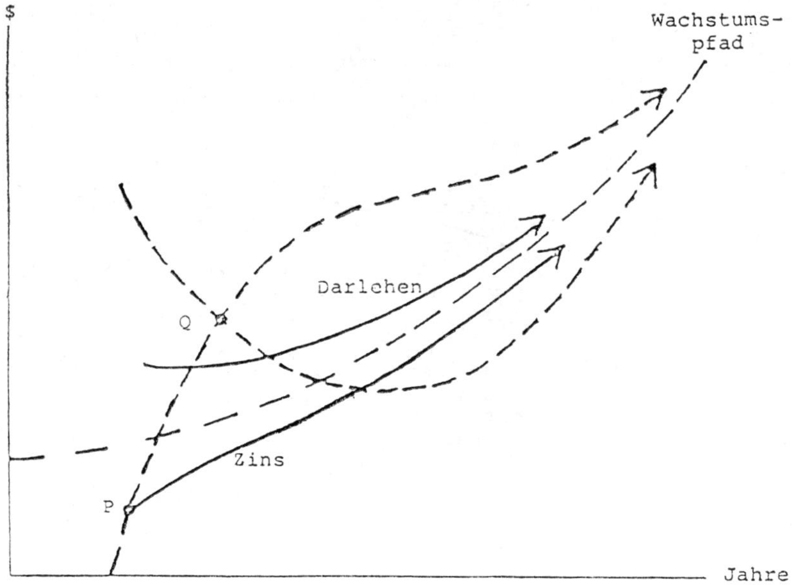

Fig. 9

Zeit $t = b/(b - a)$ und übersteigt diesen am stärksten im Zeitpunkt $t = 2\,b/(b - a)$. Im Falle überschießender Schulden verlaufen somit die Zinszahlungen, abgesehen von der ersten Zeit, oberhalb ihres Wachstumspfades.

Dies bedeutet, daß der Zahlungsstrom zum Schuldner, wenngleich anfänglich positiv, früher oder später negativ wird und von da an fortwährend negativ bleibt. Mit undurchsetzbaren Forderungen macht das Überschießen eine Schuldenkrise unvermeidlich. Je ausgeprägter das Überschießen (gemessen durch den Parameter b), um so größer werden die negativen Zahlungsströme und um so schärfer wird die Schuldenkrise. Die Übertragung dieses Gedankengangs auf den Fall $g > i$ würde keine Schwierigkeit bieten. Sie würde zeigen, daß ein Zinssatz, der klar unterhalb der Wachstumsrate liegt, eine Schuldenkrise, ungeachtet des Überschießens, möglicherweise vermeidet. Sie würde aber auch zeigen, daß das Überschießen selbst in diesem Falle zu einer Schuldenkrise führen kann. Es liegt auf der Hand, daß im Falle $g < i$ keine Aussicht auf die Vermeidung einer Krise besteht.

Diese Analyse überschießender Schulden legt, sofern man die zugrundeliegenden Annahmen als wirklichkeitsnahe erachtet, gewisse wirtschaftspolitische Schlußfolgerungen nahe. Diese lassen sich in drei Regeln zusammenfassen.

(1) Wenn in einem Land, in dem die Wachstumsrate deutlich oberhalb des Zinssatzes liegt, eine höhere Auslandschuld im Verhältnis zum Volkseinkommen für annehmbar erscheint, sollte man niemals zulassen, daß die Schuld dieses annehmbare Verhältnis überschießt. Wenn diese Regel bereits verletzt worden ist, werden Bemühungen zur Bremsung der unerwünschten Schuldenexpansion die Krise wahrscheinlich nur um so schneller herbeiführen.

(2) Falls die Schuld, obgleich sie ihren annehmbaren Stand noch nicht überschritten hat, in ein Überschießen hineinzugeraten droht (wie z. B. in Fig. 9 im Punkt *P*), sollte die Kreditgewährung auf einen Pfad mit monotoner (nicht überschießender) Anpassung gebracht werden, wie er in Abschnitt V beschrieben wurde. Dazu gehört eine sofortige Herabsetzung der Expansionsrate, mit der man die Schuld anwachsen läßt. In der Folge würde sich die Schuld ihrem Wachstumspfad allmählich von unten nähern. Dasselbe gilt für die Zinszahlungen. Gleichzeitig würden zwar die neuen Ausleihungen sofort reduziert, aber ihr zukünftiger Rückgang würde ebenfalls abgeschwächt und vielleicht sogar zum Verschwinden gebracht. Auf jeden Fall würden sich die neuen Ausleihungen fortgesetzt oberhalb ihres Wachstumspfads halten. Infolgedessen könnte der Zahlungsstrom positiv und die Zahlungsfähigkeit somit erhalten bleiben. Dies ist in Fig. 9 dargestellt, in der die gestrichelten Kurven die ursprünglichen Pfade, die ausgezogenen Kurven hingegen die korrigierten Pfade darstellen.

(3) Wenn einmal der Krisenpunkt erreicht worden ist (wie in Fig. 9 im Punkt *Q*), kann eine brauchbare Strategie des „Krisenmanagements“ darin bestehen, den Zinssatz klar unter die Wachstumsrate herunterzusetzen und gleichzeitig alle Zinszahlungen fortgesetzt als neue Kredite zur Verfügung zu stellen. Wenn eine solche Strategie über viele Jahre hinweg umsichtig durchgeführt wird, kann sie, ohne augenblickliche Wunder zu vollbringen, den Schuldenstand allmählich auf einen gangbaren Pfad zurückführen. Es könnte sein, daß sich eine Strategie dieser Art, wenn auch vielleicht ohne klare Einsicht in die zugrundeliegenden Prinzipien, aus den gegenwärtigen Umschuldungsverhandlungen in der Tat allmählich herauskristallisiert.

Schlußbemerkung

Geschäftsleute, Bankiers, Finanzjournalisten und Wirtschaftspolitiker hört man, jedenfalls außerhalb der offiziellen Anlässe, häufig sagen, ein großer Teil der Bankdarlehen an Regierungen von Entwicklungsländern werde „selbstverständlich" niemals, netto betrachtet, zurückbezahlt. Dieser Aufsatz versucht die Implikationen dieser Vorstellung für die Lebensfähigkeit des internationalen Kreditsystems herauszuarbeiten.

Um die Aufmerksamkeit auf den Kern des Problems zu konzentrieren, ging die Untersuchung von der Annahme aus, daß die Sorge um die zukünftige Verfügbarkeit von Krediten das *einzige* Abschreckungsmittel gegen die Zahlungseinstellung sei. Jegliche anderen Strafen, rechtliche wie außerrechtliche, wurden beiseite gelassen. Dasselbe gilt für die ethische Maxime, daß Verträge erfüllt werden sollen. In Wahrheit kann es solche Strafen geben, und selbst die Ethik mag einen gewissen Einfluß haben. Insofern mögen die Grundannahmen dieses Aufsatzes einseitig und die Schlußfolgerungen, die aus ihm abgeleitet wurden, ungültig sein.

Ungeachtet dieser Einschränkung scheint das Paradigma undurchsetzbarer Forderungen Licht auf wichtige Aspekte der jüngsten „Schuldenkrise" zu werfen. Im Laufe des letyten Jahrzehnts haben die Banken enorme Forderungen gegen ausländische Regierungen erworben, deren Durchsetzbarkeit schwach und in manchen Fällen praktisch nicht vorhanden ist. Dabei waren sich die Banken über die Implikationen der Undurchsetzbarkeit wahrscheinlich nur unvollkommen klar. Ebenso verkannten sie die Bedeutung der Beziehung zwischen Wachstumsrate und Zinssatz. Überdies scheint die vermeintliche Profitabilität der Darlehen in der Anfangsphase sie dazu veranlaßt zu haben, das langfristig haltbare Schuldenniveau zu überschießen. Man kann schwerlich glauben, daß dies zur jüngsten Schuldenkrise nicht wesentlich beigetragen hat. Von diesem Gesichtspunkt kann vielleicht eine Analyse der internationalen Verschuldung unter der radikalen Annahme undurchsetzbarer Forderungen, ungeachtet ihres partiellen Charakters, immerhin einen bescheidenen Beitrag zur Verhütung zukünftiger Schuldenkrisen leisten.

Literatur

Aliber, Robert Z.: A Conceptual Approach to the Analysis of External Debt of the Developing Countries, World Bank Staff Working Paper, Nr. 421 (Oktober 1980).

Bresciani-Turroni, Constantino: The Economics of Inflation, übersetzt von M. E. Sayers, London: Allen and Unwin, 1937.

Cline, William R., International Debt and the Stability of the World Economy, Policy Analyses in International Economics, Nr. 4. Institute for International Economics, Washington, D. C. (September 1983).

De Grauwe, Paul und Michele *Fratianni*, The Political Economy of International Lending, International Economics Research Papers, Nr. 42. Catholic University of Louvain, 1984.

Eaton, Jonathan und Mark *Gersovitz:* Debt with Potential Repudiation: Theoretical and Empirical Analysis, Review of Economic Studies, Bd. 48 (2), 1981 a, S. 289 - 309.

— — Poor-Country Borrowing in Private Financial Markets and the Repudiation Issue, Princeton Studies in International Finance, Bd. 47 (Juni 1981 b).

Graham, Frank D.: Exchange, Prices and Production in Hyper-Inflation: Germany 1920 - 1923, Princeton: Princeton University Press, 1930.

International Monetary Fund: Recent Multilateral Debt Restructurings with Official and Bank Creditors, Occasional Paper, Nr. 25 (Dezember 1983).

McDonald, Donogh C.: Debt Capacity and Developing Country Borrowing: A Survey of the Literature, International Monetary Fund Staff Papers. Bd. 29, Nr. 4 (Dezember 1982), S. 603 - 646.

Niehans, Jürg: Strategic Planning with Unenforceable Claims, International Conference on Strategic Planning in International Banking. Rom, Mai 1984.

Sachs, Jeffrey und Daniel *Cohen:* LDC Borrowing with Default Risk, Working Paper Nr. 925, National Bureau of Economic Research, 1982.

Sachs, Jeffrey: LDC Debt in the 1980's: Risk and Reforms, in: Crisis in the Economic and Financial Structure, Paul Wachtel (Hrsg.), Lexington, Mass.: Lexington Books, 1982, S. 197 - 246.

— Theoretical Issues in International Borrowing, Working Paper Nr. 1189, National Bureau of Economic Research, 1983.

Schmidt, Carl T.: German Business Cycles 1924 - 1933, New York, National Bureau of Economic Research, 1934.

Stolper, Gustav, Karl *Häuser* und Knut *Borchardt:* The German Economy 1870 to the Present, übersetzt von Toni Stolper, New York: Harcourt, Brace, 1967, Kap. IV.

Swoboda, Alexander K.: Debt and the Efficiency and Stability of the International Financial System, unveröffentlicht, 1984.

Van Horne, James C.: Optimal Initiation of Bankruptcy Proceedings by Debt Holders. Journal of Finance, Bd. 31, Nr. 3, 1976, S. 897 - 910.

Vaubel, Roland: The Moral Hazard of IMF Funding. The World Economy (September 1983), S. 291 - 303.

Wallich, Henry C.: A U.S. Regulator's View of the Debt Rescheduling Problem, World of Banking (Mai/Juni 1982), S. 39 - 43.

World Bank: World Debt Tables — External Debt of Developing Countries, 1983 - 84, and First Supplement, Washington, D.C., 1984.